**일본 중소기업**의
**본업사수경영**

**일본 중소기업의 본업사수경영**
작지만 100년을 갑니다!

2019년  4월 30일 초판 1쇄 발행
2019년 10월 15일 초판 3쇄 발행

지 은 이 ┊ 오태헌
펴 낸 곳 ┊ 삼성경제연구소
펴 낸 이 ┊ 차문중
출판등록 ┊ 제1991-000067호
등록일자 ┊ 1991년 10월 12일
주     소 ┊ 서울특별시 서초구 서초대로74길 4(서초동) 삼성생명서초타워 30층
전     화 ┊ 02-3780-8153(기획), 02-3780-8084(마케팅)
팩     스 ┊ 02-3780-8152
이 메 일 ┊ seribook@samsung.com

ⓒ 오태헌 2019
ISBN ┊ 978-89-7633-988-1 03320

삼성경제연구소 도서정보는 이렇게도 보실 수 있습니다.
홈페이지(http://www.seri.org) → SERI 북 → SERI가 만든 책

작지만
100년을
갑니다!

# 일본 중소기업의 본업사수경영

오태헌 지음

삼성경제연구소

# 100년을 이어온
# 작은 기업들의 비밀

일본에는 역사가 오래된 기업들이 많다. 100년이 넘는 기업만 해도 수만 개에 이르고, 1,000년이 넘는 기업도 20개가 넘는다. 급속히 변화해온 현대 산업사회를 생각하면 기업이 이처럼 오랜 기간 살아남을 수 있다는 것은 놀라운 일이 아닐 수 없다. 그러나 나의 주목을 끈 것은 비단 일본 기업의 '장수(長壽)'가 아니다. 일본의 많은 회사들을 연구하면서, 이들 중 많은 기업이 적게는 십여 명부터 많게는 몇십 명에 이르는 직원만으로 오랜 기간 회사를 지속해오고 있다는 사실이 궁금증을 불러일으켰다. 왜 일본에는 100년이 지나도 직원이 수십 명에 불과한 작은 회사들이 많은 걸까? 물론 이들은 수없이 많은 '지속의 위기'를 겪었을 것이 분명하다. 그렇다 하더라도, 100년을 견뎌냈다면 발전하며 양적 성장을 이뤘을 것이고, 사실 그러지 못했다면 시장에서 사라지는 것이 당연한 이치가 아니었을까? '성장하지 않으면 도태된다'는 명제를 금과옥조로 삼는 기업의 생리 속에 이들은 어떻게 예외가 되어 살아남을 수 있었을까? 과연 이들의 지속 비결은 어디에 있었을까? 나는 이들의 동력이 '외적 성장'에 있지 않다면, '내적 진화'의 관점에서 그 비밀을 파헤쳐보아야 한다고 생각했다.

나는 이런 궁금증을 풀 실마리를 '본업사수경영'에서 찾았다. 일본의 많은 중소기업들의 장수는 본업을 사수하겠다는 결의에서 비롯된 경우가 많다. 가업이 기업이 되고, 위기를 맞더라도 유행에 휩쓸린 사업 다각화는 좀처럼 하지 않는다. 아버지, 할아버지가 해오던 일을 자신의 대에서 보다 나은 사업으로 만들기 위해 연구하고 궁리하는 것에 몰두할 뿐, 기업의 규모를 키우는 양적 성장이 대수라고 생각하지 않는다.

그렇다면 일본의 장수기업들은 왜 그렇게 본업을 지키려 하는 것일까? 일본에서는 기업을 영속해 나가는 것을 "노렌(暖簾, 상점 입구의 처마 끝이나 점포 입구에 치는, 무명천으로 만든 가림막)을 지킨다"라고 말한다. 일본에서 대표적인 기업인을 많이 배출한 지역으로는 오사카(大阪)가 유명하다. 오사카는 예부터 상업의 도시이자, 상인의 도시였다. 오사카 상인들의 투철한 신조가 바로 "하늘이 두 쪽 나도 노렌은 지킨다"이다. 초밥집, 우동집, 소바(메밀국수)집 등 일본 전통 음식점들은 노렌을 걸고 자신들의 철학이 담긴 음식을 판다고 굳게 믿는다. 그리고 이는 고객들의 신뢰로 이어진다. 노렌에는, 그것이 초밥이든 우동이든 간에, 우리

손으로 만드는 것이 이 세상에서 최고라는 장인 정신의 뜻이 깊이 새겨져 있다. 이것저것 유행에 따라 옮겨 다니며 깊이를 잃어가는 것이 아니라, 오로지 하나에 매달려 몇 대에 걸쳐 대물림하며 한 우물을 파는 몰입과 집착이 최고의 경지에 이르게 하는 유일한 길임을 그들은 너무도 잘 알고 있다. 그래서 일본의 소비자들은 점포 앞에 걸린 노렌을 보면 그 가게의 신용을 읽는다. 그런 믿음은 또다시 그 점포를 찾게 하는 힘이 된다.

일본에서는 기업을 매수할 때 지불하는 금액과 매수 대상 기업이 보유한 순자산의 차액을 '노렌 대금'이라고 한다. 다시 말해, 그것은 브랜드 파워와 기술력 등 눈에 보이지 않는 무형자산까지 고려하여 순자산을 웃도는 가격을 치르는 것을 의미한다. 브랜드, 노하우, 고객과의 관계, 종업원의 능력 등 무형의 고정자산은 기업의 끈질기고 착실한 활동이 쌓여야 만들어질 수 있는 것으로 오랜 시간을 필요로 한다. 노렌에는 그런 보이지 않는, 그간 기울인 기업의 노고와 수고가 담겨 있으며 이는 기업의 브랜드 가치를 결정한다.

노렌을 지키는 것에 근간을 두고 본업을 지속해나가겠다고 생각하면 기업은 숱한 위기를 경험하면서도 어떤 방향으로든 진화한다. 이들에게는 장수하는 것이 목적이 아니라, 본업을 지키는 것이 우선시된다. 장수는 그에 따른 결과일 뿐이다.

이처럼 진화를 지속해온, 작지만 강한, 일본의 중소기업 중에는 이른바 '온리 원(Only One)' 기업이 많다. 이들은 다른 누구도 갖고 있지 않은 유일무이한 무언가를 가진 기업이다. 그것이 반드시 기술은 아니다. 기존의 생산 체제를 혁신적으로 개선해서 생산성을 향상시키거나 일본 중소기업의 저력을 해외 시장에 알리는 첨병 역할을 하는 기업도 이 부류에 들어간다고 할 수 있다.

와세다대학교 비즈니스 스쿨 테크놀로지 매니지먼트(MOT) 교수이자 전략디자인 연구소장인 나가사와 신야(長沢伸也)는 이러한 무형의 고정자산을 구축하는 배경을 '고다와리' 경영에서 찾는다. 사전적 의미를 보면, '고다와리(こだわり, 拘り)'는 주로 명사 뒤에 붙어서 '~에 까다롭다, ~에 구애받다, ~에 얽매이다, ~에 집착하다'라는 뜻으로 쓰인다. 마른 수건을 짜내듯, 작업의 완성도를 높이기 위해 개선에 개선을 더해가는 작업자의 열정은 학습이나 인센티브 부여만으로 가능한 것이 아니다. 한 가지 일에 전념하는 것을 긍정적으로 보고, 자신의 손으로 물건을 만드는 일을 높이 평가하며 권장하는 가치관이 형성되어 있기에 가능한 일이다. 일본에서는 에도 시대를 전후하여 권력을 잡은 고위층 무사들이 직접 노동을 하거나, 갑옷, 투구 등을 제작하면서 기술자의 위상이 향상되었고, 귀족 계급이 직접 노동에 참여하며 기능을 존중하는 문화가 성숙되었다.

우리말로 흔히 고집이나 집착으로 번역되는 이런 고다와리 성향이 일본의 기업 경영에도 접목되어 나타나는 것이다. 생존을 넘어 진화하며 성장해온 일본의 중소기업들은 절대 양보할 수도, 타협할 수도 없는 자사만의 철학을 가지고 있고 이를 경영에 반영하는데, 이것이 바로 고다와리 경영이다. 글로벌 시장에서 맹위를 떨치고 있는 일본의 여러 중소기업들이 가치를 인정받고 고유한 브랜드를 구축하는 데 결정적인 역할을 한 것이 바로 이 고다와리 성향이라고 할 수 있다.

결국 일본의 장수 중소기업에서 나타나는 '본업사수경영'은 역사적으로 배양된 노렌을 지키겠다는 일본 고유의 기업문화를 바탕으로, 한 분야에 까다롭게 얽매여 일말의 타협도 용납하지 않고 몰두하는 고다와리 경영이 함께 빚어낸 결과인 것이다.

이 책에서 소개하는 기업 사례들은 모두 멀티캠퍼스에서 제공하는 동영상 지식서비스, SERICEO의 '日 중소기업 진화생존기'라는 프로그램용으로 제작된 것들이다. 이들 사례를 책으로 묶으면서 다시 정리할 필요가 있었는데, 이론적 틀로 섣불리 재단하거나 과도한 분석을 가능한 한 덧붙이지 않기로 했다. 기업들이 진화하면서 생존한 사례를 하나씩 찾아 콘텐츠를 만들었을 뿐, 이론이나 분석 틀로 그에 적합한 기업 사례를 끼워 맞춘 것이 아니었기 때문이다. 그럼에도 책에서 몇 가지 공통된 특징으로 자연스럽게 기업의 사례들을 분류할 수 있었다. 지속력의 원천은 환경 변화에 대한 각기 다른 대응으로 나타나지만, 사례를 쌓다 보니 보편적 적용이 가능한 '공통분모'가 보였기 때문이다.

먼저, 이 책 전체를 관통하는 맥(脈)을 한마디로 '전통적 변화'라고 정의하고자 한다. 이 책에서 소개하는 모든 기업들은 오랜 전통을 가진 본업을 중시하지만, 변화를 주저하지는 않는다. 환경 변화에 유연하게 대처하지만 기업 고유의 본질을 바꾸는 일은 용납하지 않는다는 의미다. 끊임없는 변화가 본업을 지키는 결과로 이어졌기 때문이다. 모든 변화에서 가장 중요한 것은 그 방향과 성질일 것이다. 세상에 없는 새로운 것을 만드는 것이 아니다. 그들은 기존 제품이나 서비스가 '진화'하는 방향으로 변화가 이루어져야 본업이 유지된다는 것을 잘 알고 있다. 그렇다면 기업이 강하다는 말은 무엇을 의미하는 것일까? 매출이 높거나 이익을 많이 내는 기업을 뜻하는 것일 수도 있고, 100년 이상의 오랜 역사를 가진 기업을 가리키는 것일 수도 있겠다. 그러나 발전의 속도만큼 산업 환경도 하루가 다르게 빠르게 바뀌어가는 오늘날, 많은 이들이 '변화하는 기업'이야말로 진정 강한 기업이라고 이야기한다. 변화는 기업의 생존을 위해 피해갈 수 없는 길이다. 좀처럼 변하지 않는다고 하는 일본의 중소기업들은 어떨까? 겉으로는 바뀌지 않은 듯 보이지만, 이들 역시 내적으로 과감한 변화에 도전했다. 그 변화는 대체로 기업의 오랜 전통을 뿌리부터 흔드는 고통스럽고 근본적인 도전으로 가능했다. 그러나 일본에서 성공하고 있다는 작은 기업들은 흔들림 없이 고집스럽게 지켜나가는 무언가를 반드시 가지고 있다. 변화 역시 그 고집스러운 틀 안에서 이루어진다. 그것이 그들의 다른 점이다.

이런 '전통적 변화'를 통해 지속의 위기를 극복하고 성장해온 일본 기업들은 다음과 같은 공통된 특징을 가지고 있다. 사실 이들 대부분은 이 5가지 특징을 모두 갖고 있지만, 이 책에서는 5개의 파트로 나누어 각각의 특징이 조금이나마 더 부각되는 기업들을 한데 묶었다.

첫째는 '매력적인 경영자'다. 다양한 가능성을 갖춘 직원들이 모여 잠깐 반짝하다 사라지는 제품을 만들거나 서비스를 개발하는 것이 아니라, 자신들의 장점을 결집해서 뛰어난 지구력을 발휘하며 장수할 수 있는 기업을 만들어가야 한다. 바로 그 직원들에게 비전을 제시하며 무적함대를 성공적으로 이끌어가는 것이 경영자의 역할임을 이 책의 사례를 통해 다시금 확인할 수 있을 것이다.

사람을 믿는 경영자의 경영철학이 구성원들을 신바람나게 한다. 직원들이 이런 경영자에 대해 느끼는 긍정적인 감정은 곧 경영 성과로 이어진다. 경영자의 매력은 작은 기업일수록 진가를 발휘하고, 기업경쟁력의 핵심 원천이 된다. 다른 사람이 보지 못하는 것을 보고, 새로운 길을 찾아내는 것이 바로 경영자의 매력이다. 직원들을 존중하는 경영자의 모습이 무엇인지 생각하게 하는 사례들이다.


둘째는 '명확한 지향점'이다. 기업의 철학을 직원들에게 이식하는 일은 매우 중요하다. 그렇기 때문에 기회가 있을 때마다 기업의 이념과 철학을 직원들에게 알리고 학습할 수 있도록 유도해야 한다. 직원이 회사의 가치관과 철학을 이해하지 못하면 회사가 결정한 안건의 기준을 알 수 없을 뿐만 아니라, 판단의 정확성과 속도가 둔해지기 마련이다. 시무식이나 종무식 때 한두 번 회사의 이념을 역설하는 것으로 그쳐서는 안 된다. 일상에서 기회가 있을 때마다 전달하려는 노력을 기울여야 한다. 무엇보다 중요한 것은 회사의 시스템에 이념과 철학이 담겨 있어야 한다는 것이다. 이를 테면, 이익을 배분하는 문제에서도 회사의 철학에 근거하여 시스템을 만들어놓아야 한다. 공평하게 배분하겠다고 아무리 말해도 그 기준을 경영자만 알고 있다면, 전혀 설득력이 없다.

우리는 회사가 설정하고 추구하고자 하는 이념과 철학이 표어로 끝나는 경우를 어렵지 않게 발견한다. 심지어 이런 이념과 철학을 대외적인 기업 이미지를 위해 급하게 만드는 경우도 있다. 그러나 회사의 철학은 대내외적으로 구성원들을 위해 설계해야 하고, 이를 엄격하게 실천할 수 있는 시스템을 사내에 구축하는 일이 중요하다. 말로 해서는 절대 전달할 수 없는 것이 회사의 철학이다. 회사 경영은 구성원들의 열정과 능력만으로는 성공할 수 없다. 기업의 철학과 이념이 직원들에게 전달되어야 완성된다. 소개된 기업들은 경영의 이유가 분명하다. 따라서 가야 하는 방향도 정해져 있고, 그러다 보니 흔들림이 없다. 심지가 깊어 웬만한 바람에 뿌리까지 상하는 일도 없다. 하는 일에 대한 확고한 철학이 있어 남들이 사소하게 볼지라도 세상을 변화시킬 것이라 믿고 우직하게 갈 길을 간다. 목표보다 목적이 경영을 지배하는 것임을 깨닫게 하는 사례들이다.


셋째는 '글로벌 마인드'다. 일본의 성공한 작은 기업들은 자신들의 전통문화를 보존하고 유지하면서 만들어낸 제품을 세계가 인정해주기를 바라는 마음을 간절히 품고 있다. 작은 기업 규모가 글로벌화에 결코 걸림돌이 될 수 없음을 분명하게 보여준다. 중소기업이지만 해외 시장 개척에 있어 조연이 아닌 주연이 되어야 한다고 다짐하고 실행한다. 해외 시장으로 진출하는 것만이 기업의 글로벌화를 뜻하는 것은 아니다. 세상에 이미 존재하는 제품을 일본의 색깔과 방식으로 진화시켜, 더 나은 제품을 만들어보겠다는 '일본 속 글로벌화'를 추진하기도 한다. 중소기업 글로벌화의 방향과 실체를 확인할 수 있는 사례들이다.

넷째는 '개선 능력'이다. 기업이 성공하려는 의지는 곧 합리적인 업무 개선으로 이어진다. 비효율과 관행적 낭비 요소는 찾으려고 마음만 먹으면 어디서든 발견할 수 있다. 혁신은 종종 상식으로 굳어진 것을 의심하는 일에서부터 비롯된다. 무(無)에서 유(有)보다, 유에서 뉴(New)가 성공적인 진화를 이끌며 기업의 성장으로 이어진다. 앞만 보고 가는 것이 아니라 뒤를 돌아보면서 새로움을 추구한다. 가장 잘할 수 있는 분야에 해답이 있다는 것을 알려주는 사례들이다.

마지막으로 다섯째는 '변화 적응 능력'이다. 성공한 작은 기업들은 모두 사업 환경의 변화 앞에서 생존 본능을 드러냈다. 그 결과 경쟁하지 않아도 되는 시장에 도전하고, 성과를 이루어낸다. 그들은 사용자의 의견을 경청하는 일의 중요함을 알고 있다. 사지 않는 다수의 의견보다 구매한 한 사람의 의견에 귀를 기울이면 변화의 방향성이 보인다. 세상의 변화에 기업이 가진 것을 적용하는 것이 아니다. 적응하기 위해 무엇을 해야 하는지 알고 있고, 그 결과 묵직한 충격과 울림이 있는 성공으로 이어진다. 결과만 바라보지 말고, 과정에 담긴 기회도 볼 줄 알아야 한다는 깨달음을 얻을 수 있는 사례들이다.

나는 몇 해 전 오사카에 있는 작지만 강한 성형 공장을 방문했을 때 들었던 경영자의 말을 여전히 기억하고 있다.

"나는 공장 한편에 쪼그리고 앉아 있는 게 제일 마음 편합니다. 내게는 기계 돌아가는 소리가 배경음악으로 들리거든요. 앉아 있으면 상태가 좋지 않은 기계를 단번에 알 수 있어요."

이런 달인들이 지키고 있는 한, 일본의 강소기업들은 지속가능한 성장을 실현해나갈 것이다.

일본 기업을 통해 배워야 한다는 글이 차고도 넘친다. 그런데 우리가 무엇을 배웠는지, 그 흔적을 찾을 수 없다. 지난 수십 년간 배웠다면 우리나라에도 비슷한 사례가 여럿 나왔을 법한데, 찾기가 어렵다. 기업 경영은 좋아 보인다고 다 배울 수 있는 것이 아니다. 이 세상 최고의 물건을 만드는 것을 사명으로 생각하는, 수백 년 동안 쌓인 토양이 하루아침에 이루어질 수는 없다. 그렇게 켜켜이 쌓인 토양에 단단히 내린 뿌리의 깊이가 다른 것은 당연하다.

그렇다고 우리에게 길이 없는 것은 아니다. SERICEO의 동영상 콘텐츠가 하나씩 방영되고 나면 회원들의 소감이 담긴 댓글이 올라오는데, 바로 그 안에 힌트가 있다고 생각한다.

– 대단한 자부심으로 멋진 제품을 만들어내는군요.

– 영구 보증할 수 있는 자신감이 대단하네요.

– 경영철학이 확실한 것 같습니다.

– 기본에 충실한 명품 기업이네요.

– 최첨단의 기술이 아니라도 꾸준히 한 우물을 파면서 진화를 한 모습이 존경스럽습니다.

– 100년 이상의 수명을 갖고 있는 기업들은 역시 특별한 유연함을 모두 갖고 있는 듯합니다.

– 우리나라도 더 전문화된 중소기업이 많이 나오기를 기대합니다.

– 기술을 인정하고 존중해주는 일본 사회문화가 명품을 창조하는 것 같습니다.

– 내가 가지고 있는 강점을 살리는 것이 중요한 것 같아요.


　일본 스스로가 잃어버렸다고 하는 장기불황 20년은 중소기업에는 특히나 가혹한 시기였을 것이다. 그들은 어떻게 그 난국을 헤쳐 나왔을까? 위기는 미처 알지 못한 자신의 장점을 발견하는 결정적 계기가 되기도 한다. 이 책에서 소개하는 사례에는 끊겨버린 하청이 새로운 생명력의 불씨가 되는 등 오히려 위기에서 지속력의 원천을 찾는 모습이 많이 담겨 있다. 고단한 시기를 보내고 있는 한국의 기업인들이 단비 같은 깨달음을 얻을 수 있기를 바란다. 더불어, 작지만 강한 기업은 어떻게 진화하는지 확인하는 기회가 되었으면 한다. 덩치가 크거나 힘이 강한 기업이 아니라, 환경 변화에 적응하는 기업이 진화에 성공하고 살아남는다.

중소기업은 상대적으로 위기에 취약할 수밖에 없다. 불황이 오랜 기간 지속될수록 생존이 더욱 어려운 것이 현실이다. 오랜 기간의 저성장기를 견뎌온 일본에서도 위기를 딛고 성공적으로 회생한 중소기업들의 사례에 주목하고 있다. 이 중소기업들은 제품의 라이프 사이클이 끝났다고 포기하는 것이 아니라, 새로운 부가가치를 불어넣어 하나의 예술 작품으로 진화하는 특징을 보인다. 끊임없는 진화를 통해 사양산업과 불황이라는 악조건 속에서도 굳건히 살아남은, 아니 새로이 도약하는 일본 중소기업들의 다양한 진화생존기를 통해 '강한 기업'이란 개념을 새롭게 정리하고, 저성장 시대를 슬기롭게 극복해나갈 지혜를 찾을 수 있기를 바란다.

끝으로, SERICEO 프로그램을 통해 거칠고 투박한 글에 생명력을 불어넣어준 멀티캠퍼스의 송남경 PD, 그리고 유익한 조언과 격려로 한 권의 책으로 거듭나게 해준 삼성경제연구소 출판팀에 깊이 감사드린다.

2019년 봄
오태헌

# • 차례 •

# 만드는 것도 사람이고, 소비하는 것도 사람이다

"

구부러지는 건,
구부려서 사용하면 돼!

"

# 01

## 극한 직업에서 선망의 직업으로

### : 노사쿠 :

**너도 공부 안 하면 저런 일을 하게 될 거야**

도야마(富山) 현 다카오카(高岡) 시는 17세기부터 일본 최고의 구리 생산지로 유명한 지역이다. 이러한 지역적 특색으로 이곳은 과거부터 셀 수 없이 많은 작은 주물 공장과 회사들의 고향이기도 했다. 다카오카 시는 주물 연마와 착색 등의 분업을 통해 일본 전역에 불기(佛器), 다기(茶器), 미술품, 꽃병 등을 만들어 납품하던 지역이었다. 구리나 황동의 주물 제품을 다루는 일은 엄청난 노동력을 필요로 하는 데다, 작업 환경도 열악했다. 점점 젊은 사람들이 기피하는 일이 될 수밖에 없었다. 2000년대 들어 다카오카 시의 전체 주물 매출이 급격히 감소하면서 젊은이들이 대도시로 떠나자 장인들은 후계자를 찾지 못했고, 많은 주물 공장과 회사들의 사정은 급격히 어려워졌다. 이런 다카오카 시의 주물 공장들에 일대 혁신을 몰고 온 회사가 바로 '노사쿠(能作)'다.

노사쿠는 1916년 창업한 이래 다카오카 시에 전해 내려오던 전통적인 주조 기술로 구리 및 황동 주물 제품을 하청 생산해 도매상에 판매하던 작은 주물 공장이었다. 창립 초기 노사쿠도 이 지역 다른 주물 공장들과 마찬가지로 불기나 다기, 꽃병 등을 주로 만들었다. 하지만 최근 노사쿠는 식기류, 인테리어 잡화, 조명기구, 건축용 금속재료, 의료 제품에 이르기까지 영역을 확대해 글로벌 기업으로 파죽지세의 성장세를 보이고 있다.

노사쿠의 4대 사장 노사쿠 가쓰지(能作克治)는 1985년 결혼과 동시에 주물 제조에 첫발을 내디뎠다. 주물에 대해선 아는 것이 전혀 없던 그는 사장으로 취임하기까지 18년 동안 잠자는 시간을 빼고 하루 18시간을 대부분 현장에서 보내며 온갖 기술을 몸으로 익혔다. 주물 장인으로 일하던 그는 어느 날 아이와 함께 공장 견학을 온 한 어머니로부터 충격적인 말을 들었다.

"너도 공부 안 하면 저런 일을 하게 될 거야."

## 진화1 제품 다양화로 일에 대한 자긍심을 높이다

금속을 녹여 제품을 만드는 주물 작업은 흔히 말하는 3D 업종의 극한 직업이다. 덥고 습한 열악한 작업환경에서 1,500℃의 끓는 쇳물을 다루는 일은 화상과 폭발의 위험에 항상 노출된다. 게다가 작업 강도에 비해 낮은 임금과 부상의 위험성 때문에 젊은 층에서는 이미 기피하는 직업군이었다. 노사쿠 가쓰지 사장은 견학 온 어머니의 말을 우연히 들은 이후, 기술자들의 낮은 임금과 열악한 작업 환경을 개선하고 사회적 지위를 높이는 방법에 대해 고민하기 시작했다.

노사쿠 가쓰지 사장이 제일 먼저 내놓은 처방은 하청에 의존하던 기존의 생산 체제를 특수 주문의 다품종 소량 생산 체제로 바꾸는 일이었다. 로트(lot) 생산시설을 철거하고 장인 한 사람 한 사람의 손으로 직접 주물 제품을 제작하는 옛날 방식으로 돌아가기로 한 것이다. 생산 효율이 낮아 수익은 좀처럼 올라가지 않았지만, 기술자들의 솜씨는 나날이 향상되었다. 품질이 좋아지고 거래처로부터 높은 평가를 받게 되면서 수익 구조가 보다 안정적으로 개선되기 시작했다. 회사의 매출이 늘자 기술자들의 임금을 높일 수 있었다. 기술자들이 차츰 주물 장인으로 인정받게 되면서, 젊은 대졸 인력들이 베테랑 기술자가 되겠다며 지원하는 일이 늘어났다.

생산 체제 전환은 자연스럽게 자사 브랜드의 필요성으로 이어졌다. 노사쿠 가쓰지 사장은 과감히 디자이너를 채용했다. 직접 현대적인 디자인의 완제품을 생산하는 것에 도전한 것이다. 과거 단순히 몇 가지 종류의 제품을 하청받아 만들던 때에서 벗어나 노사쿠는 본격적으로 제품의 다양화를 꾀했다. 인테리어 잡화, 테이블웨어, 조명기구 등으로 생산 제품의 다각화를 시도했다.

제품 다양화는 단순히 시장에서 환영받는 것에 그치지 않았다. 가장 큰 변화는 노사쿠에서 일하는 장인들에게서 나타났다. 장인들이 직접 주물 제품을 제작하게 되면서 기술에 대한 향상심이 높아졌다. 이는 자연스레 매출 상승으로 이어졌고, 급여도 높아졌다. 장인들은 스스로 내세울 수 있는 제품을 만든다는 자부심과 인상된 급여로 높은 만족감을 얻었다. 이런 변화는 자연스럽게 채용에 영향을 주었다. 현재 노사쿠 직원들의 평균 연령은 과거에 비해 20년 가까이 젊어졌다. 그만큼 젊은 사람들이 노사쿠로 몰린다는 의미다.

노사쿠는 소재가 지닌 본래의 특성에 집중해, 자사의 이름을 건 제품

노사쿠는 소재가 지닌 본래의 특성에 집중해, 자사의 이름을 건 제품을 개발해나갔다. 제품의 다양화에 있어 가장 혁신적인 히트 상품은 놋쇠로 만든 '풍경'이었다.

자료: 〈http://www.nousaku.co.jp/main/category/products/bell/〉

을 개발해나갔다. 제품의 다양화에 있어 가장 혁신적인 히트 상품은 놋쇠로 만든 '풍경'이었다. 놋쇠 그릇은 살짝 부딪힐 때 청명한 소리가 난다. 이런 소리를 제품으로 형상화한 것이 바로 풍경이었다. 노사쿠 가쓰지 사장은 그간 만들어오던 그릇 대신, 놋쇠로 풍경을 만들어 판매하기 시작했다. 첫해 판매량만 3만 개를 돌파했다. 단순한 한 가지 모양에서 벗어나 다양하게 디자인된 풍경은 노사쿠라는 이름을 확실하게 각인시켰다.

### 진화2 약점도 강점으로, 역발상이 준 가능성

예상치 못한 엄청난 성공에 힘을 얻은 노사쿠 가쓰지 사장은 본격적으로 새로운 소재에 주목했다. 바로 주석(朱錫)이었다. 주석은 인체에 전혀 해가 없는 무독성 금속이다. 숨 쉬는 금속으로 알려져, 예부터 술이나 음식의 맛을 향상시키고 보관 기간을 늘려준다고 하여 술잔이나 찻잔, 그릇 등으로 일상에서 많이 쓰여왔다. 더욱이 주석은 항균 작용을 한다고 알려져 다른 금속 제품의 도금용으로 사용되기도 한다. 그렇지만 문제는 주석이 너무 무르다는 것이었다. 식기로 만들면 모양이 찌그러지기 일쑤였고, 자르거나 깎는 등 주석을 가공하는 일은 더욱 어려웠다. 노사쿠 가쓰지 사장은 이런 주석의 특성을 역이용하기로 했다.

"구부러지는 건, 구부려서 사용하면 돼!"

이런 기막힌 역발상에서 탄생한 것이 순도 99.9%의 주석으로 만든

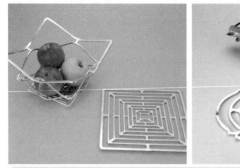

순도 99.9%의 주석으로 만든 주방용품 브랜드 카고(KAGO)는 역발상을 통해 쉽게 구부러지는 주석의 단점을 장점으로 만들었다.

자료: 〈http://www.nousaku.co.jp/main/category/products/bell/〉

주방용품 브랜드 카고(KAGO)이다. 카고의 제품들은 사용자가 원하는 대로 자유롭게 변형이 가능하다는 것을 최고의 강점으로 꼽는다. 공간 크기에 맞출 수 있어 보관도 편리하고, 내용물에 맞춰 구부리면 멋진 인테리어 소품으로 변신한다. 항균 작용을 한다는 주석의 특성상 유아용품으로도 사용 가능하다. 소재의 특성을 제대로 살린 카고가 신개념 식기로 화제를 모으면서, 노사쿠는 명실상부 인기 브랜드를 소유한 손꼽히는 주물 회사로 인정받게 되었다.

## 진화3 Think global, Act local

풍경과 카고, 연이은 성공 뒤에 노사쿠 가쓰지 사장은 또다시 새로운 목표를 세웠다.

"매사를 글로벌하게 생각하면서도, 지역의 장인정신은 유지해가는 'Think global, Act local'을 실천해나가겠다."

그러나 노사쿠가 세계적인 회사로 성장하기 위해서는 또 하나의 산을 넘어야 했다. 바로 해외 마케팅이었다. 비록 경험은 일천했지만, 노사쿠 가쓰지 사장은 일본 국내에서의 성공에 힘입어 2010년 국제 인테리어 박람회인 파리 메종 오브제(Maison et Objet)에 참여했다. 하지만 반응은 차가웠다. 카고로 관심을 끌기는 했지만, 매출로 이어지지는 않았던 것이다. 일본에서 판매하던 상품을 그대로 들고 간 것이 문제였다. 노사쿠는 여기서 또 한 번의 혁신을 시도한다. 프랑스의 유명 디자이너와 손잡은 것이다. 노사쿠만의 기술력을 살리면서도 프랑스 현지화에 집중한 디자인 제품을 개발해, 프랑스의 호텔 및 레스토랑 등에 납품하며 해외 진출에 성공했다. 2014년에는 금속 제품의 본고장인 이탈리아 밀라노에도 매장을 열었다.

## 변화는 모든 것을 다 내던지고
## 새로 시작하라는 의미가 아니다

"기술과 전통을 지키고 이어나가는 것도 중요하지만, 무엇보다 중요한 것은 '진화'다. 새로운 길을 발견하지 못하면 결국 전통은 사라진다. 100년 후에는 지금 하고 있는 것이 전통이 되지 않겠는가. 새로운 전통을 만들어가는 것이 전통산업에 종사하는 사람의 역할이다."

노사쿠 가쓰지 사장은 변화에 주저하는 기업에 이렇게 조언한다.

400년 넘게 이어져온 도시의 전통기술을 바탕으로 문을 연 작은 주물 회사 노사쿠. 한때는 지역 전체가 그곳에서 나는 구리와 대대로 내려온 주조 기술만으로 풍요로웠다. 그러나 사회가 변화하고 사람들의 니즈가 달라지면서 더는 전통이라는 이름으로 과거를 답습해서는 살아남을 수 없었다.

노사쿠 가쓰지 사장은 변화의 모색을 당장의 수익 창출에서 찾지 않았다. 그보다는 더 장기적이고 근본적이라 할 수 있는, 주물 장인들의 자긍심을 높이고 임금을 올리는 방향에서 찾았다. 돌파구는 오히려 과거의 기술력으로 회귀하자 열렸다. 장인이 장인다울 수 있도록 옛날 방식으로 주물을 하나하나 만들어 제품의 경쟁력을 높였다. 하청 작업만 해오던 주물 회사에서 파격적으로 디자이너를 채용해, 장인들의 제품에 날개를 달아 시장에서 차별화를 꾀했다. 글로벌 시장으로의 과감한 진출 역시 마찬가지였다. 실패를 경험하긴 했지만, 현지화 전략으로 곧장 방향을 수정해 성공을 거두었다.

다카오카 시의 쇠락해가던 주물 회사 가운데 혁신의 시발점이 된 노사쿠는 그 자체로 지역 발전에도 공헌하고 있다. 많은 젊은이들이 기술을 배워 장인이 되겠다며 노사쿠에 지원한다. 특별히 알려진 것 없는 다카오카라는 도시를 매년 1만 명 이상의 사람들이 노사쿠 공장 견학 및 체험을 위해 찾고 있다. 노사쿠의 홈페이지에는 견학을 위해 다카오카 시를 방문하는 사람들에게 제공하는 도야마 지역 관광 서비스 카테고리가 따로 있을 정도다.

노사쿠의 사례는 우리를 일깨운다. 혹시 변화를 현재 자신이 가지고 있는 것을 완전히 버리고 맨땅에서 다시 시작하라는 말로 받아들이고 있는 것은 아닌가? 주변 그리고 스스로의 편견에 사로잡혀, 도저히 돌파구를 찾을 수 없다고 생각하는 것은 아닌지 돌아볼 시간이다.

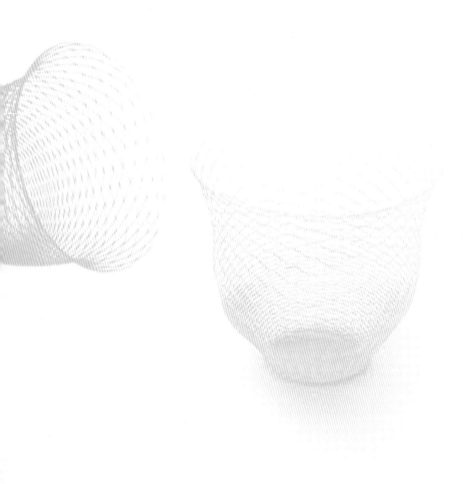

"

아무리 기술이 우수해도,
주인공은 상자 속 제품이다.
아무리 잘 만들어도,
종이로 만든 상자와 포장은 곧 버려진다.
종이가 주역인 제품을 만들 수는 없을까?

"

# 02

## 종이, 그 자체로 주역이 되다

### : 후쿠나가지공 :

**매년 마이너스 성장하는 일본의 인쇄업**

노동집약산업인 인쇄 분야는 4차 산업혁명 이전부터 내리막길을 걷고
있었다. 이미 일본은 우리에 앞서 인쇄업의 쇠퇴를 경험했다. 우리나
라와 일본의 인쇄물 생산량은 매년 지속해서 감소하고 있다. 일본
인쇄 기업들의 매출액이 줄어든 데에는 인쇄 시장 축소나 제한된 수요의
영향이 크지만 내부적인 요인에서 보다 직접적인 원인을 찾을 수 있다.
인쇄업계의 가격 경쟁이 심화되면서 판매단가가 하락해 경영상의 어
려움이 가중되고 있는 것이다. 물론 우리나라의 인쇄업계 상황도 크게
다르지 않다.

일본의 인쇄산업은 광고 시장과 연결된 상업인쇄 시장이 가장 크다. 출판인쇄 시장은 주지하다시피, 인터넷과 IT의 발전으로 점점 축소되고 있다. 인쇄산업의 이러한 전반적인 상황을 단순히 시장의 축소로 진단하는 데 그쳐서는 안 된다. 그보다는 전통적인 인쇄 생산에서 시야를 넓혀 새로운 판로를 개척해야 한다는 의미로 받아들여야 할 것이다. 이를테면, 패키지 인쇄 시장은 다른 인쇄 시장의 축소에도 불구하고 점점 늘어나는 추세다. 패키지, 산업자재, 건축재 등을 중심으로 하는 일본의 생활환경사업은 2004년 이후 순조로운 성장세를 보이고 있다. 생활환경사업 분야는 친환경 제품에 대한 수요가 크게 증가하면서 새롭게 떠오르는 시장이 되었다. 상황이 결코 녹록하지는 않지만, 그 안에서 유의미한 수치를 보이는 새로운 성장 동력을 발견한 것이다.

우리나라와 마찬가지로, 몇몇 상장 기업을 제외하고 일본의 인쇄업체 대부분은 영세한 중소기업이다. 단순한 팸플릿이나 브로슈어 정도는 사무용 혹은 가정용 컴퓨터 프린터로 만드는 시대가 되다 보니, 인쇄 수요는 줄고 경쟁은 더욱 가속화되고 있다. 지금부터 살펴보고자 하는 '후쿠나가지공(福永紙工)'도 사실 예외는 아니었다.

1963년 도쿄 다치카와(立川) 시에서 문을 연 후쿠나가지공은 두꺼운 재질의 종이인쇄 가공과 제본을 전문으로 하는 평범한 인쇄 가공 공장이었다. 펀칭 가공이나 레이저 절단 가공 등 종이에 다양한 모양으로 구멍을 내서 만드는 '문양틀' 기술로 동종 업계에서는 제법 자리를 잡았지만, 이 기술만으로 불황을 타개해나가기에는 역부족이었다.

후쿠나가지공은 펀칭 가공이나 레이저 절단 가공 등 종이에 다양한 모양으로 구멍을 내서 만드는 '문양틀' 기술로 동종 업계에서는 제법 자리를 잡았지만, 이 기술만으로 불황을 타개해나가기에는 역부족이었다.
자료: ⟨https://www.fukunaga-print.co.jp/printing-processing/⟩

## 진화1 왜 종이가 주인공이 될 수는 없을까?

후쿠나가지공의 야마다 아키라(山田明良) 사장은 2005년 한 가지 의문에서 가능성의 실마리를 찾았다.

"아무리 기술이 우수해도, 주인공은 상자 속 제품이다. 아무리 잘 만들어도, 종이로 만든 상자와 포장은 곧 버려진다. 우리가 만든 종이가 주인공이 될 수는 없을까? 종이가 주역인 제품을 만들 수는 없을까?"

후쿠나가지공에 입사하기 전 의류 회사에서 일한 전력을 가지고 있던 야마다 아키라 사장은 디자인과 예술에 관심이 많았다. 야마다 아키라 사장은 고민 끝에 종이에 디자인을 가미하기로 결심했다. 그는

2006년 후쿠나가지공에 디자이너를 영입해 '종이공작소' 프로젝트를 시작했다. 야마다 아키라 사장의 아이디어와 디자이너의 감각 그리고 인쇄 장인들의 기술을 합쳐 2010년에 개발한 첫 제품이 세상에 모습을 드러냈다. 종이로 만든 그릇인 '공기그릇(airvase)'이 그 주인공이었다.

공기그릇은 종이를 펼치는 방법에 따라 자유롭게 변형 가능한, 말 그대로 종이로 만든 그릇이다. 망사처럼 정밀하게 가공한 직경 20센티미터 원형 종이 한 장의 사방 끝부분을 잡아 올리면, 마치 공기를 감싸 안는 것 같은 모양으로 형태가 바뀐다. 후쿠나가지공의 문양틀 기술에 디자인적 요소를 결합해 탄생시킨 제품이다. 공기그릇은 소품을 넣을 트레이, 화병 장식, 와인 선물 포장, 인테리어 오브제 등 다양한 방식으로 활용할 수 있다. 종이의 겉과 안쪽의 색깔과 무늬를 달리해서 양면으로 사용할 수 있고, 2가지 이상 색상을 배합하면 보는 각도에 따라 다양한 느낌을 연출할 수 있다. 야마다 아키라 사장이 가진 의문이 씨앗이 되어, 진짜 종이가 주인공인 제품을 탄생시킨 것이다. 공기그릇은 후쿠나가지공의 변화가 옳은 길로 가고 있다는 확신을 준 제품이다. 시장에서 환영받았을 뿐 아니라, 더는 매출 신장을 기대할 수 없는, 무너져가는 인쇄 공장의 시스템을 벗어나 새로운 도약의 가능성을 맛볼 수 있었기 때문이다. 이 작지만 명백한 성공은 인쇄 장인들에게는 새로운 가능성을 보여주었고, 디자이너들에게는 다른 산업 간의 연계로 일자리를 창출하는 역할을 했다.

처음에는 어떻게 해야 할지 몰라 무작정 많은 디자이너들을 공장으

트로프(トラフ) 건축설계사무소와의 협동 프로젝트 '공기그릇'은 종이를 펼치는 방법에 따라 자유롭게 변형 가능한 것으로, 후쿠나가지공의 변화가 옳은 길로 가고 있다는 확신을 준 제품이다.

자료: ⟨https://www.fukunaga-print.co.jp/printing-processing/⟩

로 초대해서 무엇이든 만들어보도록 했다. 판매 루트도 없었고, 어떻게 제품을 알려야 하는지도 몰랐다. 무모한 도전이었지만 포기하지 않고 계속 부딪쳤다.

### 진화2 '진화'를 반복하라

후쿠나가지공의 도전은 여기서 멈추지 않았다. 2011년에는 종이공작소로부터 독립해서 만든 브랜드 데라다 모케이(テラダモケイ)를 출시했다. 데라다 모케이는 건축가 데라다 나오키(寺田尚樹)와의 협업을 통해 종이 미니어처를 만드는 프로젝트다. 실제보다 100분의 1로 축소한 크기로 만들어진 데라다 모케이는 종이로 만든 모형에 배율과 디테일을 가미해 새로운 조형의 가능성을 제안한다. 이 또한 종이가 주인공인 제

건축가 데라다 나오키와의 협동 프로젝트 '데라다 모케이'는 원래 건축가들을 위해 만든 건축 모형용 제품이었지만, 일반 홈 인테리어나 취미활동으로도 사랑받고 있다.

자료: 〈https://www.fukunaga-print.co.jp/teradamokei/〉

품이다. 다양한 인물과 동물, 건축물, 오케스트라에 이르기까지 그 종류만 60여 가지에 이른다. 원래는 건축가들을 위해 만든 건축 모형용 제품이었지만, 일반 홈 인테리어나 취미활동으로도 사랑받고 있다.

종이컵으로 만든 '토터스(トータス, 거북이)'라는 게임 상품도 인기다. 종이컵 밑면에 숫자가 적혀 있어, 그 합이 10이 되면 컵을 획득하는 단순한 게임이다. 방법이 단순한 데다 종이컵을 재활용할 수 있어 어린이는 물론 어른들에게도 인기가 많다.

이밖에도 후쿠나가지공은 다양한 프로젝트를 진행하고 있다. 종이 공예 작가 와다 야스유키(和田恭侑)가 디자인한 유아용 종이 조립 키트 구파(gu-pa), 디자이너 아즈미 도모코(安積朋子)가 세계의 명품 의자들을 16분의 1로 축소하여 재현한 원투식스틴(ONETOSIXTEEN) 등이 그것이다. 이렇게 만들어진 후쿠나가지공의 아이템은 200여 개에 달한

카미공작소(かみの工作所)와 협력하여 만든 종이 게임 '토터스'는 방법이 단순한 데다 종이컵을 재활용할 수 있어 어린이는 물론 어른들에게도 인기가 많다.
자료: 〈https://sumally.com/p/2072200〉

다. 놀라운 사실은, 이 가운데 생산이 중단된 제품이 단 하나도 없다는 것이다.

"우리가 만든 제품을 사람들이 잘 사용하는 것, 그것이 바로 디자이너와 인쇄 장인들의 노력에 대한 가장 값진 보상이다."

'우리'가 만든 제품이 시장에 나가 선을 보이고 사람들의 사랑을 받는 것, 이로 인해 꾸준히 다른 제품들을 생산해내고, 다시 이 제품들이 팔려 나가 사람들에게 잘 쓰이는 것. 그 결과로 공장은 계속 기계를 돌릴 수 있고 함께 일한 사람들에게 그만큼의 보상을 해줄 수 있다. 후쿠나가지공과 같은 작은 공장이 꿈꾸는 일은 이런 단순하고 소박한 바람이 아니었을까.

야마다 아키라 사장은 이를 위해 열심히 제품을 '판매'하는 것이 회사의 역할이라고 강조한다. 주문이 들어오지 않는 제품은 어떻게든 판매

디자이너 아즈미 도모코와의 협동 프로젝트 '원투식스틴'은 세계 명품 의자들을 16분의 1로 축소하여 재현하였다.

자료: 〈https://www.fukunaga-print.co.jp/onetosixteen/〉

루트를 만들어 생산을 유지시킨다. 백화점이나 미술관에서 전시회를 개최하고 직접 현장판매를 하는 식이다. 후쿠나가지공은 디자이너, 아티스트, 건축가와의 디자인 협업을 하고 있기에 다양한 전시회에 적극적으로 참여한다. 이런 작은 전시회가 쌓이면서 더 많은 사람들에게 제품이 노출되고, 더불어 작가들도 이름을 얻게 되는 것이다. 이런 적극적인 판매 전략으로 종이공작소에서 개발된 제품은 전체 회사 매출의 40%를 차지한다.

### 진화3 새로운 변화의 돌파구는 결국 사람

후쿠나가지공은 도쿄의 변두리에 위치한 수십 년 된 낡은 인쇄 공장이다. 그러나 이곳에서 만든 제품들은 도심의 갤러리에서 전시된다. 사람들은 "이렇게 감각적인 제품이 이런 곳에서 만들어졌다고?"라며 놀라워한다.

후쿠나가지공이 새로운 가능성을 찾아 변신에 성공할 수 있었던 이유는 도전을 함께한 사람들의 힘이었다. 첫 도전인 종이공작소에는 무엇보다 오랫동안 기술을 갈고 닦은 숙련된 장인의 감각이 필요했다. 그렇지만 야마다 아키라 사장이 처음 새로운 사업을 제안했을 때 직원들의 반응은 부정적이었다. 기존에 해오던 방식을 버리고 새로운 기술을 연구하고 연마하는 데는 거부감을 느낄 수밖에 없다. 직원들에게 종이공작소라는 프로젝트는 개개인의 노력을 요구하는 일이었다. 더구나 이 작업은 장인 혼자 일을 해내던 기존과는 매우 다른 방식이었다. 디자이너와 협업을 해야 했다. 무엇보다 이 새로운 사업이 시장에서 환영받을지, 수익을 낼 수 있을지에 대해 확신할 수 없는 상황이었다. 그러나 공장의 힘든 상황을 누구보다 잘 알고 있었던 직원들은 '디자인의 힘을 더해 종이가 주인공인 제품을 만들겠다'라는 사장의 설득에 결국 마음을 돌렸다. 야마다 아키라 사장은 제품 개발 초기 단계부터 적극적으로 직원들을 참여시켰다. 또한 디자인에 현장의 의견을 반영함으로써 장인들이 자부심을 느낄 수 있도록 했다.

또 다른 주역은 디자이너였다. 종이공작소를 열기까지 정말 많은 디자이너를 공장으로 초대했다. 수많은 디자이너들과 무수히 많은 제품을 만들었다. 그렇게 힘들게 디자이너를 찾았지만, 회사는 자금 여력이 없었다. 야마다 아키라 사장은 제품이 팔린 만큼 지불하는 로열티 방식으로 디자이너와 계약을 맺고, 대신 신제품 전시회를 개최할 때마다 담당 디자이너와 아티스트를 알리기 위해 노력했다. 제품의 반응이 좋을

수록 이들의 명성도 함께 높아졌다. 판매가 시작된 후에는 판매 데이터를 상세히 전달하는 등 투명하게 로열티를 관리하고 지불했다. 이제 후쿠나가지공과 함께 일하는 디자이너와 아티스트들은 20명을 훌쩍 넘어섰다. 이들은 단순히 받은 만큼 일하는 사람들이 아니다. 이들은 후쿠나가지공과 함께 성장하는 파트너라고 믿는다. 이런 상호 신뢰는 더욱 재미있는 시도를 해나갈 수 있는 토대가 되고 있다.

## 협업의 진정한 의미

"제품을 만들고 사람과 관계를 맺을 때, '돈'이 전부라면 미래가 없다. 어려울수록 모아야 하는 건 돈이 아니라 믿음이다. 후쿠나가지공도 우리를 정말 좋아해주고 공감해주는 분들과 함께 일하기 때문에 경쟁에서 벗어나 온리 원이라는 가치를 만들어낼 수 있었다."

야마다 아키라 사장의 말처럼, 후쿠나가지공의 사례는 위기를 이기는 데 진짜 필요한 것이 무엇인지 알려준다. 바로 '사람의 중요성'이라는 명제다. 그리고 함께 일한다는 것의 진정한 의미가 무엇인지 다시한 번 생각해보게 만든다. 만드는 것도 사람이고, 소비하는 것도 사람이다. 이 중 어떤 쪽의 사람도 간과해서는 안 된다.

야마다 아키라 사장은 장인과 디자이너라는, 어찌 보면 쉽사리 어울릴 것 같지 않은 사람들과 함께 일하면서 후쿠나가지공의 성공 비결이 유연한 발상에서 비롯된다고 생각한다. 목표나 숫자에 사로잡히지 않고, 지금처럼 세상에 없는 제품을 만들어가는 이 사업을 잘 이끌어갈 수 있는 적절한 규모의 조직을 유지하고 싶다고 말한다.

자칫 후쿠나가지공의 성공을 야마다 아키라 사장 혼자만의 성과라 생각하기 쉽다. 함께 일하는 사람들의 잠재력과 시너지로 새로운 가능성을 모색한 야마다 아키라 사장의 통찰력이 있었기에 성공이 가능했으니, 확실히 그런 영광을 누려도 부족함이 없다. 그러나 그가 새로운 방향으로 나가려 할 때 거부하지 않고 뒤따른 공장의 장인들, 가능성만으로 함께 힘을 보탠 디자이너들, 그들과의 기분 좋은 협업이 있었기에 후쿠나가지공은 성공의 주춧돌을 놓을 수 있었다. 좌충우돌하면서도 결국 '종이'로 할 수 있는, '종이'가 주인공인 길을 개척낼 수 있었던 것이다.

연필은 사람을 위해 자기 몸을 깎는다.
연필처럼 한가운데 심지가 깊은 사람을 만드는 데
도움이 되는 훌륭하고 부끄럽지 않은 직업이니,
연필이 존재하는 한 이익은 생각하지 말고
가업을 이어가라.

# 03

## 연필의 정신

### : 기타보시연필 :

## 연필? 요즘 누가 써?

PC 시대가 도래하기 전부터 이미 연필의 시대는 저물고 있었다. 연필을 대체할 샤프펜슬의 다양화 및 편의성에 자리를 내주고 있었던 것이다. 새 천년을 전후하여 본격적으로 각 가정에 PC가 보급되기 시작하면서 연필의 몰락은 가속화되었다. 포스트 PC 시대인 요즘에는 주변에서 연필을 사용하는 사람을 보기가 어려운 상황이다.

연필은 '아날로그' 감수성을 자극하는 추억의 물건 정도로 전락하고야 말았다. 요즘에는 아이들의 필기 자세를 잡는 용도나 예쁘게 글씨를 쓰고 싶어하는 성인들의 욕망을 자극하는 글쓰기 교본 정도에서나 사용된다. 그렇지만 이 또한 연필이 아닌 다른 대체품으로 얼마든지 가능하니, 꼭 연필이 필요한 것도 아니다. 일본도 우리와 상황이 별반 다르지 않다. 저출산에 따른 주 사용자층 감소와 사무환경의 급속한 전산화, 값싼 중국산 제품의 공세가 겹치면서 연필 산업의 전망은 날로 어두워졌다.

그러나 여기, 우리가 반드시 주목해야 할 작은 기업이 있다. 망해가던 공장을 속수무책 바라보고만 있지 않고, 어떻게든 회생시키려는 사장이 있었다. 여러 실패를 거치며 더욱 거세진 그의 의지는 이전과는 다른 성공 가능성을 확인했고, 쇠퇴해가던 일본 연필 산업에 새로운 희망을 보여주었다. 도쿄에 소재한, 종업원이 채 30명이 되지 않는 작은 중소기업, '기타보시연필(北星鉛筆)'이 주인공이다.

"연필을 계속해서 만들겠다."

2018년 현재 창립 67년을 맞이하며 4대째 공장을 이어온 스기타니 가즈토시(杉谷和俊) 사장은 자신의 대에서 회사가 문 닫는 것을 두고 볼 수 없었다. 1897년부터 연필용 나무 가공 및 판매를 시작한 작은 회사로 출발해, 1951년 기타보시연필주식회사를 창립한 선대가 평생 몸바쳐 일한 터전이었다. 그는 끊임없이 연구개발을 하며 불황을 이겨나갈 신제품에 몰두했다. 스기타니 가즈토시 사장은 우직하고 묵묵하게 연필을 만들어온 정신에 회사의 강점이 있다고 생각했다. 이런 연필에 대한 집념이 쌓아온 오랜 전통과 새로운 발상이 결합하자 회사의 독자성으로 거듭날 수 있었다.

기타보시연필이 히트 상품을 연이어 출시할 수 있던 비결은, 연필의 명맥을 끊지 않고 계속 만들어나갈 수 있는 환경을 만들겠다는 의지에서 출발했다.

### 진화1 일에 대한 자부심으로 상식을 뒤집다

'상식을 뒤집다'라는 말은 이제 너무도 흔히 쓰여 죽어가던 회사를 되살린 비결이라 하기에는 뭔가 아쉬움이 남는다. 그러나 기타보시연필은 가장 어려울 때 업계의 상식을 완전히 뒤집어 생각하기 시작했다. 연필은 초등학생들이나 사용하는 것이라는 상식 말이다.

기타보시연필은 수요가 감소하는 취학연령 대신 어른들을 새로운 타깃으로 삼았다. 그래서 탄생한 것이 바로 '어른들의 연필'이다. 보다 편리한 사용을 위해 샤프펜슬 형태로 제작하되, 진짜 연필에 들어가는 직경 2밀리미터의 심을 사용해 연필 특유의 질감을 살렸다. 스기타니

기타보시연필은 수요가 감소하는 취학연령 대신 어른들을 새로운 타깃으로 삼았다. 그래서 탄생한 것이 바로 '어른들의 연필'이다.

자료: ⟨http://www.kitaboshi. co.jp/product/⟩

가즈토시 사장은 "심이 쉽게 부러지지 않게 화학처리를 한 샤프펜슬과는 달리 어른들의 연필에 들어가는 심은 진짜 연필에 쓰이는 흑연가루와 점토만을 혼합해서 구운 것이기 때문에 '쓰는 맛'이 다르다."라고 강조한다.

연필의 장점은 취하고, 단점은 보완한 어른들의 연필은 나무 축 부분도 보통 연필, 즉 아이들을 타깃으로 설정하는 일반적인 연필보다 직경 1밀리미터 정도 굵다. 어른들이 사용했을 때 '쥐고 쓰는 맛'을 느낄 수 있도록 제작한 것이다. 이 철저히 계산된 균형에 의해 오랫동안 사용하고도 쉽게 피로감을 느끼지 않는다. 어른들의 연필은 2011년 일본 문구대상 디자인 부문 우수상을 수상하며, 지금까지 무려 100만 개 이상 판매되는 대기록을 세웠다.

스기타니 가즈토시 사장은 제품을 개발하는 데 가지고 있어야 할 '2가지 눈'에 대해 다음과 같이 말한다.

"개미의 눈으로는 세세한 부분을 볼 수 있고, 새의 눈으로는 시대의 흐름을 읽을 수 있다. 이 2가지 눈으로 자신의 위치를 다양하게 바꾸면서 생각하는 것, 이것이 히트 상품을 만들어낼 수 있는 비법이다."

어른들의 연필이 거둔 성공은 점차 축소되어가고 있는 동종업계에 새로운 발전 방향을 제시했다는 데 큰 의미가 있다. 다른 한편으로, 스기타니 가즈토시 사장 개인적으로도 남다른 의미가 있는 성공이라는 사실에 주목할 필요가 있다. 그것은 그가 연필의 존속 가치를 믿는 사람이기 때문이다. 회사를 다시 일으켜 세우려던 그의 노력은 비단 가업의 명맥이 끊기는 것을 두고 볼 수 없다는 이유만으로 시작된 것은 아니다. 그는 연필을 만드는 일에 대해 누구보다 강한 자부심을 가지고 있다. 어른들의 연필 역시, 이러한 자부심을 통해 연필을 단순한 도구로만 바라보지 않고 연필의 본질을 탐구하고자 하는 노력이 있었기에 탄생할 수 있었다. 제품을 생산하는 누구나 그러하듯, 그도 더 많은 사람들이 연필을 사용해주길 바란다. 그래야 연필 산업이 없어지지 않을 것이기 때문이다. 그는 연필 생산을 이어가기 위해 다른 많은 제품들을 절치부심 개발해냈다.

### 진화2 지금 내가 가지고 있는 것에 답이 있다

기타보시연필에는 어른들의 연필 외에 또 하나의 빅 히트 상품이 있다. 톱밥과 인체에 무해한 접착제를 혼합해서 만든 나무점토 '모쿠넨상(もくねんさん)'이다. 이 나무점토는 인체에 무해한 데다 마르면 나무로 변하는 특성을 가지고 있어 초등학생의 수업 교재로 쓰이는 등 그 수요가 날로 늘고 있다. '연필 회사에서 웬 점토지?'라고 생각하는 사람도 있겠지만 연필 회사에서 만드는 점토, 바로 여기에 기타보시연필의 두 번째 성공 비결이 숨어 있다.

스기타니 가즈토시 사장은 '순환용 연필 산업 시스템'을 고안해내 주목을 받았다. 연필 제조 공정에서 40%에 이르는 목재가 톱밥으로 버려진다는 점에 착안하여, 버려지는 톱밥을 가지고 다양한 제품을 만들어 재활용해야겠다는 아이디어에서 출발했다. 물론 초기에는 목욕탕

연료 등으로 톱밥을 판매하는 것이 가능했지만, 목욕탕 역시 급감하면서 어쩔 수 없이 산업폐기물로 처리할 수밖에 없었다. 톱밥 처리 비용은 해마다 증가했다. 환경에도 좋지 않았다. 스기타니 가즈토시 사장은 고민 끝에 독일 기업의 압축 기술을 들여와 난로나 바비큐에 쓰이는 '톱밥 장작'을 상품화하는 데 성공했지만, 기대와 달리 판로 확보에 어려움을 겪었다. 결국 보기 좋게 실패하고 말았는데, 1년여 만에 사업을 접을 수밖에 없었다.

자신만만했던 톱밥 장작의 실패를 계기로 스기타니 가즈토시 사장은 완전히 다른 방향에서 다시 생각해보기로 했다. 새로운 판로를 개척하는 대신 이미 확보되어 있는 연필의 판매망을 그대로 살릴 수 있는 상품이 없을지 고민하기 시작한 것이다. 그렇게 떠오른 것이 바로 '점토'였다. 점토라면 연필 판매로 다져놓은 교재 도매상 판매 루트를 그대로 활용할 수 있었다. 마침내 1년여의 노력 끝에 곱게 간 톱밥에 PVA 풀을 섞은 최초의 나무점토 모쿠넨상을 개발하는 데 성공했다.

뒤이어 3년 후 기타보시연필은 다마가와(玉川)대학과 산학협력을 통해 톱밥에 식품용 염료를 섞어 세계 최초로 마르면 나무가 되는 '우드페인트'를 개발하는 데 성공했다. 특히 우드페인트로 그린 그림은 목채화라는 새로운 장르를 개척했다는 평가를 받을 정도로 반향을 일으켰다. 비용만 까먹던 골칫덩이 톱밥이 회사를 살리는 보물로 탈바꿈하는 순간이었다.

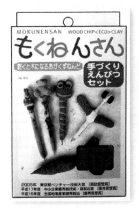

연필 제조 공정에서는 40%에 이르는 목재가 톱밥으로 버려진다. 기타보시연필은 버려지는 톱밥을 가지고 점토와 페인트 등 다양한 제품을 개발했다.

자료: 〈http://www.kitaboshi.co.jp/product/〉

### 진화3 생각을 상품화하라

"눈으로 보고 상품을 기획하면 모방에 그치기 쉽지만, 생각을 상품화하면 세상에 없던 새로운 제품을 만들 수 있다. 바로 이것이 제조의 기본이다."

스기타니 가즈토시 사장의 이런 생각은 기타보시연필에서 만드는 제품에 그대로 적용되어왔다. 대표 상품인 어른들의 연필은 아이와 함께 공장 견학을 왔던 한 어머니가 "어른들이 사용하기 쉬운 연필이 있으면, 꼭 사고 싶다."라고 한 말이 계기가 되었다고 한다. 연계 상품인 필기 자세 교정기구 '어른을 위한 연필 잡기 선생님'도 기타보시연필의 제품을 사용하던 한 교사가 낸 아이디어에서 출발했다. 최근 기타보시연필은 늘 같은 굵기의 선을 그을 수 있는 연필이 있었으면 좋겠다고 한 어느 만화가의 말 한마디를 계기로 '심이 닳지 않는 연필'을 개발 중이다.

인간은 생각하고 꿈에 그리던 것밖에는 만들어낼 수 없다. 그렇기 때문에 스기타니 가즈토시 사장은 사람은 무엇을 생각하는지가 가장 중요하다고 말한다. 그는 연필 하나로 세상에 어떻게 기여할 수 있을지, 회사가 나아가는 방향이 맞는지, 기타보시연필만의 철학을 가지고 시장에서 살아남으려면 어떻게 회사를 바꿔나가야 할지를 늘 생각한다.

"그 길의 프로를 목표로 한다. 무엇을 생각하고 무엇을 원하는지, 판단하는 능력이 중요하다. 또한 끊임없이 생각해나가는 것이 중요하다. 왜냐하면 인간은 생각하는 것만을 실현해낼 수 있기 때문이다."

## 연필은 죽지 않는다!

스기타니 가즈토시 사장의 조상은 도쿠가와 막부의 서기(祐筆)였다고 한다. 막부 해체 후에 홋카이도로 이주해 연필에 쓰이는 판재를 제조하는 회사를 만들어 전국에 판매했다. 붓을 사용하던 시대였지만 앞으로는 연필이 쓰일 거라고 판단하여 연필 제조에 한 발을 내디뎠다.

기타보시연필에는 대대로 이어져 내려온 '연필의 정신'이 있다.

"연필은 사람을 위해 자기 몸을 깎는다. 연필처럼 한가운데 심지가 깊은 사람을 만드는 데 도움이 되는 훌륭하고 부끄럽지 않은 직업이니, 연필이 존재하는 한 이익은 생각하지 말고 가업을 이어가라."

연필 산업은 시대의 흐름 속에서 퇴출될 위기에 놓였다. 그러나 스기타니 가즈토시 사장에게는 이 세상에 연필이 필요한 이유가 무수히 많다. 그에게 연필의 정신은 다음 세대가 계승해야 할 가치이다. 또한 현재를 버틸 수 있는 비즈니스 마인드다. 창업 후 60년이 훌쩍 넘었지만 '연필을 계속 만든다'라는 기타보시연필의 방향은 한결같다. 지나칠 수도 있을 소비자의 작은 의견이, 쓰레기로 치부되던 톱밥이 히트 상품으로 세상에 다시 태어날 수 있었던 것도 확실한 방향과 굳건한 의지가 있었기에 가능한 일이 아니었을까?

"모래 바람이 부는 사막에서는 지도가 아닌 나침반을 보아야 한다." 라는 말이 있다. 위기와 위험을 타개할 방법론에 대해 근본적인 고민을 해볼 필요가 있다. 기존에 해왔던 것이 아닌, 새로운 무언가를 생각해 볼 수도 있고, 해왔던 것이지만 목적지나 경로를 수정할 수도 있다. 실패도 성공도 모두 우리 안에 그 이유가 있다. 내 안의 실마리를 찾아 자신에게 알맞은 방향을 설정하는 것이야말로 성공의 출발점일 것이다.

사장을 승계할 당시 아들에게 한 조언은 아무것도 없었다.
내가 사장으로서 마지막으로 한 일은
'스스로 생각하고, 만들고, 판매한다'라는
경영이념을 만든 것이었다. 아들이 고민에 빠졌을 때
이 경영이념을 떠올릴 수 있다면,
그것으로 충분하다고 생각했다.

## 04

# 하라는 대로만
# 일하고 싶지는 않다

## : 혼다플러스 :

**하청 제조업체에서 문구업계 진화의 주역으로**

대부분의 플라스틱 가공업체는 주문받은 그대로 생산해 납품하는 경우가 많다. 이에 반해, 자사 브랜드를 가지고 도쿄 중심가에 점포까지 개설한 플라스틱 가공업체가 있다. 종업원 60명의 전형적인 하청기업에서 2만 개의 아이템으로 3,500개 기업과 거래하는 230명 규모의 혁신기업으로 성장한 '혼다플러스(本多プラス株式会社)'가 그 주인공이다. '하라는 대로만 일하고 싶지는 않다'라는 뚝심으로 하청 제조업체에서 자사 브랜드를 지닌 혁신기업으로 진화하는 성장 과정을 따라가보자.

혼다플러스의 진화는 30여 년 전에 시작됐다. 우리가 자주 사용하는

혼다플러스는 플라스틱 용기 제조업체로, 2011년 일본 패키지 디자인 대상을 수상한 바 있다.
자료: 〈http://www.hondaplus.co.jp/service/design.html〉

수정액 용기를 무거운 유리에서 나일론 소재로 바꾼 것이다. 1983년 혼다플러스는 가볍고 사용하기 편리하지만 성형이 어려워 불가능하다고 여겨지던 나일론 가공을 최초로 성공시키며 문구업계의 진화를 이끌었다. 일명 '중공성형(中空成型, blow molding)' 분야에서 높은 수준의 기술을 확보하고 있었기에 가능했던 일이다. 금형에 플라스틱을 쏟아붓고 공기를 주입해서 안쪽에서 성형하는 이 기술로 혼다플러스는 일본에서 최초로 용기를 누르면 수정액이 나오는 나일론 용기를 만들어냈다. 혼다플러스는 중공성형 부문 세계 최고 수준의 원천기술을 보유하고 있다.

혼다플러스는 화장품, 문구, 식품, 의약품 등의 용기 디자인 및 제조·판매를 일관되게 다루어온 플라스틱 중공성형 제조업체로서, '다른 사람들이 하지 않는 일을 한다'는 경영이념을 통해 현재와 같은 성공 신화를 일구었다.

## 진화1 뚝심이 만든 기술력

혼다플러스는 1946년 아이치(愛知) 현 신시로(新城) 시에서 현 3대 사장의 할아버지 혼다 소조(本多正造)가 창립한 혼다셀로판공업소로부터 출발했다. 이후 셀로판 가공을 통한 붓 커버 생산을 기점으로 사업을 확대하여, 2대째에 수정액 용기를 만드는 중공성형에 성공함으로써 급성장했다. 사실 전형적인 하청업체였던 혼다플러스가 한 단계 도약할 수 있었던 것은 2대 사장이었던 혼다 가쓰히로(本田克弘)의 뚝심이 있었기 때문이다. 혼다플러스의 본사가 위치한 미카와(三河) 지역은 도요타자동차의 본거지로, 도요타자동차의 1차 벤더로부터 하청업체가 되지 않겠냐는 권유를 받았다. 안정된 수익이 보장되는 기회였지만, 그는 이를 거절하고 독립적인 길을 택한다. "하라는 대로만 일하고 싶지는 않다. 하청 생산에만 안주하게 되면 회사의 미래는 없다."라는 것이 이유였다. 그리고 여러 가지 용기를 생산하며 키운 중공성형 기술을 특화해, 자체 브랜드 제품을 개발함으로써 하청 생산 기업에서 탈피하는 데 성공한다.

## 진화2 진화의 대를 잇다

혼다플러스의 진화는 창업자인 할아버지와 아버지를 이어, 3대 사장에

오른 혼다 다카미쓰(本多孝充)에 의해 더욱 빛을 발했다. 한때 록 뮤지션으로 활동하기도 했던 그는 가업을 잇기 위해 꿈을 포기하고 경영에 뛰어들었다. 1997년 28세의 나이로 혼다플러스에 입사한 그는 2011년 사장에 취임했다.

"내가 입사했을 당시 회사의 매출은 대부분 수정액 용기 제조에 의존했다. 우리는 플라스틱 중공성형 기술에 강점이 있었고, 아버지도 자신감을 가지고 있었다. 그렇지만 당시 수정액보다 더 편리한 수정 테이프가 출시되었고, 디지털화에 따라 수정액에 대한 수요는 눈에 띄게 감소하고 있었다. 전형적인 하청 중소기업의 단가는 말도 안 되는 수준으로 하락했다. 이대로는 미래가 없다고 생각했다."

혼다 다카미쓰 사장은 수정액 용기에 국한되어 있던 업종을 화장품과 의약품 용기 등으로 확대해 매출액을 4배로 끌어올렸다. 성공적인 가업 승계 비결을 묻는 질문에 아버지 혼다 가쓰히로 사장은 이렇게 답했다.

"사장을 승계할 당시 아들에게 한 조언은 아무것도 없었다. 내가 사장으로서 마지막으로 한 일은 '스스로 생각하고, 만들고, 판매한다'라는 경영이념을 만든 것이었다. 아들이 고민에 빠졌을 때 이 경영이념을 떠올릴 수 있다면, 그것으로 충분하다고 생각했다."

실제 부자(父子)의 경영 방식은 매우 달랐다. 아버지가 한 우물을 파며 내공을 키우는 스타일이었다면, 아들은 사업을 넓고 다양하게 확장하는 방식으로 회사를 이끌어나가고 있다. 방식은 다르지만 경영이념은

혼다플러스는 중공성형을 예술과 결합하여 오리지널 공예 브랜드 '아메(ame)'를 론칭했다.
자료: 〈http://ame-online.shop-pro.jp/?tid=3&mode=f19〉

유지되고 있다.

취임한 지 몇 년 지나지 않은 2014년에 혼다 다카미쓰 사장은 예술과 중공성형을 융합한 오리지널 공예 브랜드 '아메(ame)'를 론칭했다. 그는 플래그십 스토어를 오픈하여, 플라스틱 용기의 성형 과정에서 발생하는 파편들을 장인이 수작업으로 재가공하여 만든 제품들을 선보였다. 플라스틱 고유의 아름다움을 다양한 형태로 제안하고 싶다는 생각에서 탄생시킨 브랜드다. 플라스틱은 환경에 좋지 않다는 부정적인 이미지가 뿌리 깊게 박혀 있지만, 여러 번 재활용하고 재사용할 수 있는 우수한 소재이기도 하다. 혼다 다카미쓰 사장은 이렇게 패키지로서 뛰어난 면과 좋은 디자인을 통해 플라스틱 제품일지라도 소중하게 사용하는 문화를 발전시켜나가고 싶다고 말한다. 아메는 플라스틱의 새로운 가치를 제안했다는 점에서 높은 평가를 받고 있다. 다양한 모양의 용기, 장식용 화병, 수저받침 등 인테리어 소품이나 주방용 소품들이 주를 이루며, 머리끈 장식이나 목걸이, 귀고리 등 액세서리 제품들도 출시되고 있다.

## 진화3 기술에 디자인을 입히다

혼다 다카미쓰 사장이 성공적으로 사업을 확장할 수 있었던 데는 디자인의 힘이 컸다. 자사의 기술력에 디자인이라는 새 옷을 입히면 새로운 부가가치가 만들어지지 않을까 생각한 그는 디자인 분야를 강화하여 수정액 용기에 매출의 대부분을 의존하는 기업 체질을 바꾸고자 하였다. 이를 위해 미술대학이나 디자인 계열 학교를 졸업한 디자이너 지망생을 신입직원으로 채용하기 시작했다. 공장에서 1~2년 근무하며 자사 기술을 이해한 이들은 디자인 오피스에 배치되어 영업에 합류한다. 이들은 영업부 직원과 함께 고객의 상품개발 부서와 마케팅 부서를 찾아, 높은 기술력을 활용한 디자인을 제안함으로써 고객의 마음을 움직였다. '좀 더 나은 색깔', '여학생들이 가지고 다녀도 위화감이 없는 느낌' 등 고객의 미묘한 요구까지 해소하는 디자인 능력을 발휘하며 점차 제품의 용도를 의료용, 공구용, 화장품용 등으로 확대할 수 있었고, 그 결과 단품에 의존하던 생산 체제에서 완전히 벗어날 수 있었다. 현재

고객에게 먼저 제안해서 확보한 제품이 전체 생산의 60%를 차지하고 있다고 한다.

## 스스로 살아남는 힘

무슨 일이든 스스로 하기란 쉽지 않다. 자기 자신부터 스스로 하기를 실천하는 일이 쉽지 않듯, 누군가를 '스스로 하는 사람'으로 만드는 것은 더욱 어려운 일이다. 그럼에도 혼다플러스는 '스스로 생각하고, 만들고, 판매한다'는 철학을 이어가고 있다. 후계자의 경영 방식을 존중하고 독자적인 기술과 영업능력을 키워 스스로 살아남는 힘을 축적해온 것이다. 이 기업의 여정이 다음에는 어떤 진화로 이어질지 주목해야 하는 이유가 여기에 있다.

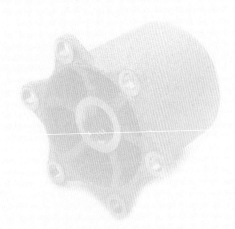

"

현재 상황이 좋지 않으니까
바꿔나가야 한다고 생각해서는 안 된다.
회사의 역사와 기술을 존중하고
지금 갖고 있는 것의 가능성을 재인식한 다음,
사업영역을 새롭게 개척하거나
다른 기술과의 협력으로 새로운 가치를 창출해내는 것이
제2의 창업에 반드시 필요하다.

"

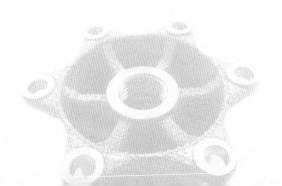

# 동네 공장, 로켓을 쏘다

## : 유키정밀 :

### 주목받는 '제2의 창업'

서양이나 일본에 비해 늦은 산업화로 우리나라는 100년을 넘은 가게 나 기업들이 열 손가락에 꼽힐 정도로 그다지 많지 않다. 반면, 이웃 일 본은 수백 년이 넘는, 대대로 이어 내려오는 노포(老鋪)나 작은 회사들 을 심심치 않게 볼 수 있다. 우리도 기업의 경제활동이 국가를 지탱하 는 중추 산업이 된 지 70년이 넘은 이 시점에, 중소기업의 성패는 나라 의 경제 기반을 뒷받침하는 중요 사안이 되었다. 이런 시대적 흐름 속에 서 안정적인 중소기업의 가업 승계가 더욱 주목받고 있다. 중소기업 은 그 특성상 가족기업으로 출발하여 발전해온 경우가 많기 때문이다.

유럽과 일본 등 선진국에서는 가업 승계를 '제2의 창업'으로 여긴다. 국내에서도 일자리 창출과 지속성장의 발판을 마련할 목적으로 가업 승계를 새롭게 조명하고 있다. 특히 일본에서는 가업 승계를 성공적으로 마치고 제2의 창업으로 회사를 성장시킨 기업들에 대한 주목이 높다. 제2의 창업은 할아버지, 아버지로부터 사업을 이어받은 후계 경영자가 기존 사업을 180도 뒤바꿔 전례 없는 실적을 거두며 다시 태어난 사례를 일컫는다. 일본의 제2의 창업 사례는 날로 늘고 있다. 선대와 다르게 과감히 기업의 방향성을 바꾸거나 강점을 현대화하여 문 닫기 직전의 회사를 회생시키고 승승장구하게 하는 작은 영웅들이 속속 등장하고 있는 것이다.

대기업의 하도급을 받아 공중전화 부품을 납품하던 하청 회사에서 첨단 분야로 방향을 틀어, 전 세계에 항공우주 부품 및 의료기기 등의 부품을 만들어 공급하는 강소회사로 변신하며 제2의 창업에 성공한 '유키정밀(由紀精密)'은 그 대표적인 사례다.

유키정밀은 1951년 오쓰보 요시오(大坪由男)가 창업한 오쓰보나사제조사에서 시작했다. 1961년 유키정밀로 이름을 바꾸고, 대기업에서 공중전화 부품을 주문받아 하청 생산을 하던 작은 부품 공장이었다. 규모는 작았지만 공중전화 생산과 맞물려 하청이 끊이지 않아 1991년까지 줄곧 생산 규모를 늘려갈 수 있었다. 그렇지만 버블 붕괴, 통신기기 발달 등 급변하는 외부 환경 요인으로 공중전화의 수요가 감소하면서 위기를 맞았다. 서둘러 생산품목을 커넥터로 바꿔 재기를 노렸지만,

이 역시 IT버블이 붕괴하면서 실패하였고 유키정밀은 도산 위기에 내몰렸다.

이런 최악의 상황에서 회사를 일으켜 세운 주인공은 바로 3대 사장인 오쓰보 마사토(大坪正人)다. 도쿄대학에서 공학을 전공하고 다른 회사에서 잠시 일한 뒤 2006년 31세의 나이로 할아버지가 세우고 아버지가 운영 중인 유키정밀에 입사했다. 그 후 불과 12년 만에 망하기 직전이었던 소규모 공장은 로켓 부품 납품업체로 변신해 전 세계를 상대로 비즈니스를 하고 있다. 오쓰보 마사토 사장은 과연 어떻게 도산 직전의 유키정밀을 항공우주 분야의 혁신 아이콘으로 진화시켰을까?

## 진화1 인지 편향의 함정에서 벗어나라

첫 번째 비결은 '인지 편향(cognitive bias)'을 버리는 일이다. 인지 편향은 사람 혹은 상황에 대한 비논리적인 추론으로 인해 잘못된 판단을 내리는 패턴을 말한다. 말하자면, "이것이 우리 회사의 강점이고, 사업 분야다."라는 굳은 믿음 때문에 사업의 새로운 방향 전환이 방해를 받는 경우를 의미한다. 물론 상황이 좋을 때는 이런 인지 편향이 나쁘기만 한 것은 아니다. 회사의 강점에 대한 구성원들의 인식은 중요한 요소이기 때문이다. 이는 직원들의 소속감과 자부심을 고양시키며, 생산성을 높일 수 있는 수단이 되는 등 긍정적인 힘을 발휘한다. 그러나 시장 상황이 좋지 않고 소비자의 욕구가 달라져 과거와는 다른 니즈에 빠르게 대처해야 할 때, 인지 편향은 장애물로 작용할 수 있다. 기존에 가지고 있던 편향적 사고가 비논리적으로 작용하여 새로운 방향으로 나아가는 일을 거부하는 것이다. 특히 정해진 고객으로부터 오랫동안 같은 일을 수주하는 하청 공장에서 흔히 볼 수 있는 현상이다.

유키정밀도 마찬가지였다. 공중전화 산업이 쇠퇴하고, 전자기기와 전선을 연결하는 커넥터 생산으로 한 차례 사업 방향을 선회했으나 이내 IT버블 붕괴라는 시대적 상황으로 좌절되자, 직원들 사이에는 이미 "우리는 위기를 이겨낼 특별한 기술이 없다."라는 패배주의적 믿음이 강하게 퍼지기 시작했다.

아버지가 경영하던 유키정밀이 자금난에 허덕이고 있다는 사실을 알게 된 오쓰보 마사토 사장은 가만히 있을 수만은 없었다. 아버지의 공장에는 그가 어렸을 때부터 알고 지낸 나이 많은 직원들도 있었다. 그렇게 그는 다니던 회사를 그만두고 유키정밀로 적을 옮겼다. 오쓰보 마사토 사장이 가장 먼저 착수한 일은 거래처를 상대로 한 설문 조사였다. 그는 현재 유키정밀이 가진 강점에 대해 알고 싶었다. 아버지나 오래 다닌 직원들에게 물어봐도 시원한 답변을 들을 수 없었다. 아버지는 경영자보다는 장인에 가까운 사람이었다. 그렇게 내부가 아닌 외부에서 회사의 강점을 찾아보기로 한 것이다. 처음에는 단순하게 회사의 강점을 분석하고, 미래를 설계하기 위해서였다. 그런데 전혀 예상치 못한 결과를 얻었다. 유키정밀은 특별한 기술력은 없었지만, 제품의 완성도가 높고 불량률이 낮아 '품질' 면에서 매우 우수하다는 거래처의 평가를 받은 것이다. 직원들의 위축된 분위기를 전환시키는 데

이만큼 좋은 역할을 한 것은 없었다. 아버지와 직원들 모두 유키정밀은 특별한 기술력도, 우수한 품질도 가지고 있지 않다고 생각하고 있었기 때문이다. 그러나 거래처의 평가는 기술력 부족에 대한 인지 편향 대신 품질에 대한 자부심을 일깨웠고, 직원들의 의욕에 새로이 불을 붙였다.

## 진화2 자신의 강점을 부각시켜라

설문 조사로 회사의 강점을 파악했고, 이것으로 직원들의 사기도 충전됐다. 이제 오쓰보 마사토 사장은 회사의 강점을 살려 새롭게 도전할 분야를 찾기 시작했다. 바로 현재 유키정밀이 주력하고 있는 항공우주와 의료 산업이었다. 두 업종 모두 사람의 생명과 직결되기 때문에 우수한 품질이 요구되는 데다 기술에 대한 기밀 유지가 중요해서, 일단 계약을 맺으면 오랫동안 거래가 지속되는 점이 큰 매력으로 작용했다.

　유키정밀은 회사의 기술이 항공우주와 의료 산업에 '어떻게' 활용될 수 있는지 알아내야 했다. 그러나 스스로 하나부터 열까지 탐구하기에는 너무나 많은 시간과 비용이 필요한 상황이었다. 고민하던 오쓰보 마사토 사장은 의외의 방법으로 이 문제를 해결해냈다.

　2008년 국제항공우주전시회에 출품하기로 결정한 것이다. 일단 전시회에서 회사의 기술을 공개하고, 관련 업계 사람들의 반응을 지켜보기로 한 것이다. 예상은 적중했다. 전시장에서 유키정밀을 찾은 한 바이어가 부스 앞에 놓인 정밀부품을 보고 '이런 항공 부품을 만들 수 있냐고 문의해온 것이다. 이를 계기로 유키정밀은 항공우주 분야로의 첫발을 내딛게 되었다. 이후 불과 1년 만에 JISQ9100(항공우주품질경영시스템)을 취득하고, 2011년에는 파리 항공우주쇼에 단독으로 출품하는 성과를 이루어냈다.

## 진화3 직원의 마음부터 챙겨라

유키정밀이 빠른 기간에 의미 있는 성과를 낼 수 있었던 것은 직원들의 자발적 참여가 있었기에 가능했다. 여기에는 오쓰보 마사토 사장의 노력이 큰 역할을 했다. 사실 공중전화와 통신기기 부품을 만들어온 직원들 입장에서, 회사의 갑작스러운 사업 전환 결정에 곧장 수긍하기란 어려운 일이었다. 그래서 새롭게 도전할 사업을 결정하고 난 뒤 오쓰보 마사토 사장은 전혀 예상하지 못했던 분야로 방향을 튼 회사의 입장에 당황스러워할 직원들을 위해 직접 항공우주 분야를 공부하기 시작했다. 그렇게 공부한 내용을 직원들과 공유하면서 참여를 이끌어냈다. 우선 공장 2층을 개조해서 회의실을 만들고, 매주 월요일 아침 1시간씩 전체회의를 개최했다. 회의는 오쓰보 마사토 사장이 직접 자료를 준비해 스스로 학습한 항공우주 관련 지식을 직원들에게 알려주는 방식이었다.

오쓰보 마사토 사장은 앞으로의 사업전개에 대해서도 열심히 설명했다. 이를 반복하는 사이에 '정밀도가 높은 제품을 만든다'는 직원들의 자부심이 점차로 '제트엔진의 중요 부품을 만든다', '고품질의 우주개발

부품을 만든다' 등의 자발적 동기로 변해갔다.

유키정밀은 누가, 언제, 어떤 재료로 어떤 기계를 사용해 어떤 작업을 담당했는지 세세하게 기록해 안정성과 투명성을 보장하는 사내 시스템을 구축했다. 직원들과 나누던 의사 교환을 확장해 2년간의 토의를 거쳐 '유키정밀 100년 비전'도 마련했다. 거기에는 "창업 100년이 되는 2050년에는 세계의 분쟁 문제, 환경 문제, 에너지 문제, 의료 문제 등을 해결하는 데 유키정밀의 부품들로 만든 기계들이 사용되게 하겠다."라는 웅장한 꿈이 담겼다.

## 혁신만이 능사는 아니다

오랜 역사를 가진 수많은 작은 기업들이 매일 문을 닫는다. 유키정밀도 도산 위기에 몰렸다. 단순히 젊은 사장으로 세대교체가 되어 회사가 우뚝 일어선 것이 아니다. 유키정밀은 살아남기 위해 사장 및 전 직원이 함께 새롭게 도전할 분야를 공부하며 철두철미하게 변화의 밑그림을 그렸다.

오쓰보 마사토 사장은 상황을 정면으로 마주하고, 언제나 성실하게 임하는 자세의 중요성에 대해 잘 알고 있는 사람이다. 무슨 일이 되었든, 시작 전에는 제대로 분석을 하고 이론까지 파고들지 않으면 안 된다고 생각한다. 강점이 있더라도 어째서 그 일을 잘하는가에 대해 알고 있어야 한다고 말한다. 이번에는 혹은 지금까지는 잘해왔을 수 있지만, 앞으로도 그러리라는 보장은 누구도 할 수 없다. 제대로 원인을 살피고 현재를 파악할 수 있어야 미래의 청사진을 그릴 수 있다.

"현재 상황이 좋지 않으니까 바꿔나가야 한다고 생각해서는 안 된다. 회사의 역사와 기술을 존중하고 지금 갖고 있는 것의 가능성을 재인식한 다음, 사업영역을 새롭게 개척하거나 다른 기술과의 협력으로 새로운 가치를 창출해내는 것이 제2의 창업에 반드시 필요하다."

오쓰보 마사토 사장이 항공우주 분야로 사업 방향을 전환하기까지 거창한 의미나 큰 변화가 작용했던 것은 아니었다. 그는 회사가 기존에 가지고 있던, 쌓아왔던 강점에 집중했을 뿐이다. 더불어 이를 실현해줄 직원들에게 회사의 장기적인 비전을 제시했을 뿐이다. 지금 일이 성공적이라고 해도 한 치 앞을 낙관할 수 없는 것이 현재 모든 산업이 처한 현실일 것이다. 모두들 당장의 생존에 급급한데 회사의 장기적인 비전이라니. 어떤 사람들에게는 뜬구름 잡는 소리가 아닐 수 없다. 그러나 인지 편향에 사로잡혀 기존에 해오던 일에만 매몰되어 변화를 두려워하던 유키정밀의 직원들은 오쓰보 마사토 사장이 제안한 비전에 동참했다. 그와 함께 새로이 도전할 분야를 공부해나가는 과정에서 점차로 자부심을 가지게 되었고, 보다 능동적으로 변화에 맞서게 되었다. 어떻게 보면 유키정밀은 공중전화에 들어갈 나사를 만들어 납품하던 작은 공장에서 항공우주 및 의료 기기를 다루는 최첨단 산업으로 일대 방향을 선회한 것이지만, 똑같이 부품을 다루는 기존의 입장과 크게 다를 바 없기도 하다. 당장이 어렵고 힘들다고 무조건 일대 혁신을 감행한 것이 아니라 회사가 가진 고유의 강점을 파고들어 새로운 돌파구를 찾은 것이다.

　현실에 매몰되어 안주하는 것은 쉽지만, 그대로는 성장을 기대하기는커녕 생존조차 장담하지 못할 수 있다. 갖고 있는 것의 새로운 가능성을 다시 한 번 짚어보고, 다른 것과의 조화를 통해 새로운 부가가치를 창출할 수 있을지 생각해봐야 할 것이다.

모리이 요시로 사장은 매장을 방문한 고객에게
이 질문을 꼭 한다.
"왜 빅마마를 찾으셨나요?"

# 06

# 다시 오게 만드는 비결

## : 빅마마 :

**의류수선점에서 글로벌 기업으로**

누구도 크게 주목하지 않았던 분야를 키워 새로운 블루오션 시장으로 개척하는 사람들이 있다. 그를 벤치마킹하는 후발주자들이 나타나고 비슷한 다양한 업체들이 우후죽순으로 생겨나게 만드는, 이를테면 새 업계의 리더이다.

밝고 깨끗한 분위기의 의류 수선점을 프랜차이즈 사업으로 확장하여 의류 수선업계에 일대 혁신을 몰고 온 기업이 있다. 이 기업은 2017년 기준으로 일본 전역에 73개의 점포를 운영하며 연간 15억 엔을 벌어들였다. 해외에도 8개의 점포를 가지고 있는 기업으로 성장한 '빅마마(ビ

ック・ママ)' 이야기다.

빅마마가 생기기 전에는 유행이 지난 값비싼 옷이나 아끼는 옷을 고쳐 입으려 해도 수선점을 찾는 일조차 쉽지 않았다. 수소문하여 찾아가보지만 비싼 수선 비용은 차라리 새 옷을 사는 게 낫다는 생각을 하게 만들기 일쑤였다. 위화감을 느낄 법한 커다란 재봉틀 한 대에 의류 수선에 필요한 실과 가위, 온갖 자투리 천들 그리고 수선을 기다리는 수많은 옷들. 의류 수선점은 결코 사람들에게 호감을 살 만한 깔끔한 이미지가 아니었다. 유행이 지난 옷을 리폼이라도 할라치면 수선공의 기술과 감각에 따라 멋진 옷으로 재탄생할 수도 있지만, 반대로 영 입지 못하고 버려야 할 옷으로 전락할 수도 있다. 이런 상황에서 기술의 평준화를 논할 수 있을 리 없다. 수선 비용을 지불하고 아끼는 옷을 재활용 박스에 버려야 하는 일도 비일비재했다.

빅마마의 탄생은 어쩌면 시장의 이런 빈틈과 소비자의 니즈가 가득 차오른 상황에서 당연한 결과였을지 모른다. 물론 1999년 1호점의 문을 연 이후 현재의 성공에 이르는 과정은 결코 순탄하지 않았다. 색다른 방법으로 의류 리폼 전문점의 이미지를 변화시킨 빅마마의 성장 과정을 따라가보자.

빅마마의 로고

### 진화1 과거의 틀에서 벗어나 고객과 직접 대면하다

사실 일본에서 의류 수선은 대부분 양복점의 하청을 받아 일하는 수준이었다. 빅마마 역시 대형 슈퍼마켓의 의류 수선점에서 하청을 받아 신사복 수선을 전문적으로 하던 '모리이가공소'를 모태로 탄생했다.

대학 졸업 후 보험설계사로 일하던 모리이 요시로(守井嘉朗) 사장은 아버지가 1964년에 창업한 의류 수선 가업을 이어가기로 결심했다. 1990년 사업을 물려받아 2년 후인 1993년에 빅마마를 설립한 모리이 요시로 사장은 간사이(関西) 지역을 기반으로 의류 대기업과 업무 제휴를 맺으면서 안정적인 성장을 이어갔다. 그렇지만 그것도 잠시, 고객사의 갑작스러운 제휴 해지 통보로 매출의 3분의 1이 급감하는 위기를 맞게 된다. 이런 상황에서 그는 '다음 파트너'에 대해 고민하지 않을 수 없었다. 그런데 새로운 사업 아이디어는 전혀 예상치 못한 곳에서 얻었다. 동네 양복 수선점에서 나오던 한 손님의 푸념에서 새로운 실마리를 찾았던 것이다.

"차라리 이럴 바엔 사는 편이 더 싸겠다."

1990년대 일본의 양복 수선점은 고객들에게 문턱이 높았다. 점포가 많지도 않은 데다, 비용이 상당했다. 양복을 고치려 해도 동네에서 의류 수선점을 찾기가 힘들었고, 겨우 찾은 점포에서도 비용 때문에 차라리 사는 편이 싸겠다는 푸념을 하며, 울며 겨자 먹기로 옷을 맡기는 상황이 비일비재했던 것이다. 모리이 요시로 사장은 이 점에 주목했다. "진입장벽을 확 낮출 수는 없을까? 패스트푸드점과 같은 밝은 분위기

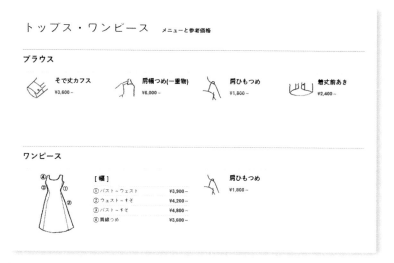

빅마마는 일러스트 요금표를 만들어 의류 수선 종류와 요금을 한눈에 볼 수 있게 했다.
자료: 〈https://big-mama.co.jp/service-menu/onaoshi-tops.html〉

에서 웃는 얼굴로 손님을 맞는다면 어떨까?"

이런 생각을 실천에 옮겨 1999년 일본 미야기(宮城) 현 센다이(仙台) 시에 1호점을 열었다. 젊은 여성을 '피팅 어드바이저'로 채용하고, 200가지가 넘는 색색의 실로 실내를 장식하여 밝고 친근한 매장 분위기를 연출했다. 또한 일러스트를 이용하여 요금표를 만들어 의류 수선 종류와 요금을 한눈에 볼 수 있게 했다. 접수는 매장에서 받지만, 간단한 수선을 제외하고는 공장으로 가져가 옷을 수선하는 방식으로 운영하기 시작했다.

모리이 요시로 사장은 하청으로 유지·운영되는 과거의 의류 수선점 방식에 근본적인 의구심을 품고 있었다. "하청으로는 한계가 있으니 직접 최종 사용자로부터 수주하는 건 안 될까?" 그의 이런 생각은 통했다. 밝은 분위기의 매장에 옷을 들고 찾아온 손님들은 하청으로는 수용하기 어려운 디테일한 요구를 했다. '허리를 더 잘록하게 내주세요', '여기에 단춧구멍을 내주세요' 등 고객들의 요구가 디테일할수록 수선한 옷에 대한 만족도가 높아졌다.

모리이 요시로 사장은 매장을 방문한 고객에게 이 질문을 꼭 한다.

"왜 빅마마를 찾으셨나요?"

## 진화2 매출 중심에서 생산성 중심으로

환골탈태한 빅마마의 성공은 순조로웠다. 1호점이 좋은 반응을 얻으면서 1년에 1점포씩 일본 전역으로 점포가 늘어났다. 그런데 문제가 발생했다. 늘어난 점포 수만큼 적자 점포도 늘고 있었던 것이었다. 가장 큰 문제는 점포 간 작업량의 차이가 크다는 것이었다. 손님이 적어 가동률이 낮은 점포가 문제였다. 그래서 도입한 것이 '1일 결산'이었다. 각 점포의 주문 상황과 원가를 공유할 수 있도록 하고, 손님이 맡긴 물품을 바쁜 점포에서 여유가 있는 점포로 이동시켜, 작업 표준화를 실현했다. 그 결과 점포 간 매출 대비 원가율은 평균 60%에서 55%로 낮아졌다(여기서 말하는 '원가'는 인건비와 협력 회사에 지불하는 외주비를 포함한다). 매출 중심에서 생산성 중심으로 점포 운영을 바꾸면서 서서히 이익을 내는 경영 체질로 전환된 것이다.

일반적으로 약점으로 작용할 요소가 빅마마의 경우 강점으로 작용했다. 이를테면, 본사가 센다이라는 지방에 있기 때문에 초기에는 관리 측면에서 수도권이나 도심에 비해 비용이 덜 들었다. 업무 특성상 대부분 여성들이 일을 하기 때문에 지방의 우수한 여성인력을 비교적 많이 끌어모을 수 있었다. 그러나 대도시에 분점을 내는 경우는 이와 반대였다. 도시에서는 비싼 임대료로 인해 장사가 잘되지 않는 취약한 거리나 이미 상권이 죽어버린 곳을 소개받는 경우가 많았던 것이다. 이런 문제는 임대료 부담을 덜기 위해 가능한 한 작은 점포를 얻는 방식으로 상쇄했다. 어차피 복잡한 수선 작업은 센다이 본사 공장에서 이루어지는 구조라 가능했다.

## 진화3 다시 오게 만드는 서비스

모리이 요시로 사장은 "열정과 근성으로 노력하는 것보다 판매 구조 체계를 갖는 것이 중요하다."라고 말한다. 보험 영업을 할 때부터 느껴왔다는 이러한 생각은 빅마마의 고객 관리 방식에서 잘 드러난다.

빅마마의 최대 강점은 남다른 고객 서비스와 매장 관리에 있다. 어떻게 하면 한 번 방문한 손님이 서비스에 만족해서 단골고객이 되어줄 것인가를 고민한 끝에 방문 횟수에 따라 단계를 구분하여 대응하는 전략을 2000년부터 실시하고 있다. 손님이 첫 번째 방문했을 때에는 직원이 명함을 건네서 담당자가 배정되었음을 분명히 밝히고, 할인쿠폰을 제공해서 두 번째 방문을 유도한다. 두 번째 방문했을 때에는 이전 서비스에 대해 일정 수준 이상 만족한 것으로 간주하고, 손님을 기억하여 인사말을 건넨다. 세 번째 방문부터는 단골고객이 될 가능성이 높은 단계이므로 이때 비로소 멤버십 카드 작성을 권유한다. 이렇게 단계별로 접객 수칙을 정하고, 직원들이 철저하게 지키도록 하면서 고객들의 재방문율을 높이고자 노력했다. 일단 단골고객이 생기자 입소문이 나면

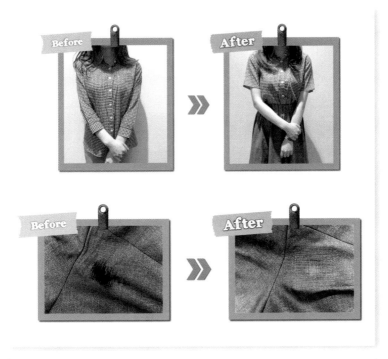

빅마마는 의류를 수선하기 이전과 이후를 쉽게 확인할 수 있게 했다.
자료: 〈https://big-mama.co.jp/reform/2653〉

서 자연스럽게 고객이 늘어났다.

그밖에도 업무의 관리 체계 확립과 IT 활용 등도 만족도를 높이는 빅마마만의 비결이다. 빅마마는 수주 및 발주 관리 시스템을 도입해 주문·가공·납품으로 이어지는 흐름을 일원화하여 수선 과정을 전체적으로 파악할 수 있는 추적 관리가 가능하도록 했다. 여기에 고객이 의류를 수선하기 이전과 이후를 영상으로 확인할 수 있는 시스템도 도입했다. 고객에게 서비스 내용을 알기 쉽게 전달할 목적으로 시작했지만, 동시에 고객 클레임 방지와 홍보, 수선 업무의 기능 향상과 업무 표준화에도 도움이 된다고 한다. 빅마마는 미래 인재를 확보하기 위해서도 노력을 아끼지 않는다. 도쿄, 오사카 등의 전문대학에 실기 수업을 통해 기술을 지도할 수 있는 강사를 파견하는가 하면 학생 인턴십 제도도 활용하고 있다.

## 고객도 직원도 다 같이 즐거워야 한다

빅마마는 고객의 다수가 여성인 의류 수선업 특성상 함께 일하는 직원들도 여성이 많다. 모리이 요시로 사장은 여성이 경력을 중단하지 않고 평생 일할 수 있는 직장을 만들고 싶다고 말하며, 그들이 일하기 좋은 환경을 정비하는 데 주력하고 있다. "제도를 만들 뿐만 아니라 여성에 대해 이해하고 있다는 점을 보여주는 것도 중요하다."라고 그는 말한다. 빅마마는 결혼, 임신과 출산, 노부모 간병 등 여성의 생애 주기에서 경험할 수 있는 다양한 상황에 맞는 근무 체제를 구축해나가고 있다.

빅마마의 해외 진출을 확대하려는 모리이 요시로 사장의 목표는 일면 거창하게 들릴 수도 있다. 하지만 이러한 목표는 사실 그의 소박한 바람에서 출발했다. 그는 물건에 애착을 갖고, 아껴 사용하고, 고장나더라도 버리지 않고 고쳐서 오래도록 사용하는 일본의 긍정적인 습관을 많은 이들에게 알리고 싶어한다. 이것이 많은 사람들이 인정하는 빅마마의 성공 비결이라고 보기 때문이다.

매장의 문턱을 낮추는 일은 단순히 제품의 가격을 내리는 것을 뜻하지 않는다. 제품과 서비스에 대한 고객의 신뢰를 바탕으로 소비자가 믿고 찾아온다면, 그게 바로 매장의 문턱을 낮추는 방법이다. 의류 수선이라는 아이디어 하나로 일본을 넘어 해외 진출을 이뤄낸 빅마마의 사례를 통해 무엇이 소비자를 망설이게 하는지, 그들의 발길을 되돌릴 차별화된 전략은 무엇일지 한 번쯤 진지하게 고민하는 시간을 갖기를 바란다.

Part 2
명확한 지향점

# 진화는
# 현재진행형이어야 한다

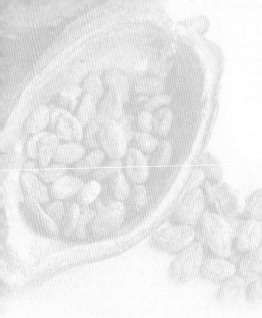

"

야마시타 다카쓰구 사장은 기존의 초콜릿 만드는 방법을
뿌리부터 송두리째 바꿨다.
각종 첨가물을 이용한 '덧셈'으로
새로운 맛을 만드는 것이 아니라,
최소한의 재료만으로 만드는 '뺄셈' 기법을 채택한 것이다.

"

# 07

## 최소한이 곧 최고의 가치

### : 베이스 :

### 지금까지 없던 초콜릿

'베이스(βace)'는 '빈투바(bean to bar) 초콜릿'을 만드는 회사다. 빈투바
는 일종의 스페셜티 초콜릿으로, 카카오 원두를 개인이 수입해 소규모
공방에서 볶아 만드는 수제 초콜릿 바를 말한다. 2008년 미국에서 시
작된 이후 큰 인기를 모으며 전 세계로 빠르게 확산되고 있다. 게이오
대학을 졸업하고 링크 앤 모티베이션(Link and Motivation)에서 다양한
경영 컨설팅 업무에 종사하던 야마시타 다카쓰구(山下貴嗣) 사장은 빈투
바 초콜릿을 일본 최초로 들여와 2014년 빈투바 초콜릿 브랜드 '미니멀
(Minimal)'을 만들고 도쿄의 대표적인 상업 지역인 시부야(渋谷) 구의 도

미가야(富ヶ谷)에 첫 매장을 열었다.

획일적인 삶을 거부하고 '소확행(작지만 확실한 행복)'을 중요하게 생각하는 20~40대의 젊은 소비자군은 각자 설정한 가격 저항력이 무너지지 않는 선에서라면, 남들이 봤을 때 이해하지 못할 소비도 서슴지 않는다. 특히 트렌드에 민감하고, 스스로를 트렌드세터의 지위에 올려놓는 집단이라면 더욱 그렇다. 그들은 잘 알려지지 않은 값비싼 원두커피를 즐겨 마시며 흡족해한다. 아직 대중에게 알려지지 않은 디자이너 브랜드의 옷을 사 입으며 자신의 안목에 자부심을 느끼고, 단골인 수제 맥주집이 사람들에게 많이 알려지지 않기를 바란다. 이런 얼리어답터들은 그 수가 많지는 않지만, 유행을 선도하며 주위에 나름의 영향력을 행사한다.

미니멀은 이런 소비자군을 주요 타깃으로 삼았다. 그들을 기반이 되는 고객으로 상정하고, 더없이 단순한 디자인과 그 전까지 맛볼 수 없었던 최상의 초콜릿으로 시장에 승부수를 띄웠다. 베이스는 초콜릿도 와인이나 커피와 같은 감각으로 기호품처럼 즐길 수 있는 니즈가 분명히 존재한다고 판단한 야마시타 다카쓰구 사장의 아이디어에서 출발했다. 그는 초콜릿에 라이프스타일을 덧입힌 새로운 접근으로 매일 소비자들과 만난다.

베이스는 '초콜릿을 새롭게 만든다'라는 비전을 사명으로 공유하고 있다. 도전정신이 충만한 젊은 회사 베이스에는 개성이 넘치는 직원들이 모여든다. 베이스의 초콜릿을 좋아하는 고객 또한 독특하고 재미있는 사람들이 많다. 그리고 직원과 고객은 갑과 을이 아니라 서로 평등한 관계를 맺는다.

"우리 매장을 찾는 고객들은 우선 먹는 것을 좋아하고, 뭔가에 푹 빠져 즐기길 좋아하는 분들이 많다. 이 초콜릿은 이 술과 함께하면 좋다는 등의 본인만의 느낌을 SNS에 자세하게 올려준다. 이런 고객들을 통해 우리는 전혀 짐작하지 못한 새로운 아이디어를 얻고, 동시에 많은 것을 배운다."

### 진화1 단순한 것이 최고다

야마시타 다카쓰구 사장은 기존의 초콜릿 만드는 방법을 뿌리부터 송두리째 바꿨다. 각종 첨가물을 이용한 '덧셈'으로 새로운 맛을 만드는 것이 아니라, 최소한의 재료만으로 만드는 '뺄셈' 기법을 채택한 것이다. 초콜릿의 '최소한'이라고 할 수 있는 카카오에만 집중한다는 의미를 담아서 브랜드 이름도 미니멀로 정했다.

베이스의 모든 초콜릿에는 카카오 원두와 설탕 외에 그 어떤 첨가물도 들어가지 않는다. 1,000분의 1그램 단위까지 카카오 원두를 마쇄(磨碎)하는 방법을 조정하여 최대한 카카오 본래의 맛을 살리려고 한다. 카카오 원두의 종류와 볶기의 정도를 달리해 차별화된 맛을 내는 것이다. 산미가 약해서 먹기 편한 너티(NUTTY)는 우리에게 익숙한 가장 기본적인 맛의 초콜릿이다. 그리고 약하게 로스팅한 프루티(FRUITY)는 과일처럼 상큼하고, 산미가 강하며, 과일향이 난다. 마지막으로 세이

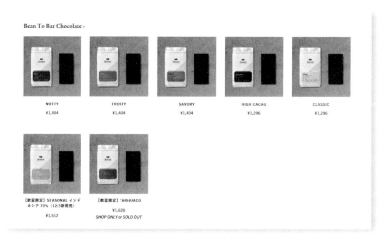

베이스의 모든 초콜릿에는 카카오 원두와 설탕 외에 그 어떤 첨가물도 들어가지 않는다.

자료: 〈https://mini-mal.tokyo/collections〉

버리(SAVORY)는 향이 강한 초콜릿으로 위스키와 잘 어울린다. 대부분 900~1,300엔의 가격대로 결코 싸다고 할 수 없다. 그러나 한번 맛본 사람들은 이 초콜릿이 오로지 카카오 원두와 설탕만으로 만들었다는 사실에 충격을 받을 만큼 놀란다. 억제된 단맛과 굵게 간 카카오 원두 덕분에 느낄 수 있는 감칠맛은 가히 초콜릿 맛의 새로운 지평을 열었다 해도 과언이 아니다.

## 진화2 생산자의 자부심을 깨우다

재료가 단순한 빈투바 초콜릿에서 역시 가장 중요한 것은 카카오 원두 다. 베이스는 전 세계 카카오 농장을 제조 책임자가 직접 방문해 양질의 카카오 원두와 생산자를 선별하고 공동으로 개발을 추진하면서 구매를 결정한다. 여기까지는 수제 초콜릿을 만드는 다른 회사와 별반 차이가 없을지도 모른다. 그러나 베이스는 한 발 더 나아갔다. 카카오 원두는 수확 후 발효시키는 과정에서 독특한 풍미와 산미가 만들어진다. 맛을 결정하는 가장 중요한 단계로, 이는 철저하게 생산자에게 달려 있다. 그렇지만 대부분의 카카오 생산자는 최종 제품인 초콜릿을 먹어본 적이 없는 경우가 많았다. 베이스는 이 점에 주목해 생산된 초콜릿을 해당 생산자가 먹어볼 수 있도록 했다. 생산자가 초콜릿의 맛을 알게 되면 마음가짐이 달라져, 초콜릿을 만들기 위해 원두를 재배하고 발효하는 과정을 분명 염두에 둘 것이라고 믿었기 때문이다.

생산자와 대등한 관계를 유지하려는 베이스의 노력은 생산자들의 일에 대한 자부심으로 이어지고 있다. 베이스는 돈보다는 먼저 신뢰가 바탕이 되어야만 생산자와 구매자 그리고 최종소비자 모두가 행복해지는 진정한 의미의 세계화가 가능하다고 생각한다.

야마시타 다카쓰구 사장은 초콜릿 제조 및 생산에 있어 하나의 새로운 스타일을 만들었다. 그는 사람들의 일상에 초콜릿이 비집고 들어갈 '틈'이 많다고 생각한다. 베이스가 만든 초콜릿은 하루 중 언제라도 즐길 수 있다. 아침에도 카카오 함량이 높은 초콜릿 한 조각으로 커피를 대신할 수 있다. 고농도 카카오에 들어 있는 카페인이 커피를 대체할 수 있다는 것이다. 카카오에 함유된 카페인은 커피처럼 중독성이 강하지도 않으니 더욱 좋다. 졸리기 쉬운 나른한 오후에도 빈투바 초콜릿

미니멀 초콜릿은 2017년도 굿디자인 어워드 베스트 100에 이름을 올렸다.
자료: 〈https://mini-mal.tokyo/blogs/information/100〉

한 조각으로 잠을 깨울 수 있다. 그는 초콜릿이 사람들의 생활에 새로운 요소로 함께할 수 있다고 생각한다.

### 진화3 일본식 섬세함을 담다

야마시타 다카쓰구 사장은 한때 컨설턴트로 일하며, 30세부터 창업의 꿈을 키웠다고 한다. 세계 무대로 진출하는 것에 대해서도 진지하게 고민했다. 이런 고민은 '자원이 풍부하지 않은 나라에서 가장 잘할 수 있는 일은 무엇일까?'라는 질문으로 귀결되었다. 그는 '사람'에서 답을 찾았다. 자원이 부족한 일본이 세계에 내세울 만한 것은 역시 사람의 마음을 배려하는 섬세함에 있다고 보았던 것이다. 바로 '장인'이다. 그는 일본인 특유의 '섬세함'을 마케팅하기로 했다. 이것이라면 세계 무대에서도 통한다고 생각했다. 소매 제조업으로 창업의 방향을 잡은 것도 이런 이유 때문이었다.

야마시타 다카쓰구 사장은 베이스를 설립하기 전, 아직 다른 회사에 몸담고 있던 때에 우연히 지인의 소개로 공방에서 만드는 빈투바 초콜 릿을 먹을 기회가 있었다. 이때 초콜릿 맛에 감동받은 그는 직관적으로 초콜릿에서 큰 가능성을 느꼈다. 그 맛은 그때까지 야마시타 다카쓰구 사장이 먹었던 초콜릿과는 확연히 달랐다. 이것저것 섞어 맛을 낸 일반 초콜릿과는 거리가 한참 먼, 단순한 재료 그 자체를 표현한 대단히 신선한 맛이었다. 그렇게 그는 빈투바 초콜릿에 마음을 빼앗겼다. 그는 곧 장 동창 2명과 함께 베이스를 창업했다.

야마시타 다카쓰구 사장은 세계에 자랑할 만한 일본 고유의 초콜릿 브랜드를 만드는 것이 목표다. 일본인들이 가지고 있는 섬세함은 소재 본연의 제 맛을 즐기는 일본의 문화가 바탕이라고 생각했다. 그리고 이 런 생각은 독특한 모양의 초콜릿 바를 탄생시켰다. 베이스에서 만드는 초콜릿 바는 쪼갰을 때 다양한 모양과 크기가 되도록 디자인되었다. 조 각별로 먹는 방법이 다르다고 한다. 첫 번째 조각은 한입에 넣고 천천 히 녹여가며 맛을 느낄 수 있는 크기로, 두 번째 조각은 잘라 먹으며 식 감을 느낄 수 있도록 길쭉한 모양으로 만들었다. 아랫단의 작은 조각들 은 원하는 크기로 잘라 주변 사람들과 나눠먹을 수 있도록 만든 것이라 고 한다. 이런 세심한 배려와 기술로 베이스는 서양에서 출발한 전통적 인 초콜릿 세상에 카카오 원두의 맛과 풍미를 제대로 즐길 수 있는 새로

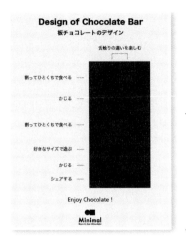

베이스에서 만드는 초콜릿 바는 조각별로 모양과 크기, 두께, 표면의 질감에 따라 입안의 향기와 맛의 변화를 즐길 수 있도록 디자인되었다.

자료: 〈 https://mini-mal.tokyo/blogs/journal/10034〉

운 바람을 몰고 왔다.

## 본질에 충실하라

베이스를 설립하기 전, 야마시타 다카쓰구 사장은 도쿄의 유명한 카페들을 문턱이 닳도록 드나들었다. 모두들 각자의 개성을 가지고 좋은 품질의 커피와 차, 달콤한 디저트를 판매하는 곳이었다. 다니던 회사를 그만두고 창업을 준비하던 시점이라 서너 시간씩 4곳의 카페에서 하루종일 앉아 있던 때도 많았다고 한다. 아무 생각 없이 앉아 있었지만, 점점 '왜 이 가게에 이렇게 손님이 많은지'를 알게 되었다. 머리로 이해한 것이 아니라, 그냥 느낄 수 있었다고 한다.

베이스의 초콜릿은 기존 초콜릿과 확실히 차별화된다. 하지만 고객들은 그저 맛있는 초콜릿을 먹고 싶어할 뿐 복잡한 이야기는 듣고 싶어하지 않는다. 확실히 빈투바는 일반 초콜릿보다 더 깊은 영역으로 들어가 있다. 소수가 열광하지만 다수가 편하게 즐길 수 있을지는 의문이었다. 야마시타 다카쓰구 사장은 고민을 거듭하면서, 결국 빈투바 초콜릿도 어디까지나 초콜릿이라는 본질에 집중하게 되었다. 그는 기회가 되면 어디서건 초콜릿 시식 이벤트를 열었다. 일단 시식을 해준 고객들은 미니멀 매장으로 찾아와주었다. 그렇게 조금씩 단골고객이 늘어갔고, 단골이 단골을 만들어주었다.

베이스의 직원들은 '우리는 카카오라보(카카오연구소)에서 일합니다'라고 말한다고 한다. 명칭에 걸맞게 이 회사의 최대 미션은 카카오 원두의 개성을 최대한 끌어내기 위한 제조 방법을 연구하고 추구하는 것이다. 제조 방법에 재료를 맞추는 것이 아니라 재료에 제조 방법을 맞추고, 최적화할 수 있는 초콜릿 제조 과정을 끊임없이 연구하는 것이 기본 자세다. 베이스의 성공 비결은 변화하기 위해 뭔가를 덧붙이기보다는 본질에 충실하며 '단순한 것이 진정한 최고'라고 말하는 뚝심이 아닐까.

>
> 회사는 꿈을 개화시키는 장소다.
> 일을 통해 자기실현을 하고 싶은 사람과
> 유한한 인생의 시간을 공유하고 싶다.

## 08

# 회사는 꿈을 개화시키는 장소

## : 메트롤 :

### 작은 글로벌 기업의 약진

일본에는 탁월한 기술력으로 세계 시장을 장악하고 있는 '작은 글로벌 기업'이 적지 않다. 중소업체들이 살아남기 위해 다른 기업들과 차별화된 기술이나 제품을 보유하여 독점적인 지위를 가져야 하는 온리 원 경영으로 이름난 기업들 중에서도 독특한 경영 방식으로 주목을 받고 있는 곳이 있다. 바로 '메트롤(Metrol)'이다.

메트롤은 공작기계와 반도체 제조장치의 고성능 발휘를 위해 필요한 '정밀 위치 결정 스위치' 전문 제조업체다. 창업주가 개발한 월등한 성능의 제품으로 현재 해당 분야에서 세계 시장의 70%를 차지하는 초우량 기업으로 성장했다. 여기에는 뛰어난 기술력뿐 아니라, 마쓰하시 다쿠지(松橋卓司) 사장의 독특한 경영철학이 한몫하고 있다.

## 진화1 사원 만족이 최우선

"회사는 꿈을 개화시키는 장소다. 나는 일을 통해 자기실현을 하고 싶은 사람과 유한한 인생의 시간을 공유하고 싶다. 일은 자기실현을 통해 행복해지기 위해 하는 것이고, 회사도 상사도 그 수단에 불과하다."

마쓰하시 다쿠지 사장의 이러한 경영철학은 메트롤의 경영이념에도 잘 녹아 있다. 바로 'cEps'다. 고객 만족(customer satisfaction), 모든 직원 만족(Everyone satisfaction), 생산성 향상(productivity), 스피드(speed)의 각 앞 글자를 따서 만들었다. 그런데 유독 한 글자가 크게 보인다. 바로 모든 직원의 만족을 가장 중시한다는 'E'다. 직원이 만족할 수 있는 업무와 회사가 아니라면, 고객을 만족시킬 수 없는 것은 물론 생산성과 스피드 향상을 도모할 수 없다는 마쓰하시 다쿠지 사장의 생각에서 비롯된 것이다. 그렇다면 메트롤은 어떻게 직원들을 만족시키고 있을까?

## 진화2 일에 대한 만족도를 높여라

직원 만족도 재고를 위해서 가장 먼저 떠오르는 것은 급여와 복지일 것이다. 메트롤은 이와 더불어 '일'에 대한 만족도도 신경 쓴다.

"사장이 하는 일은 직원 채용과 프로젝트 책임자 임명 정도이고, 각자 능력을 발휘할 수 있게 환경을 정비하고 나머지는 모두 직원에게 일임

한다. 하지만 프로젝트가 실패한 경우에는 모두 사장이 책임진다. 승패는 그때의 운에 달린 것일 뿐이니, 담당자에게는 잊어버리라고 한다."

실제 메트롤에는 인사과는 물론 총무와 같은 간접 부문이 존재하지 않는다. 경영을 지원하는 간접 분야로는 경리 담당자가 1명 있을 뿐이다. 대신 개발·제조·판매와 같은 직접 부문에 권한을 모두 이양하고 현장에서 독자적으로 판단하고 행동하도록 하고 있다. 영업 담당 직원의 경우 프로젝트 진행 과정은 물론, 해외 출장이나 영업 시 발생하는 비용도 상사의 결재를 거치지 않는다. 생산라인에서는 컨베이어 벨트 대신, 자체 개발한 조립기계로 한 사람이 하나의 제품을 마지막까지 책임지고 완성하도록 하고 있다. 위에서 시키는 대로 작업을 하는 것이 아니라, 자신이 도면을 읽고 맡은 제품 전체의 기술을 습득하여 단순 조립공이 아닌 기술자로서의 긍지를 가지고 일할 수 있는 조직문화를 만들어가고 있는 것이다.

메트롤이 이렇게 직원 만족을 최우선으로 생각하게 된 데에는 나름의 이유가 있다. 메트롤이 만드는 정밀 위치 결정 스위치는 제품 1개를 만드는 데 7,000가지가 넘는 부품이 들어가고, 조립에 필요한 도구만 해도 무려 100가지에 이른다. 메트롤에서 이런 정밀 제품을 만들고 있는 사람들은 대부분 여성 파트타임 직원들이다. 과거 남성 정직원을 채용하려 했으나, 회사 규모가 작고 까다로운 작업 공정으로 지원자가 적었다. 마쓰하시 다쿠지 사장은 자구책으로 주부와 고령자를 채용하기 시작했고, 이들에게 동기부여하기 위한 노력을 시작했다.

메트롤이 만드는 세계 수준의 초소형 '정밀 위치 결정 스위치'는 다양한 산업기계에 활용된다.

자료: 〈https://www.metrol.co.jp/products/ positioning-switch_pt/〉

### 진화3 모두가 평등한 회사

우선 급여나 복지는 물론이고 직원 간 격차를 느낄 수 있을 만한 것은 모두 없앴다. 임원실과 사장실을 없앤 것은 물론이다. 공장과 사무공간에도 칸막이가 없다. 벽이 있는 곳은 손님을 맞는 응접실과 탈의실 그리고 화장실뿐이다. 모든 직원이 평등하게 소통해야 한다고 생각한 마쓰시 다쿠지 사장이 내린 결정이다. 임원이 있긴 하지만 직함으로 부르지 않는다. 회사에서 이루어지는 직원들 간의 소통은 면대면이 원칙이기 때문에 자료 첨부 이외에 사내 이메일은 원칙적으로 금지다. 회사에 있으면서 이메일로 용건을 전달할 필요가 없다는 것이다. 직원들은 업무일지를 블로그로 작성하고 공유한다. 그 때문에 정보 공유를 위해 불필요한 회의를 할 필요가 없고, 회의가 꼭 필요한 경우에도 시간이 길어지지 않도록 의자에 앉아서가 아니라 서서 회의를 진행한다.

개선에 대한 의견을 제안할 수 있는 '깨달음 상자'도 설치했다. 정직원이든 파트타임이든 관계없이, 누구든 회사에 대한 다양한 개선 의견을 피력할 수 있다. 연간 200건 이상의 의견이 쌓이고 그중 90% 가까이

가 실제 개선으로 이어진다. 그뿐만 아니라 우수한 제안을 선별하여 표창을 한다. 서열에 상관없이 자유롭게 이야기하고 소통하는 이런 사내 분위기가 직원들의 열의와 자립심을 자극하고 있는 것이다.

## 스스로 일하는 직원

마쓰하시 다쿠지 사장은 "우리 회사는 상사의 지시를 기다리는 사람을 좋게 평가하지 않는다."라고 말한다. 직원을 만족시키고 자발적인 행동을 유발시키는 촉매제는 실질적인 경제적 보상만은 아닐 것이다. 마쓰하시 다쿠지 사장의 말처럼 "회사의 미션과 자신이 생각하는 인생의 보람이 교차하는" 것에서 회사의 성공과 직원의 만족이 동시에 만들어지는 것일지도 모른다.

"

부엌가구는 화려하고 멋지게 진화하고 있는데,
휴대용 가스버너는 쇼와 시대에 머물러 있었다.
익숙함에 매몰되면 그 기업은 발전할 수 없다.
익숙한 것에서 벗어나야 변화할 수 있고,
그래야만 발전할 수 있다.

"

# 09

# 기업의 진화는 달라야 한다
## : 이와타니산업 :

**일본 수소혁명의 주역**

일본은 전 세계 수소에너지의 산업화에 가장 앞장 선 국가 중 하나다. 이미 일본 정부는 2014년에 제4차 에너지기본계획을 통해 수소사회 실현을 국가적 사업으로 발표했다.

　수소에너지는 석탄과 석유를 대체할 미래 에너지 중 하나로 각광받고 있다. 수소와 산소의 결합은 엄청난 에너지를 생산해낼 뿐만 아니라, 물 이외에 그 어떤 공해도 유발하지 않는다. 아직 많은 과제가 남아 있지만, 유명 자동차 브랜드들은 이미 수소자동차를 앞다투어 출시하며 수소에너지의 상용화가 곧 우리 삶에서 구현될 것이라는 기대를 실감케 한다.

'이와타니산업(岩谷産業株式会社)'은 일본에서 수소혁명의 주역으로 손꼽히는 제조 기업이다. 작은 개인상점에서 시작해 대기업으로 성장할 수 있었던 배경에는 창업 때부터 이어진 변화의 노력이 있었다. 1953년 일본 최초로 가정용 프로판가스를 도입한 데 이어 최초의 탁상용 가스버너 개발과 수소 사업에 이르기까지, 이와타니산업의 발자취는 그야말로 진화의 역사라고 할 수 있다.

이와타니산업은 1941년에 수소 사업을 처음 시작했다. 이는 설립연도인 1945년보다 앞서는 일이다. 무려 80여 년의 기술과 노하우를 가지고 있다. 1965년 창업자인 이와타니 나오지(岩谷直治) 회장이 신입 직원들에게 "앞으로는 수소의 시대가 될 것"이라고 열변을 토했다고 하니, 수소에 관한 한 선도적 인물이라고 볼 만하다.

마키노 아키지(牧野明次) 현 이와타니산업 회장 겸 최고경영책임자는 2004년 액화수소 제조 회사인 '하이드로 엣지'를 설립해 일본의 수소혁명을 이끈 주역이다. 이와타니산업이 생산하는 수소의 절반이 액화수소다. 현재 일본 민간기업 가운데 액화수소 공급사는 이와타니산업뿐이다. 까다로운 공정과 위험성으로 인해 액화수소 제조는 쉽게 도전할 수 없는 분야다.

이와타니산업도 처음부터 이런 기술력을 가지진 못했다. 초기에는 화학공장에서 버려지는 수소를 공급받아 공장용 연료로 되팔면서 기술력을 차근차근 쌓아왔다.

## 진화1 필요한 물건은 반드시 성공한다

1969년 일본 최초로 등장한 탁상용 가스버너는 일본의 식탁 풍경을 완전히 바꿔놓았다. 장작이나 연탄도 필요 없고, 거추장스러운 연결관도 없이 식탁에서 바로 음식을 조리해 먹을 수 있게 된 것이다. 사실 이 제품이 만들어질 수 있었던 비결은 가스용기의 소형화에 있었다. 이와타니 나오지 회장은 용기에 담긴 살충제에서 힌트를 얻어 1회용 가스용기를 개발했다.

그렇지만 처음에는 판매가 시원치 않았다. 가정마다 이미 조리시설을 가지고 있는 상황에서 1회용 가스용기나 휴대용 가스버너에 대한 필요성을 절실히 느끼지 못했으니, 당연한 결과일 수밖에 없었다. 그러던 1978년 미야기(宮城) 현 앞바다에서 발생한 지진은 이와타니산업의 운명을 바꿔놓았다. 피해 지역에서 1회용 가스용기와 가스버너가 구호장비로 활약하면서, 재해 시 없어서는 안 되는 필수 아이템으로 인식되기 시작한 것이다. 이후 판매량이 급증했다. 이 사건을 계기로 이와타니 나오지 회장은 '세상에 필요한 물건은 반드시 성공한다'는 생각을 하게 되었고, 회사의 사업철학으로 발전시켰다.

## 진화2 익숙함에서 벗어나라

이후 이와타니산업은 일본 가스버너의 대명사로 자리 잡았다. 30년이 지난 1999년까지도 높은 시장점유율을 지속해갔다. 하지만 그 해, 회사는 큰 변화에 도전한다. 가스버너의 표준처럼 여겨졌던 자사 제품의

이와타니산업은 3년여의 연구 끝에 슬림형 가스버너를 개발하는 데 성공했다.
자료: 〈http://www.i-cg.jp/product/konro/cb-ss-1/〉

형태를 바꾸기로 결정한 것이다.

"부엌가구는 화려하고 멋지게 진화하고 있는데, 휴대용 가스버너는 쇼와 시대에 머물러 있었다. 익숙함에 매몰되면 그 기업은 발전할 수 없다. 익숙한 것에서 벗어나야 변화할 수 있고, 그래야만 발전할 수 있다."

이와타니산업은 우선 가스버너의 크기를 줄이는 것부터 시작했다. 그런데 문제가 있었다. 제품의 두께를 줄일 경우, 테이블과 불꽃 사이의 간격이 좁아지기 때문에 화재의 위험이 높아질 우려가 있었다. 그런 이유로 가스버너 생산에서 제품의 높이 10센티미터라는 것은 일종의 불문율과도 같았다. 이와타니산업은 3년여의 연구 끝에 불꽃이 나오는 부분을 세로 형태로 바꿈으로써 높이를 3센티미터 가까이 줄이는 데 성공했다. 이렇게 탄생한 슬림형 가스버너는 휴대하기 좋으면서도 열

기존 가스버너 기술을 응용하여 다코야키 전용 가스버너 등 다양한 제품을 출시하고 있다.

자료: 〈http://www.i-cg.jp/product/grill/〉

효율이 뛰어나 매년 70만 대 가까이 팔리는 히트 상품이 되었다.

기존 가스버너 기술을 응용한 전용 조리기기도 개발했다. 다코야키 전용 가스버너부터 화로구이용 가스버너에 이르기까지, 새로운 제품을 출시하며 시장점유율 1위의 자리를 굳건히 지키고 있다.

### 진화3 당장의 이익보다 미래를 생각하라

그런데 휴대용 가스버너로 유명한 이 회사는 어떻게 수소혁명의 주역이 되었을까? 이와타니산업은 수소의 시대가 올 것이라는 창업자의 신념으로 회사 설립 전인 1941년에 이미 수소 사업을 시작했다. 그러나 화학공장에서 남은 수소를 공장용 연료로 가공해 파는 수준이었기 때문에 사실상 회사의 수익 사업으로 설정하기에는 무리였다.

그렇지만 이와타니산업은 수소 사업을 지속해왔다. 2004년 액화수소 제조 회사를 설립하고, 2006년엔 액화수소 플랜트를 만들어 판매를 시작했다. 2014년에는 일본 최초의 상용 수소충전소도 개설했다. 액화 수소 제조 기술은 사실상 일본 내에서는 이와타니산업이 유일하다. 액체와 가스를 합한 일본 내 수소 시장에서 무려 점유율 70%을 차지한다.

당장의 이익을 기대하기 힘든 상황에서도 오랜 기간 수소 사업을 놓지 않았던 이유는 시장 확대가 우선이라고 판단했기 때문이다. 마키노 아키지 회장은 "눈앞의 이익에만 연연하는 것이 아니라 앞장서서 하루빨리 수소사회를 개척할 필요가 있고, 이것이 궁극적으로 기업의 이익으로 이어진다고 생각한다."라고 말한다. LP가스 사업과의 시너지 효과가 기대되는 것도 수소 사업에 적극적인 이유 중 하나다. 수소를 연료로 하는 가정용 연료전지가 보급되면, 이미 보유하고 있는 LP가스 고객 배송망을 활용해 수소를 공급할 수 있을 것으로 기대하는 것이다.

이와타니산업은 회사에 큰 이익을 창출하는 가스버너라는 사업이 있음에도, 미래를 위해 수십 년 전부터 수소라는 또 다른 사업에 뛰어들어 하나씩 유의미한 성과를 일구고 있다. 이 우직한 행보는 사실 얼마 전까지도 인정받지 못했다. 불투명한 먼 미래를 위해 현재의 많은 것을 투자해야 한다면 어떤 경영자가 그 길을 가려 하겠는가. 그러나 이와타니산업은 수소에너지 산업화에 앞선 선진국 중 하나인 일본에서도 단연 독보적인 자리를 차지하고 있다. 일본의 내로라하는 대기업들과 함께 거론되며 누구보다 의미 있는 성과를 내고 있다.

## 100년 기업으로 가는 길

이와타니산업은 기업의 지속가능성에 대해 고민하는 분이라면 한 번쯤 곱씹어볼 사례를 제공한다. 지금도 수많은 회사가 문을 닫고 있고, 한편으로 그만큼 많은 숫자의 신생기업들이 무서운 성장세를 보이며 약진하고 있다. 요즘 같은 세상에 100년 기업으로 가는 길은 어쩌면 불가능에 가까운 확률일지 모른다. 그러나 기업은 살아남아야 한다. 단기적 성공에 만족해서는 안 된다. 더 크고 더 넓은 시야로 회사의 운명을 걸 수 있는 도전에 끊임없이 스스로를 노출해야 한다. 이와타니산업은 창립 이전부터 사활을 건 수소 사업이 있었다. 80년 가까이 흐른 지금, 그 도전은 눈부신 성과로 자리 잡고 있다. 물론 아직도 갈 길이 멀어 보인다. 그러나 이와타니산업이 포기할 것 같지는 않다. 지금까지 이와타니산업이 걸어온 발자취를 살펴본다면, 이 분야에서 최고의 자리에 오를 때까지, 아니 그 이후에도 걸음을 멈추지 않을 것이라는 말에 모두가 동감할 것이다.

기업에는 당장의 수익 못지않게 미래를 위한 장기 포석을 마련하는 것이 중요하다. 달라진 환경에 적응해 변화하는 것이 '진화'라고 하지만, 기업의 진화는 다르기 때문이다. 환경이 변화하기 전에 미리 예측하고 준비하는 것, 이것이야말로 시대를 이끄는 선도기업으로 진화하는 길이 아닐까.

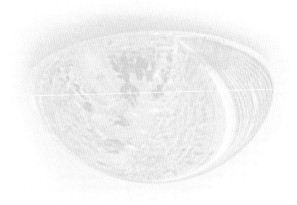

"

1,000명에게 말을 걸어
단 한 명만이 제품을 샀다고 해보자.
나라면 그 한 명에게 구입 이유를 묻겠다.
팔리지 않는 이유는 비싸다, 디자인이 나쁘다 등
얼마든지 있을 수 있다.
그렇지만 비록 단 한 명이라도
구입을 결정한 사람이 있다면,
그 구입 이유를 귀담아듣고
부족한 부분을 보완하고
강점을 극대화하는 편이
다음 판매로 이어질 수 있다고 생각한다.

"

# 10

# 보이지 않는 곳을 보다

## : 코미 :

**운명을 바꾼 제안: 간판 제조에서 특수거울 제조로**

보잉사와 에어버스 등 전 세계를 상대로 100개가 넘는 항공사를 고객으로 둔 회사가 있다. 바로 사이타마(埼玉) 현에 자리한 직원 34명의 중소기업 '코미(KomyMirror)'다. 감춰진 사각지대를 없애고 시야를 넓히는 특수거울만을 만들어 지금까지 40만 개가 넘는 누적 판매량을 기록하고 있다. 항공기의 수화물 유실 확인용 거울부터, 도로 모퉁이에 충돌 방지용으로 설치되는 도로반사경과 서점이나 편의점 등에서 쉽게 볼 수 있는 실내반사경이 이 회사의 주력 제품이다. 일본 특수거울 시장의 80%를 장악하고 있는 코미의 경쟁력을 알아보자.

코미는 원래 거울을 만들던 회사가 아니었다. 1967년 도쿄에서 간판 제조 회사로 출발했다. 1971년에 지인에게 뜻밖의 제안을 받고 회사의 운명이 바뀌게 되었다. "이걸 회전간판에 붙여보면 어때?"라며 볼록거울을 가져온 것이다. 고미야마 사카에(小宮山栄) 사장은 모터와 전지를 넣고 회전하는 천장용 디스플레이 거울을 만들었다. 이 거울이 장식용이 아닌 도난 방지용으로 인기를 끌게 되면서 코미는 간판 제조에서 도난 방지용 거울 제조로 업태를 완전히 바꿨다. 그리고 천장용 디스플레이 거울에서 착안해 미러볼까지 만들었다. 그러나 얼마 지나지 않아 미러볼 시장에 진입한 대기업에 밀려 결국 이 사업은 접을 수밖에 없었다.

고미야마 사카에 사장은 "미러볼의 실패로 독자적인 방식이 아니면

코미는 일본 특수거울 시장의 80%를 차지하고 있다.
자료: 〈https://www.komy.jp/〉

곧바로 타사가 모방을 하게 된다는 것을 깨달았다. 그 후 어떻게 하면 경쟁하지 않아도 되는 시장을 개척해서 소비자를 만족시킬 것인지만을 생각해왔다."라고 밝힌 바 있다. 그는 누구도 쉽게 도전할 수 없는 '코미만의 시장'을 만들기 위해 도난 방지용 거울 사업에 집중하게 된다.

### 진화1 진화의 도화선이 된 작은 의문

작은 질문이 발견의 도화선이 된 사례를 우리는 역사에서 많이 보아왔다. 질문은 커다란 발견의 포석을 제공한다. 사소한 의문일지라도 어떤 사람에게는 통찰력을 증폭시키고 사고를 확장시키는 역할을 하기 때문이다. 적어도 고미야마 사카에 사장에게는 그랬다. 코미의 진정한 진화는 생산하던 제품의 한계를 인식하면서 시작되었다.

'왜 볼록하지 않은 도난 방지 거울은 없을까? 평평한 모양에 넓은 시야를 확보할 수 있는 거울은 없을까?'

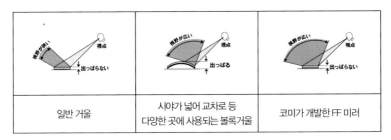

코미의 주력 상품인 FF 미러는 표면이 평평하지만 볼록거울과 동일한 넓은 시야를 가진 세계 최초의 제품이다.
자료: 〈https://www.komy.jp/story/〉

가볍고 잘 깨지지 않는 코미의 거울은 항공기 내부 부품으로 활용된다. 특히 CC 미러는 승무원 전용 거울로 인기가 높다.

자료: 〈https://www.komy.com/air/other-information/cc-mirror.html〉

어느 날 고미야마 사카에 사장은 이런 의문과 마주하게 되었다. 이 소박한 질문에서 탄생한 것이 코미의 주력 상품인 'FF 미러(Fantastic Flat Mirror)'이다. FF 미러는 표면이 평평하지만, 볼록거울과 동일한 넓은 시야를 가진 세계 최초의 제품이다. 특수 플라스틱 재질로 만들어 가볍고 잘 깨지지 않아, 어디에든 부착이 가능하다. 특히 다른 거울보다 3분의 1 수준으로 가벼우면서도 거울로 볼 수 있는 면적은 3배 가까이 넓기 때문에 항공기 내부 부품으로 인기가 많다. 2016년에는 에어버스의 여객기에 장착되었다. 더불어 2014년에 출시한 'CC 미러(KomyMirror for Cabin Crew)'는 여객기의 객실 승무원 전용 거울이다. 3×5센티미터 크기에 두께가 2밀리미터에 불과한 초소형 거울로 탑재 물품 확인과 화장 수정용으로 승무원들에게 인기가 많다고 한다.

코미가 늘 승승장구했던 것만은 아니다. 1996년 도난 방지용 거울이 오히려 판매원의 움직임을 감시하는 용도로 악용되고 있다는 내용이 담긴 책이 출간되면서, 제품의 이미지에 큰 타격을 받은 것이다. 저자에게 항의 서한을 보냈지만 책 내용이 수정되지는 않았다. 그렇지만 고미야마 사카에 사장은 이 일을 계기로 '영업보다 제품 효과의 확인'이 훨씬 더 중요하다는 교훈을 얻었다고 말한다.

### 진화2 고객 만족보다 이용자 만족

"대부분 고객 만족(CS, Customer Satisfaction)이 중요하다고 하지만, 나는 이용자 만족(US, User Satisfaction)이 가장 우선되어야 한다고 생각한다. 코미의 거울을 직접 구매하는 고객의 대부분은 설비 관련 판매 대리점이나 시공업자로, 거울을 실제 사용하는 '이용자'가 아니다. 진정한 의미에서 이용자에게 도움이 되는 제품이 아니면 시장에서 살아남지 못한다. 우선 이용자에게 제품에 대한 의견을 들어 아이디어에 활용하는 것이 중요하다."

코미는 스스로의 모습을 비추는 거울보다는 주로 자신 이외의 사람이나 물건의 움직임 등을 볼 목적으로 생산되는 전용 거울을 개발한다. 일본의 편의점이나 가게에서 사용하는 거울은 대부분 코미의 제품이다. 백화점 엘리베이터나 지하철에서 볼 수 있는 거울도 거의 코미 제품이다. 이는 코미가 만드는 제품이 이용자 만족에 기반하고 있기 때문에 가능한 일이다. 코미의 거울은 대체로 10년 이상의 긴 수명을 자랑한다. 유지 보수도 간단하기 때문에 더욱 효율적이다.

코미는 큰 회사를 목표로 하지 않는다. 그렇지만 이와 별개로 천천히, 자신만의 철학으로 운영하며 코미만이 만들 수 있는 제품을 개발하고 만드는 일에 에너지를 쏟는 회사다. 현재 코미는 판매 전 '무료 렌트 제도'를 통해 효과가 입증된 곳에만 제품을 팔고 있다. 또한 판매 후에는 반드시 현장을 직접 방문해서 이용 후기를 듣는 것을 원칙으로 삼고 있다.

### 진화3 스토리가 자산이다

코미는 회사에서 발생했던 다양한 문제와 이를 해결하기 위해 추진한 과제 등을 이야기로 엮어 책도 발행하고 있다. 저자에게 항의 서한을 보냈던 일화를 담은 《도난 방지용 거울 문제 이야기》와 항공기용 거울이 만들어지기까지의 우여곡절을 담은 《항공기 업계 진출 이야기》 등 지금까지 출간한 책만 30권이 넘는다.

고미야마 사카에 사장은 "코미는 '이야기를 만들어내는 회사'다. 일이 아무리 바빠도 과거 벌어진 사건의 경위와 그를 통한 교훈을 남겨 조직 안에 축적해가는 것이 경영자의 역할이다."라고 말하며, 책을 발행하는 이유를 설명한다.

"1,000명에게 말을 걸어 단 한 명만이 제품을 샀다고 해보자. 나라면 그 한 명에게 구입 이유를 묻겠다. 팔리지 않는 이유는 비싸다, 디자인이

코미는 회사에서 발생했던 다양한 문제와 이를 해결하기 위해 추진한 과제 등을 이야기로 엮어 책도 발행하고 있다.

자료: 〈https://www.komy.jp/corporate/story/〉

나쁘다 등 얼마든지 있을 수 있다. 그렇지만 비록 단 한 명이라도 구입을 결정한 사람이 있다면, 그 구입 이유를 귀담아듣고 부족한 부분을 보완하고 강점을 극대화하는 편이 다음 판매로 이어질 수 있다고 생각한다.″

고미야마 사카에 사장의 경영철학을 짐작할 수 있는 대목이다.

## 작은 가능성 하나도 놓치지 않는 치열함

거듭되는 위기에도 불구하고 코미가 성공할 수 있었던 데에는 작은 문제 하나, 작은 가능성 하나도 놓치지 않고 파고드는 치열함이 있었기에 가능하지 않았을까. 누구나 순간 번득이는 의문을 떠올릴 수는 있다. 그러나 고미야마 사카에 사장과 같이 그 질문을 자사만이 만들 수 있는 제품으로 만들어내고, 업계를 장악한 경우는 많지 않다.

보이지 않는 사각지대를 비추는 코미의 거울처럼 다른 사람들은 보지 못하는 부분을 보고 위기에 대비하며 새로운 길을 찾아내는 것, 그것이야말로 성공을 위한 리더의 역할일 것이다.

<blockquote>
**"**

회사가 잘 나갈 때야말로
미래의 새로운 방향성을
찾아 나설 필요가 있다.

**"**
</blockquote>

# 11

# 혁신이 필요한 순간

## : 스즈키양말 :

**양말, 어디까지 신어봤니?**

혁신은 고통스럽고 힘든 여정이다. 무리한 혹은 적절하지 않은 혁신은 기업의 수명을 오히려 단축시킨다. 그러나 성공하면 그 전에는 경험하지 못한 도약을 가능하게 하고 조직과 거기에 속한 개인 모두에게 수많은 기회를 제공한다. 혁신이 거창하고 장대한 것만은 아니다. 대기업이나 큰 조직에서만 하는 일이 아니라는 의미다. 혁신의 불씨는 도처에 존재한다. 아이디어만 있다면 누구나 도전해볼 만하다. 양말 제조업체의 혁신이라고 했을 때 어떤 생각이 드는가? 미안한 말이지만, 양말과 혁신은 잘 어울리지 않아 보인다. 양말에 관심을 갖는 사람이 많지 않아서일 테다. 그런데 여기, 한 켤레에 1만 원이 넘는 양말을 판매하며 업계를 평정한 중소기업이 있다. 당신이라면 이 양말을 사겠는가?

직원 30명의 소규모 제조업체 '스즈키양말(鈴木靴下)'은 현미를 도정할 때 나오는 쌀겨에서 추출한 성분을 입힌 섬유를 개발해 개당 1만 원이 넘는 양말을 만들어 팔고 있다. 지금까지 판매량 30만 켤레라는, 일본 양말업계에서 전대미문의 성공을 거두었다. 물론 스즈키양말의 성공은 현재진행형이다. 한때 300개가 넘었던 양말 제조사가 절반으로 줄어드는 업계 불황에도, 승승장구하고 있는 스즈키양말의 진화 과정을 따라가보자.

스즈키양말은 1958년 당시에는 생소한 어린이 전용 양말을 만들어 창업에 성공하며 업계의 주목을 받았다. 그렇지만 제한된 시장에서의 매출은 근근이 사업을 이어가는 정도의 수준이었다. 그러다 1987년, 새로운 전기를 맞이한다. 바로 축구 선수용 스타킹을 OEM으로 생산할 수 있는 기회를 잡은 것이다. 일본이 처음으로 월드컵에 출전했던 1998년 프랑스 대회에서 선수들이 착용했던 스타킹 역시 OEM 방식으로 스즈키양말이 생산한 제품이었다.

이후 스포츠용 스타킹은 스즈키양말의 매출에서 95%를 차지하는 주력 상품으로 자리 잡았다. 중국산 저가 양말의 공세에 수많은 양말 제조업체가 문을 닫는 상황에서도 스즈키양말은 높은 기술력과 품질을 무기로 살아남을 수 있었다. 이처럼 OEM을 전문으로 하던 스즈키양말이 어떻게 '쌀겨 양말'이라는 독특한 제품을 만들 수 있었던 걸까?

## 진화1 호기심이 혁신의 재료

스즈키 가즈오(鈴木和夫) 사장의 집안은 대대로 나라(奈良) 현에서 쌀농사를 지었다. 지금도 1헥타르의 논을 경작하고 있다고 한다. 수확한 벼를 쌀로 도정하는 과정에서 대량의 쌀겨가 생긴다. 쌀겨는 현미를 백미로 도정할 때 나오는 껍질과 배아 부분을 가리킨다. 이렇게 만들어진 쌀겨는 일부만 저장 음식을 절이는 용도로 사용하기 위해 남겨지고, 나머지는 모두 버려졌다. 스즈키 가즈오 사장은 이것이 늘 아깝다는 생각을 했다고 한다.

어느 날 버려지는 쌀겨를 보고 있던 스즈키 가즈오 사장의 머릿속에 문득 스치는 한 장면이 있었다. 초등학생 때 쌀겨를 이용해 교실 마룻바닥을 반짝반짝하게 닦던 기억이었다. '쌀겨를 양말에 이용하면 발도 매끈매끈해지지 않을까?' 비록 관련 지식은 없었지만, 스즈키 가즈오 사장은 생각을 바로 실행에 옮기기로 마음먹었다. 어떻게 해야 할지 전혀 감이 잡히지 않았지만 우선 양말을 쌀겨와 함께 냄비에 넣어 삶아보았다. 물론 이렇게 쉽게 될 거라고 생각하지는 않았다. 역시나 양말이 마르자 쌀겨 가루가 섬유에서 떨어져 나왔다. 이번에는 쌀겨를 곱게 빻아서 양말을 만드는 실에 그 가루를 직접 묻혀보기로 했다. 양말과 쌀겨를 함께 삶았을 때와 같은 실패를 경험해야 했다. 이런저런 궁리를 하며 여러 차례 실험을 해보았지만 모두 실패했다. 하지만 그는 많은 실패를 통해 쌀겨 성분이 가진 '유분' 때문에 섬유에 정착되지 않는다는 사실을 알게 되었다.

## 진화2 실패 속에 답이 있다

'어떻게 하면 유분을 없앨 수 있을까?' 고민하며 관련 지식을 공부하던 스즈키 가즈오 사장은 놀라운 사실을 찾아냈다. 실패의 원인이었던 그 유분이 피부에 얇은 막을 만들어 피부 건강을 지킬 수 있는 항산화 작용과 건성 피부를 개선시키는 보습 효과를 낸다는 사실이었다. 일본에서는 에도 시대부터 목욕탕에서 쌀겨를 팔았고, 쌀겨를 넣은 주머니를 빌려주기도 했다. 쌀겨 주머니를 몸에 문질러 때를 씻어내면 피부를 촉촉하고 매끈하게 보호할 수 있었기 때문이다. 이미 사람들은 오래전부터 쌀겨가 피부 미용에 효능이 있다는 것을 경험적으로 알고 있었던 것이다.

쌀겨의 효능에서 성공 가능성을 확인한 스즈키 가즈오 사장은 이런 방법으로는 도저히 일이 진행되지 않을 거라고 판단하고, 대학부설 연구센터의 도움을 받기로 했다. 쌀겨 성분의 추출 방법 개발을 의뢰했던 것이다. 그 후 1년에 걸친 연구 끝에 쌀겨 양말이 탄생했다. 그러나 세탁을 하면 쌀겨의 효능이 점차 약해지는 단점 때문에 곧장 상용화할 수는 없었다. 출시를 미루고, 이번에는 방적 회사에 협력을 구하기로 했다. 작은 구멍이 있는 특성을 지닌 레이온에 쌀겨 성분을 입혀 업계 최초로 '쌀겨 섬유 SK'의 개발에 성공했다. 그리고 마침내 2006년, '걸어다니는 쌀겨 주머니'라는 독특한 상품명을 가진 쌀겨 양말을 처음으로 시장에 선보였다. 쌀겨 양말은 감촉도 좋았다. 또한 50회 이상의 세탁을 거쳐도 기능이 지속되었다.

스즈키 사장은 작은 구멍이 있는 특성을 지닌 레이온에 쌀겨 성분을 입혀 업계 최초로 '쌀겨 섬유 SK'의 개발에 성공했다.

자료: ⟨http://www.suzuki-socks.co.jp/⟩

 

제품에 확신이 생기자 스즈키 가즈오 사장은 서둘러 양말을 가방에 담아 도쿄의 주요 생활 전문 잡화점에 들고 갔다. 그러나 스즈키양말은 그때까지 OEM 생산 방식이 중심이었기 때문에 판매 노하우가 없었다. 문전박대를 당하기 일쑤였고, 어렵게 담당자를 만난 자리에서도 제품에 대해 한마디도 제대로 설명할 수 없었다. 스즈키 가즈오 사장은 다른 아이디어를 떠올렸다. 2007년 쌀겨 양말에 대한 모니터링을 민간 연구 기관에 의뢰했던 것이다. 한 달 동안 쌀겨 양말을 착용했던 피실험자들의 호평이 쏟아져 나왔다. '보습 효과가 분명하다', '피부 가려움증이 확실히 덜했다', '착용감이 너무 좋다' 등의 긍정적인 답변 일색이었다. 이 모니터링 결과를 근거로 제품의 광고 카피를 "신는 것만으로

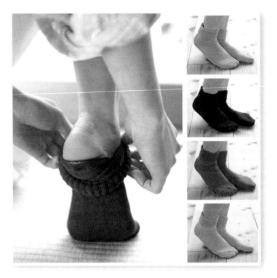

쌀겨와 오일을 배합한 실리콘을 발뒤꿈치 부분에 프린트 가공한 '뒤꿈치 케어 양말'.
자료: ⟨https://www.suzuki-socks.shop/shopdetail/000000000001⟩

도 뒤꿈치가 말끔하게!"로 결정하고 도쿄의 잡화점과 백화점의 문을 다
시 두드렸다. 뒤이어 쌀겨와 오일을 배합한 실리콘을 발뒤꿈치 부분에
프린트 가공한 '뒤꿈치 케어 양말'도 출시했다. 독특한 제품 특성이 매
스컴을 통해 알려지면서 쌀겨 양말은 사람들의 주목을 받기 시작했다.
사용자들의 호평이 이어지면서, 시리즈 누적 판매량 30만 개라는 놀라
운 기록을 세우게 된다.

### 진화3 끊임없는 자기혁신
이제 스즈키양말의 쌀겨 제품은 양말에서 장갑 등 다른 섬유 제품으로

끊임없이 변신을 거듭하고 있다. 넥 워머(neck-warmer)와 수면 장갑도 양말에 이은 히트 상품 대열에 합류했다. 쌀겨 제품들 모두 일본 아토피 협회의 추천 상품으로 등록되었을 정도로 피부에 자극이 없어, 다소 비싼 가격에도 인기가 식지 않는다. 최근에는 딸 미도리 씨가 회사에 합류하여 아버지와 이인삼각의 경영 체제를 구축하고 있다. 3대로 대물림된 스즈키양말은 최근 부녀가 의기투합하여 창업자인 할아버지를 위해 새로운 양말 개발에 한창이다. 다리 부종으로 힘들어하는 고령층을 위해 발목을 조이는 고무줄을 없앤 양말을 만들고 싶다는 것이다.

"쌀겨 섬유는 아이가 입으로 빨아도 안전한 친환경 제품이다. 현재 개발 중인 제품은 할아버지, 할머니들이 편하게 신을 수 있는, 고무줄이 없는 양말이다. 앞으로도 고객이 원하는 제품 생산에 대해 고민하며, 중소 제조기업의 저력을 보여주고 싶다."

스즈키양말의 성공은 철저히 내부로부터의 혁신 덕분이었다. 외부

스즈키양말의 쌀겨 제품은 양말에서 장갑 등 다른 섬유 제품으로 끊임없이 변신을 거듭하고 있다.
자료: 〈https://www.suzuki-socks.shop/shop/shopbrand.html〉

환경의 변화로 업계 규모가 심각하게 줄어들고 부침이 심했지만, 그 상황에서도 스즈키양말은 나름의 기술력과 품질로 살아남았다. 폐업이나 도산의 위기에서 생존을 위해 어쩔 수 없이 혁신을 단행하는 회사들과는 상황이 조금 달랐다. 스즈키양말의 내부 혁신은 사장의 개인적인 환경과 단순한 궁금증에서 출발했다. 대대로 쌀농사를 짓는 집안에서 늘 남아도는 쌀겨를 버리며 아깝다고 생각한 스즈키 가즈오 사장이 혁신의 구심점이었다. 단순한 호기심에서 한번 해보자고 호기롭게 시작했지만, 결국 전문가의 도움을 받아야 할 상황에 이르러서도 그는 포기하지 않았다. 이 정도면 대단한 뚝심이 아닐 수 없다. 사활을 걸고 진행하는 프로젝트라도 중간에 뜻하지 않은 변수에 부닥치거나 예상치 못한 비용 발생이 이어지면 도중에 작업을 중단하는 일이 비일비재하다. '한번 해볼까?'라는 마음가짐으로 시작한 일을 무수한 실패와 시행착오에도 포기하지 않고 끝까지 밀어붙여 결국 업계에서 볼 수 없던 성공을 이룬 스즈키 가즈오 사장은 쉬지 않고 돌아가는 엔진을 품고 있는 듯하다. 스즈키양말은 지금도 고객의 말에 귀 기울이고, 사람들이 좋아할 제품 개발에 매진하고 있다.

## 혁신은 위기를 맞았을 때 하는 것이 아니다

스즈키 가즈오 사장은 "회사가 잘 나갈 때야말로 미래의 새로운 방향성을 찾아 나설 필요가 있다."라고 말한다. 새로운 분야에 대한 개척은 생산 현장에서 듣게 되는 아이디어가 많은 도움이 된다고 한다.

자기혁신은 위기를 맞았을 때는 이미 늦었는지도 모른다. 불규칙적으로 급변하는 경영 환경에 대처하는 것이 변화라면, 자기혁신은 생존을 위해 기업이 상시적으로 체질화해야 하는 요소가 아닐까? 스즈키양말은 자기혁신을 체질화한 기업의 모범이라고 해야 할 것이다.

'품질이 정말 좋습니다'라고
장황하게 설명하고 싶지 않아서 영구보증을 하기로 했다.
이용자가 소유하고 있는 것만으로도 설레는 제품을
쭉 오랫동안 사용하기를 바라기 때문이다.

# 12

# 품질보증서가 없는 기업

## : 스노우피크 :

**본사는 캠프장에, 회의는 텐트에서**

기업 입장에서 자사 제품에 열광하는 팬이 있다는 것은 어떤 의미일까? 신제품을 기다리며 출시하자마자 제일 먼저 제품을 구입해서 입소문까지 내주는 든든한 백그라운드가 존재한다면? 날로 열렬한 마니아를 양산하며 급성장하고 있는 아웃도어 브랜드가 있다. 미국과 유럽 등지에 이미 탄탄한 역사를 가진 유명 브랜드가 집결해 있는 아웃도어 업계에서 왜 하필 '스노우피크(snow peak)'의 인기가 날로 치솟을까? 스노우피크가 태어나고, 본사가 있는 니가타(新潟) 현 산조(三条)에서 실마리를 찾을 수 있다. 산조는 예부터 금속 가공 산지로 일본에서 유명한 지역이다. 스노우피크를 좋아하는 사람들은 지역의 금속 가공 기술을 도입해 철저하게 반영한 품질에 대한 회사의 집념 그리고 다른 브랜드에서 볼 수 없는 오리지널 상품 개발에 뜨겁게 반응하고 있다.

스노우피크의 본사는 5만 평이 넘는 캠프장 한편에 있다. 사실 이 캠프장은 1년 내내 전 세계에서 수많은 사람들이 캠핑을 하기 위해 모여드는 곳이다. 스노우피크의 직원들은 텐트 안이나 모닥불을 두고 둥글게 빙 둘러앉아 회의를 한다.

캠핑 마니아들 사이에서 명품 브랜드로 통하며 사랑받고 있는 스노우피크이지만 한때 일본에서 캠핑 인구가 급감하면서 경영난을 맞기도 했다. 그러나 '원점회귀'로의 경영방침을 새로 정립하면서 최근 5년간 직원이 4배로 늘어날 정도로 사업이 확장되었다. '산으로 돌아가자'는 한마디로 압축될 수 있는 원점회귀 경영방침은 스노우피크의 모든 것을 새롭게 바꾸어놓았다고 해도 과언이 아니다. 특히 일본에서는 이 회사 직원들이 일하는 방식에 주목한다.

스노우피크는 1958년에 창업자 야마이 유키오(山井幸雄)가 자재 도매상점의 문을 열면서 시작되었다. 등산가이기도 했던 야마이 유키오 초대 사장은 당시 기존 등산용품이 마음에 들지 않아 자신이 갖고 싶은 등산용품을 직접 만들고자 사업을 시작했을 만큼 등산광이었다. 그렇게 스스로 필요하고, 만족할 만한 등산용품을 만들던 야마이 유키오 사장은 사람들의 요청으로 곧 전국에 판매를 시작했다. 그 후 1986년 아버지에 이어 2대 사장에 취임한 야마이 도루(山井太)는 아웃도어 라이

프스타일의 잠재력을 파악하고 오토캠핑 사업에 착수했다. 명품 아웃
도어 용품으로 방향을 돌리면서 '가업'을 '기업'으로 진화시킨 것이다.
스노우피크는 2015년에는 도쿄 증권거래소에 상장까지 시키며 브랜
드파워를 입증했다.

### 진화1 산으로 돌아가다

"우리 회사는 야외 제품을 취급하는 기업으로, 나 또한 매우 활동적인
스타일이다. 특히 캠핑과 낚시가 취미인데, 캠핑은 1년에 30~60박 정
도 야영을 즐기는, 스노우피크 제품의 헤비 유저다. 직원 채용 시 절대 조
건이 있다면 그건 바로 아웃도어 사랑이다. 왜냐하면 나 자신을 포함해
직원들 역시 자신이 사용해보지 않고는 제품의 미세한 장단점을 알 수
없으며, 그렇게 되면 고객의 요구에 반응할 수 없기 때문이다."

야마이 도루 사장은 본사 부지 내에 마련한 캠핑장에서 고객뿐만 아
니라, 자신 그리고 직원들도 언제든 텐트를 치고 하룻밤 보내다 그대로
출근하기도 한다고 말할 만큼 캠핑 마니아다.

야마이 도루 사장은 대학 졸업 후 도쿄의 한 외국계 회사에서 일했다.
입사 후 4년간 매일 아침부터 저녁까지 포장 일을 했다고 한다. 자연에
서 멀어지고 몸에 무리가 올 때쯤 아버지로부터 회사로 돌아오지 않겠
느냐는 권유를 받았다. 그러나 그 후 사장으로 취임하고 나서도 잠시도
힘들지 않은 때가 없었다. 매일 새벽 1~2시까지 일해도 실적이 부진했
다. 캠핑을 좋아하는 그였지만 일이 되자 전처럼 즐겁지만은 않았다.

더욱이 매출이 신통치 않은 상황은 야마이 도루 사장을 더욱 힘들게 했다. 바로 그 무렵 직원의 제안을 받아들여 고객 대상으로 산조 스노우피크 캠프에서의 캠핑 이벤트를 시작하면서 상황은 반전되었다. 피로감이 극에 달했던 야마이 도루 사장도 이 과정을 통해 역시 자연이 좋다고 실감하면서, 현재 스노우피크가 중요하게 생각하는 '자연을 통한 인간성 회복'이라는 가치에 더욱 집중하게 되었다.

실제로 스노우피크가 급성장으로 돌아서는 결정적 터닝 포인트는 대규모 캠프장 건설이었다. 당시 연 매출이 30억 엔 정도였던 상황에서 캠프장 건설을 위해 약 17억 엔의 대출을 받았을 정도로, 대규모 캠프장 건설 사업은 스노우피크의 사운을 건 중요한 프로젝트였다. 이후 고객들이 직접 본사의 캠프장을 방문하여 즐기면서, 입소문이 나기 시작했다. '헤드쿼터스(Headquarters)'로 불리는 이 장소에는 캠프장뿐만 아니라 점포, 본사 빌딩, 공장이 함께 들어서 있다. 캠프장에 직원들이 일하는 공간을 마련한 이유는 '더 스노우피크 웨이(The Snow Peak Way)'라는 회사의 미션과 비전을 가시화하기 위해서였다. 더 스노우피크 웨이에는 "우리 스스로 이용자의 입장에서 생각하고, 서로가 감동할 수 있는 제품과 서비스를 제공한다."라는 구절이 있다. 산에서 창업 아이디어를 얻었던 야마이 유키오 초대 사장의 초심에 따라 다시 산으로 돌아간 스노우피크는 직원, 고객, 제품이 한 공간에서 마주치는 상황을 의도적으로 만들어내면서 예전보다 훨씬 더 고객 친화적인 상품을 개발할 수 있게 되었다.

## 진화2 '하지 않는 것'을 정해놓다

"상품을 개발할 때 절대 타사를 모방하지 않는다."

"고객이 가능한 한 오랫동안 이용할 수 있도록, 쉽게 망가지는 제품은 만들지 않는다."

스노우피크에서 절대로 해서는 안 되는 금기사항이다. 어찌 보면 굳이 말하지 않아도 될 지극히 당연한 내용인 것 같지만, 스노우피크에서는 이를 경영원칙으로 정하고 꼭 지키도록 전사적으로 강조한다. 여기에는 이유가 있다.

"이를테면 신규 사업을 결정해야 할 때 어떤 분야에 진출하면 50억 엔의 매출 증가를 기대할 수 있는데, 그것이 타사 제품을 흉내 내는 것에 불과한 경우가 있을 수 있다. 그때 눈앞의 유혹을 뿌리치고 과감히 멈출 수 있을까? 솔직히 항상 고민하게 된다. 그래서 오래 전부터 '하지 않는 것'을 원칙으로 정해놓았다."

스노우피크의 이런 경영원칙은 제품에도 고스란히 녹아 있다. 바로 애프터서비스다. 스노우피크의 제품에는 품질보증서나 정품 홀로그램 같은 것이 없다. '영구보증'을 기본으로 하고 있기 때문이다. 유럽의 명품 브랜드와 같이 제품에 손상이 가면 구입 시기나 사용 기간에 관계없이 언제든 장인들이 직접 수리하거나, 새 제품으로 교환해준다. 야마이도루 사장은 그 이유를 이렇게 설명한다.

"'품질이 정말 좋습니다'라고 장황하게 설명하고 싶지 않아서 영구보증을 하기로 했다. 이용자가 소유하고 있는 것만으로도 설레는 제품을

だから、保証書がありません

その道具に寿命が来るまで直し続けるのは、私たちにとって自然なこと。だからスノーピークの商品には保証書がありません。保証書などなくてもお客さまが直したいと思って送っていただいた道具は、責任を持って修理します。すでに在庫のない部品でも可能な限り対応します。スノーピークのものづくりは、他にないものづくり。大量生産、大量消費のものには生み出せない記憶をつくりたい。いいものをつくるからこそ、しっかりと修理したい。直すことがたくさんの方々との新しい絆になると信じているから。スノーピークがつくる道具には、私たちのそんな願いも込められているのです。

스노우피크의 제품에는 품질보증서나 정품 홀로그램 같은 것이 없다. '영구보증'을 기본으로 하고 있기 때문이다.

자료: 〈https://www.snowpeak.co.jp/afterservice/sp/〉

쭉 오랫동안 사용하기를 바라기 때문이다."

### 진화3 탓하기 전에 무엇이라도 하라

스노우피크에서 직원이 해서는 안 되는 것 중 또 하나는 "책임을 다른 곳에서 찾는 행동"이다. 가령, 점포의 판매 직원이 "오늘은 비가 와서 손님이 적어 매출을 올리지 못했습니다."라고 말한다면, 이것은 악천후 때문에 점포 매출이 좋지 않은 영향을 받았다고 말하는 것이다. 스노우피크에서는 통하지 않는다. 날씨가 나쁘더라도 손님이 찾아올 수 있는 방법을 생각해두었다면 발생하지 않을 문제이기 때문이다.

이런 생각이 가능한 이유는 스노우피크의 모든 직원들이 캠퍼(Camper)

이기 때문이다. 바람이 불어 텐트가 넘어졌다고 바람 탓을 해서는 안 된다는 의미다. 텐트가 넘어지기 전에 뭔가 해야 한다. 비즈니스도, 아웃도어도 주변을 둘러싼 상황은 시시각각 변한다. 그렇기 때문에 그때 그때 처한 뜻밖의 일을 재빨리, 그 자리에서 대처하는 능력을 키워야 한다. 임기응변을 했지만 실패했다면 그것은 괜찮다. 그러나 아무것도 하지 않는 사람에 대해서는 철저히 추궁하는 것이 프로 캠퍼 집단인 스노우피크가 추구하는 비즈니스다.

현재 스노우피크의 상품은 대략 600개에 이른다. 모두 엄선된 고부가가치 제품들이다. 스노우피크의 제품 개발은 산조라는 지역의 힘을 크게 빌리고 있다. 산조의 제조업 능력을 활용한다는 뜻이다. 야마이 도루 사장은 "이 마을에는 2,000개가 넘는 금속 가공업체가 모여 있다. 산조의 금속 가공 능력은 각각 개성이 매우 강하다. 우리는 평소 이런 환경에 둘러싸여 있기 때문에 현장의 특징을 보다 상세하게 숙지하고 그 힘을 활용한 스노우피크만의 기획과 디자인을 만들 수 있다."라고 말한다. 산조의 금속 가공 기술은 스노우피크의 아웃도어 제품을 최고의 품질로 이끈다. 각종 야영 도구와 조리기구 등 많은 제품을 금속을 활용하여 만들고 있다.

제품의 기획부터 디자인, 생산, 배송까지의 전 공정을 단일 라인으로 하여 한 명의 담당자가 맡는 것도 스노우피크의 특징이다. 직원들이 제품에 애착을 가지면 일하는 보람도 매우 강해진다고 야마이 도루 사장은 말한다. '영구보증'이라는 회사가 내건 정책도 직원의 개발 의욕을 더욱 높이고 있다.

## 제품이 아닌 기대를 산다

스노우피크의 가치는 항상 캠핑에 있다. 야마이 도루 사장 자신이 가족과 함께 자연으로 캠핑을 떠나면 치유를 경험한다고 말한다. 자연과 접할 뿐만 아니라 캠핑을 떠난 가족 모두 함께 힘을 합쳐 텐트를 세우거나 밥을 짓거나 하는 등의 공동작업을 하면서 생활에 필요한 '기본'을 실천할 수 있는 그 시간이 좋다고 한다. 그런 시간을 보내면 한 사람 한 사람의 인간성이 회복되고 가족 간의 사이도 훨씬 좋아진다. 그리고 우연히 옆에서 야영을 하고 있는 사람이나 가족들과도 가까워지면서 커뮤니티가 만들어진다. 그 연장선상에서 봤을 때 지역 공생이 가능하다고 생각한다. 개인, 가족, 지역 사회와 연결되어가는 것으로, 캠핑 문화가 사회 문제를 해결할 수도 있다고 믿는다.

소비자는 제품을 사는 것이 아니라 '기대'를 구입하는 것일지도 모른다. '판매자가 약속한 대로의 편익을 얻게 될 것'이라는 기대를 산다는 뜻이다. 스노우피크는 이런 원칙을 지키고 있기에 지금의 성장이 가능했다.

Part 3
글로벌 마인드

# 성공에는 모방이 아니라
# 모험이 필요하다

"

우리 회사 제품이 품질 면에서도 뛰어났고
가격도 더 저렴했는데 고객의 선택을 받지 못했다.
그때 나는 마쓰오카가 '세계적인 브랜드'가 되지 않으면
안 되겠다고 생각했다. 세계 일류 브랜드가 된다면,
일본 고객들의 마음도 사로잡을 수 있지 않겠는가.

"

# 13

# 할 수 있는 한 한다
: 마쓰오카가구제조 :

**세계 부호들을 사로잡은 시골 가구 공장의 야심찬 도전**

세계 부호들에게 사랑받는 일본 가구 브랜드가 있다. 바로 마쓰오카가구제조의 오리지널 브랜드 '마쓰오카(MATSUOKA)'다. 마쓰오카가구제조는 평균 가격 200만 엔에 달하는 높은 가격대를 자랑하는 제품을 만들어 팔고 있다. 모든 가구는 해외 디자이너가 디자인하고, 제작은 일본 내 자사 공장에서 이루어진다. 주요 고객은 미국과 유럽의 부유층은 물론이고, 중동의 왕실까지 다양하다. 여기까지만 들었을 때는 대형 기업이 만드는 브랜드라고 생각할지 모르겠다. 그렇지만 마쓰오카가구제조는 종업원 40명의 작은 가구 공장이다. 이 회사는 어떻게 세계 부호들의 마음을 사로잡을 수 있었을까?

1866년에 설립된 마쓰오카가구제조는 히로시마(広島) 현 후추(府中) 시에서 혼수 가구를 주로 만들던 작은 공장이었다. 원래 후추 시는 일본 전통가구 제조 산지로 유명하다. 일본에서는 '후추 가구'로 통칭될 정도로 모르는 사람이 없다. 특히 마쓰오카가구제조는 에도 시대 말기부터 가구를 만들어온 작지만 유서 깊은 회사로, OEM 생산을 전문으로 했다. 그렇지만 변화하는 소비 트렌드로 혼수 가구를 일부러 맞추는 사람들이 줄어들면서, 업계 전체가 어려움을 겪고 있었다. 더욱이 장기 불황의 영향으로 소비자들이 값싼 가구 제품들을 찾게 되면서 '만들면 팔린다'라던 과거와는 완전히 다른 상황에 직면해 있었던 것이다.

이런 상황에서 마쓰오카가구제조가 변화의 싹을 틔운 것은 1996년의 일이었다. 모리쓰구 히로시(守次拓)가 가업을 이어 6대 사장으로 취임하면서 환골탈태를 시작했다. 어느 날 거래처 가구매장을 방문한 그는 손님들이 품질보다는 해외 유명 브랜드를 선호한다는 사실을 알게 되었다. 마쓰오카가구제조의 식탁을 마음에 들어했던 손님이 이탈리아 고급 브랜드의 제품을 보고는 마음을 바꿔 그 제품을 구매하는 장면을 목격한 것이다.

"우리 회사 제품이 품질 면에서도 뛰어났고 가격도 더 저렴했는데 고객의 선택을 받지 못했다. 그때 나는 마쓰오카가 '세계적인 브랜드'가 되지 않으면 안 되겠다고 생각했다. 세계 일류 브랜드가 된다면, 일본 고객들의 마음도 사로잡을 수 있지 않겠는가."

이 일을 계기로 탄생한 것이 바로 대표 브랜드, 마쓰오카다. 모리쓰구 히로시 사장은 100여 년 기술 노하우를 무기로 고급화 전략을 도입하고, 세계 부유층을 타깃으로 삼겠다는 야심찬 목표를 세웠다. 그는 완전한 변신을 꿈꾸기 시작했다.

### 진화1 브랜드로서 신뢰도를 높여라

사실 그때까지만 해도 마쓰오카가 기업의 체질을 완전히 바꿀 필요는 없던 상황이었다. 마쓰오카는 당시도 높은 품질로 업계에서 좋은 평가를 받고 있었고 OEM 사업은 여전히 견고했다. 딱히 회사가 당장 변화를 시작해야 할 이유는 없었다. 그렇지만 모리쓰구 히로시 사장은 '팬이 있는 일류 브랜드'를 목표로 삼고, 보다 큰 성공을 위한 혁신을 단행했다. 회사에 여력이 있는 상황이었기 때문에 오히려 이런 때야말로 기업의 미래를 내다보고 다음 준비를 해야 한다고 생각했다.

"물건이 좋아도, 일본인이 부족한 영어와 통역으로 어리바리하게 설명해서는 브랜드로서 신뢰를 얻을 수 없다. 특히 우리의 주요 타깃인 부유층에게 가구는 '지위의 상징'과도 같은 의미를 지니기 때문에, 어떤 사람이 파느냐가 더욱 중요하다고 생각했다."

모리쓰구 히로시 사장은 직원들과 해외 가구 전시회를 찾아다니기 시작했다. 시골 공장으로 한정되어 있던 직원들의 눈높이를 높이기 위한 노력이었다. 동시에 세계적인 브랜드를 만들고 싶다는 자신의 비전도 직원들과 함께 공유해나갔다.

문제는 또 발생했다. 그동안 일본 가옥에 맞는 제품을 만들어온 마쓰오카 입장에서는 해외 고객들을 위한 제품 제작이 결코 쉽지 않았던 것이다. 우선, 나라마다 가옥의 형태나 분위기, 생활 방식이 달랐다. 고객의 취향 역시 천차만별이었다. 주문은 받았지만 생산이 안 되는 상황이었다. 해외에서 영입한 디자이너가 디자인을 해오면, 사장과 기술자들이 모두 투입돼 수정에 수정을 거듭하는 지난한 과정이 이어졌다.

모리쓰구 히로시 사장은 다시 해외의 고객에게 마쓰오카가 만든 가구가 받아들여지지 않은 이유를 분석하기 시작했다. 지금까지와 같은 '일본식 모던'을 콘셉트로 한 상품은 해외 유명인의 저택과 맞지 않다는 것과 고급스러움을 연출하려면 유창한 영어로 의사소통할 수 있어야 한다는 것 등을 알게 된 이후 마쓰오카가 전면에 나서지 않고, 해외에서 활동하는 인재들과 협력하는 방법을 생각해냈다. 해외에서도 통하는 브랜드 인지도를 쌓기 위해 글로벌 인재와의 협력이 필수적임을 깨달은 모리쓰구 히로시 사장은 현지 전문가와 협력 체제를 구축하기로 결심했지만, 당시에는 도무지 실마리를 찾을 수 없었다. 그러다가 미국 시장 조사를 하던 때 미국 가구업계의 일류 메이커에서 국제영업부장을 지낸 사람과 어렵사리 만나기로 약속하는 데 성공했다. 모리쓰구 히로시 사장이 몇 번이나 미국과 일본을 오가며 열심히 설득한 결과, 마침내 그의 협력을 이끌어낼 수 있었다. 창업 150년 역사에 뒷받침된 마쓰오카의 확실한 장인정신과 기술력, 품질 그리고 모리쓰구 히로시 사장의 열정이 그를 감동시켰던 것이다. 후추 시의 전통가구 공장이 해외 시장 공략을 위한 첫 글로벌 인재 영입에 성공한 순간이었다. 아울러 그의 소개로 미국 가구 제조업체의 디자인 부서를 지망하고 있던 디자이너와의 계약에도 성공했다. 이 디자이너는 일본에 머무는 몇 달 동안 70개 이상의 디자인을 스케치해주었는데, 그 속도와 디자인의 참신함으로 주위를 놀라게 했다. 공장의 장인들도 기존과는 전혀 다른 디자인에 당황하기는 했지만, 자신들의 기술로 세계 무대에 승부수를 띄울 수 있다는 도전에 보람을 느끼고 시행착오를 거듭하면서 서양 디자인에 점차 적응해나갔다. 그렇게 하나씩 마쓰오카만의 온리 원 상품이 만들어졌다. 모리쓰구 히로시 사장은 미국에 있던 가구 전시장을 현지 연예인과 유명인이 많이 모여 사는 지역으로 옮겨 고급스러운 부스를 만들고 마쓰오카의 신제품을 발표했다.

## 진화2 할 수 있는 데까지 도전하라

"고객의 어떤 요구에도 대응하려고 노력하지만, 어떻게 해도 안 되는 일이 생긴다. 그렇더라도 우리는 할 수 있는 데까지 도전하고, 어떻게 해서든지 고객의 주문사항에 응답하려고 한다. 결과물이 늘어날수록 마쓰오카의 수준도 향상되었다. 그러한 과정을 10년간 반복해왔다. 나는 이런 점이 마쓰오카라는 브랜드의 최대 성과라고 생각한다."

사장과 임직원의 각고의 노력 끝에 탄생한 마쓰오카의 가구는 디자인부터 사람들의 눈길을 사로잡는다. 일본의 종이접기와 건축물 그리고 거북이 모양 등 일본적 색채가 절묘하게 녹아 있는 디자인에, 곡선

거북이 사이드보드(좌)와 국화 캐비닛(우). 마쓰오카의 가구는 일본의 종이접기와 건축물 그리고 거북이 모양 등 일본적 색채가 절묘하게 녹아 있는 디자인에, 곡선미를 살린 것이 특징이다.
자료: ⟨http://matsuokakagu.co.jp/products/⟩

미를 살린 것이 특징이다. 디자인은 모두 해외 디자이너가 하지만, 제작은 마쓰오카의 일본인 장인들이 하기 때문에 동서양의 매력을 모두 느낄 수 있다는 것이 고객들의 평가다.

### 진화3 품질과 디자인 그리고 스피드

이처럼 높은 품질은 물론이고, 일본 기업 특유의 신속한 납품과 정확한 거래도 해외 부호들의 호평을 받는 이유 중 하나다. 주문 후 출고까지 1년 이상이 걸리는 여느 맞춤가구들과는 달리, 마쓰오카에서는 그 절반 수준인 6개월이면 세계 어디에서건 주문한 나만의 가구를 받을 수 있다. 아무리 주문이 많이 들어와도, 소화할 수 있는 양만을 남기고는 모두 거절하기 때문이다. 고객들이 보내는 이메일에 대한 신속한 회신과 납기 엄수 그리고 철저한 사후관리로 마쓰오카는 '가구업계의 롤스로이스'로 불릴 정도로 높은 평가를 받고 있다. 확실한 기술력과 참신한 디자인이 뒷받침된 가구라는 인식이 고객들 사이에 퍼지면서, 해외에서 마쓰오카의 위상은 점차 높아지고 있다. 롤스로이스를 2대 이상 보유한 고객만이 받아볼 수 있다는 간행 잡지의, 세계 초일류 기업만을 다루는 기사에 소개되었을 정도다. 노스캐롤라이나에서 열리는 세계 무역박람회에 출품하여 연 2회나 최우수상을 수상한 것도 마쓰오카의 가구가 세계에서 통한다는 증거다. 현재도 매년 신제품을 출시하면서 참여하고 있다.

## 결과보다 중요한 것

모리쓰구 히로시 사장은 원래 테니스 코치가 되기 위해 체코에서 유학한 후 코치 일을 했다고 한다. 가구업계에서 보자면 그는 상당히 이색적인 경력의 소유자다. 그런 그가 결혼 후에 1996년 장인의 뒤를 이어 마쓰오카 사장으로 취임한 것이다. 그가 가구업계에 발을 내디딜 당시 이미 혼수 가구 시장은 내리막길을 걷고 있었다.

"중소기업이 힘들다는 말을 자주 듣는다. 물론 개별적으로 잘 풀리지 않는 중소기업이 많기는 하다. 하지만 그것을 두고 중소기업 시장 전체가 힘들고 어렵다고 생각해서는 안 된다. 현재 샤프가 고전하고 있다고 해서 전기산업 전체가 망해가고 있다는 식으로 침소봉대할 것은 아니라는 말이다. 각 기업이 얼마나 '이야기를 가지고 있는가'가 중요하다. 온리 원의 이야기를 가진 기업은 규모에 관계없이 강하다."

모리쓰구 히로시 사장은 마쓰오카를 통해 후추 시의 전통을 지키면 서도, 국적을 불문하고 최고의 디자인과 품질을 가진 제품을 생산해낸 다는 목표를 지켜나가고 있다. 현재 16개국 37개사로 판로를 확대하고 있으며, 매출의 절반을 해외 수출을 통해 이루는 것을 새로운 목표로 삼고 있다. 실제로 해외 납품 실적은 해마다 증가하여 미국과 유럽의 부유층 및 중동 국가의 왕실뿐만 아니라, 일본 내각부로부터 의뢰가 들 어오고 있다. 마쓰오카의 해외 브랜드 사업이 10여 년의 시간을 거치며 해외 각국과 일본에서 인정받게 된 것이다. 해외 사업은 현재 전사 매 출의 30%를 차지하고 있으며, 핵심 사업이 될 때까지 성장시킬 예정이 다. 모리쓰구 히로시 사장은 이와 같은 성과가 가능했던 이유를 마쓰오 카가 가진 긴 역사가 뒷받침하는 확실한 기술, 해외의 현지화 전략, 고 객들의 디자인 요구 사항을 숙지하여 일본 공장에 전달하는 글로벌 인 재의 협력으로 설명한다. 무엇보다 상식에 사로잡히지 않고, 변화를 두 려워하지 않으며, 대상 고객의 기대를 초월하는 가구를 추구해온 마쓰 오카의 도전이 해외 부유층의 인정을 받는 비결일 것이다.

세계적인 브랜드를 만들겠다는 모리쓰구 히로시 사장의 꿈은 당시에 는 누가 봐도 실현 가능성이 희박해보였다. 그러나 회사의 항로를 급선 회할 정도로 어려움에 처해 있던 때가 아니었음에도, 전사적 노력을 해 야만 하는 혁신을 추구한 마쓰오카의 도전은 결과만큼 과정에서 얻는 것이 많았다. 오히려 회사가 문을 닫기 전 생존 전략에 변화를 꾀한 덕분에 자국을 넘어 해외 시장 개척이 가능했다. 일본의 전통이 세계 무대에서 인정받고 있다는 자부심은 마쓰오카가 한계에 부딪힐 때마다 그것을 극복하고 한 걸음 더 성장할 수 있는 밑거름이 될 것이다. 지금 세운 목표가 성공할 수 있을지 없을지 결과만 바라보지 말고, 그 길에서 만날 수많은 발전의 기회를 먼저 찾아봐야 한다. 그 이유를 마쓰오카의 성공이 우리에게 알려주고 있다.

"

정말 괴로운 시기였다.
하지만 일본에서는 도산밖에 남지 않은 최악의 상황이,
해외 진출이라는 과감한 사업 전환을 이끌어낸 계기가 되었다.

"

# 14

# 우리밖에 만들 수 없는 맥주
## : 기우치주조 :

## 200년 된 양조장, 세계에 도전하다

우리나라 맥주 시장과 유사하게 일본 맥주 시장도 기린, 아사히, 삿포로, 산토리 4대 대기업의 5개 브랜드가 95% 이상을 점유해왔다. 이런 특성상 대규모 공장에서 만들기 쉬운 평범한 라거 맥주가 대부분이었다. 그렇지만 날로 다양해지는 고객들의 입맛은 점차로 라거 외의 다른 맥주에 대한 니즈로 변화하였고, 곧 크래프트 맥주에 대한 관심이 날로 기졌다. 이런 가운데 일본은 1989년 주세법(酒稅法)으로 종량세를 채택하였고, 이후 8조 원 규모로 맥주 시장이 성장하면서 지금의 경쟁력을 갖추게 됐다. 또한 수제맥주 종류만 해도 1,000종에 이를 정도로 선택의 폭이 넓어졌다. 더욱이 최근에는 맥주에 대한 정의를 맥아 함량 67% 이상에서 50% 이상으로 완화하고, 맥주와 기타 주류의 세금 격차를 줄였다. 이로써 소규모 지역 맥주 공장들도 상대적으로 더욱 쉽게 다양한 맥주 상품 개발에 뛰어들 수 있게 되었다.

이처럼 변화하는 시장 상황에서 200여 년 된 양조장 한 곳이 수제맥주 시장에 출사표를 던졌다. 사케 양조의 오랜 전통과 기술로 맥주 양조를 준비하여 만든 이곳의 수제맥주는 세계 맥주시장의 주목을 받으며 급성장하고 있다. 양조장 '기우치주조(木內酒造合資会社)'가 만든 히타치노 네스트가 바로 그 주인공이다. 맥주의 본고장 미국과 유럽의 업체들을 제치고 정상에 우뚝 서기까지, 이 작은 양조장이 어떤 여정을 밟았는지 살펴보자.

세계적으로 유명한 맥주 대회에서 금상을 수상하며 일본 국내외 많은 맥주 팬들로부터 절대적인 지지를 한 몸에 받고 있는 히타치노 네스트는 '세계에서 가장 유명한 일본의 크라프트 맥주'라는 수식어가 따라다닌다. 기우치주조는 사케 양조의 노하우를 맥주 양조에 도입하여 소재와 맛을 고집한 'Made in Japan' 맥주로 해마다 수요를 늘리고 있으며, 생산이 주문을 따라가지 못할 정도로 인기를 끌고 있다.

기우치주조는 1823년 창업한 이래 대대로 장인이 손수 만드는 주조법을 고집해왔다. 그런 기우치주조가 지금은 사케보다 맥주인 히타치노 네스트로 더욱 유명해진 것이다. 출하량만 봐도 사케 대 맥주의 비율이 4대 6으로 역전되었다고 한다.

기우치주조의 맥주 브랜드인 히타치노 네스트는 애호가들 사이에서 '부엉이 맥주'로 더 잘 알려져 있다. 레이블에 그려져 있는 귀여운 부엉이 그림 때문이다. 가운데에 커다랗게 자리한 부엉이와 맥주 종류별로 색을 달리한 아기자기한 디자인이 먼저 소비자의 눈길을 사로잡았다. 그런데 히타치노 네스트의 로고가 처음부터 부엉이였던 것은 아니라고 한다. 처음에는 본사가 있는 '고노스(鴻巣)'라는 지명을 따서 황새를 모티브로 하려고 했다. 그렇지만 황새가 유럽에서 '도둑 새'로 불린다는 것을 알게 된 후 해외 진출 시 혹시라도 문제가 될지도 모른다고 우려한 기우치 미키오(木內造酒夫) 사장의 결정으로, 복(福)을 뜻하는 '후쿠'와 발음이 비슷한 부엉이(후쿠로)가 채택되었다.

사실 이때만 해도 기우치주조에게 해외 진출은 꿈 같은 이야기였다. 1823년부터 사케를 만들어온 전통 양조장이었지만, 맥주 제조에 대해

기우치주조의 맥주 브랜드인 히타치노 네스트는
애호가들 사이에서 '부엉이 맥주'로 더 잘 알려져 있다.
자료: 〈https://kodawari.cc/product/nestbeer.html〉

서는 아는 것이 거의 없었기 때문이다. 일본에 불어닥친 수제맥주 붐을 타고 맥주 사업에 뛰어든 기우치주조는 설비부터 기술까지 모두 처음부터 다시 시작해야 했다. 일본 내에선 기술자를 구하지 못해 해외에서 전문가를 고용하고 대대적인 설비투자를 한 끝에 1995년, 드디어 히타치노 네스트라는 이름의 맥주를 출시했다.

## 진화1 실패가 끝은 아니다

출시 이후 줄곧 승승장구만 해온 것처럼 보이지만, 사실 사업이 처음부터 순탄치는 않았다. 2년가량 이어지던 일본의 수제맥주 붐이 가라앉으면서 곧 사업에 뛰어들었던 수많은 기업들이 파산했다. 기우치주조 역시 연간 생산량이 현재의 이틀 분에 해당하는 수준으로까지 떨어졌다. 위기에 직면한 그때, 기우치 미키오 사장은 국내가 아닌 해외로 눈을 돌렸다. 그는 '도산을 각오한 결정'이었다고 회고한다.

"정말 괴로운 시기였다. 하지만 일본에서는 도산밖에 남지 않은 최악의 상황이, 해외 진출이라는 과감한 사업 전환을 이끌어낸 계기가 되었다."

당시 해외 수제맥주 시장은 페일 에일(Pale Ale)이나 엠버 에일(Amber Ale), 페일 라거(Pale Lager) 등과 같은 미국과 유럽 스타일의 제품들이 주류를 이루고 있었다. 세계 시장 진출을 위해서는 이 스타일에 맞는 '카피맥주'를 만드는 것이 정석과도 같았다. 기우치주조 역시 미국 전문가에게 전수받은 기술을 토대로, 아메리칸 엠버 에일 주조 기술을 키워

1997년 10월 오사카에서 개최된 일본 최초의 세계 맥주 콘테스트에서 다크 부문 1위를 차지했으며, 출품된 200종의 맥주 중에서 최고의 맥주로 꼽히기도 했다. 기우치주조의 200년 기술로 다져진 내공이 있었기에 가능한 일이었다.

주세법 개정에 따른 규제 완화로 소규모 맥주 양조가 가능해지자 일본 각지에 많은 맥주 양조장이 건설되었다. 기우치주조도 여름철 사업으로 맥주 양조에 뛰어들었다. 사실 기우치 미키오 사장의 시선은 처음부터 국내가 아닌 해외로 향하고 있었다.

"나는 흔히 말하는 '관광지에서 판매하는 맥주'를 만드는 것이 아니라, 일본에서 만들었지만 누구나 사랑하는 맥주를 만들어 해외에 팔고 싶다고 생각했다."

원대한 포부를 가지고 시작했으나, 기우치주조는 맥주 양조에 있어서는 햇병아리였다. 우선, 대기업 맥주 브랜드 등과 접촉하여 사업계획부터 수립하기 시작했다. 그러나 설비비와 기술지도료 등이 수천 만엔에 달했다. 기우치주조 같은 작은 회사가 감당하기에는 무리였다. 첫 난관에 부딪혀 포기하려 할 즈음, 캐나다의 DME라는 맥주 양조업체를 알게 되었다. DME사와 이메일로 수십 번의 연락을 거듭하며 대기업에서 제시한 가격의 절반 이하로 맥주 양조가 가능해졌다. DME사 덕에 양조 설비를 해외에서 직접 구매하여, 기우치주조 양조장의 일부를 개조한 맥주 공장에 직원들이 직접 설치했다. 몸으로 양조 과정을 배우면서 초기 비용을 크게 줄일 수 있었다. 또한 기우치주조가 가진 200

여 년의 노하우는 맥주 양조에 사용하는 몰트와 홉 등 소재에 대한 고집을 지켜나갈 수 있는 저력이 되었다. 이런 장인들의 노력은 곧 결실을 맺게 된다. 앞서 말한 일본 최초의 맥주 대회에서 수상하는 쾌거가 그것이다. 이후 2000년, 2004년에 맥주의 오스카상이라 불리는 인터내셔널 브류잉 어워드(International Brewing Awards)에서 내로라하는 오래된 브랜드의 맥주들을 제치고 1위에 선정되었다. 뒤이어 맥주 어워드 재팬 컵, 독일 비어 콘테스트, 뉴욕 월드 비어컵 등 다양한 국제 대회에서 금메달을 휩쓸며 출시 이후 줄곧 맥주 애호가들의 사랑을 받고 있다.

## 진화2 우리밖에 만들 수 없는 맥주를 고민하다

그러나 기우치 미키오 사장은 만족하지 않았다. 이미 성공한 브랜드에서 한때 실패한 경험을 떠올리며 절치부심했다.

"그때 만든 히타치노 네스트 맥주는 유럽에서 팔리고 있던 맥주들을 따라한 것에 지나지 않았다. 오리지널리티가 부족했다. 그래서는 안 된다고 생각했다. 수제맥주 붐이 사라지더라도 살아남기 위해서는 남들은 절대 따라할 수 없는 독창성이 필요했다."

기우치주조는 일본 고유의 수제맥주 제조에 주력했다. 먼저, '레드라이스 에일(Red Rice Ale)'이라는 제품은 일본 고대부터 재배했던 품종의 쌀인 적미(赤米)를 사용해 만든 맥주다. 옅은 핑크빛을 띠고 과일을 연상시키는 향기가 특징으로, 일본 특유의 맛으로 해외에서 호평받고 있다. 이바라키(茨城) 지역의 토종 귤을 사용한 '다이다이 에일(DaiDai Ale)', 유자 향을 더한 '세종 드 재팬(Saison du Japan)' 등 국산 원료와 일본의 역사를 접목시킨 상품들을 개발해 생산하고 있다.

기우치주조는 신제품 등을 포함해 항상 15종류 정도의 맥주를 생산하고 있다. 그중에서도 가장 인기 있는 맥주는 고수와 오렌지 껍질 등의 향신료 맛이 상쾌한 '화이트 에일(White Ale)'로, 해외에서는 '일본 화이트 에일'로 사랑받고 있다. 1950년대 이후 재배하지 않던 일본 원종 보리를 농가와 함께 복원해서 생산한 '히타치노 네스트 니포니아(NIPPONIA)'는 홉 또한 일본 종을 사용하여 일본에서만 만들 수 있는 맛을 재현했다.

"미국, 유럽에서 우리에게 요구하는 것은 'Made in Japan'이다. 우리는 미국과 유럽의 복사본을 만들지 않는다. 우리는 일본의 재료와 기술을 활용하여 우리밖에 만들 수 없는 맥주를 늘 고민한다. 기우치주조가 만드는 맥주는 직원들의 아이디어에서 탄생한다."

### 진화3 내공, 혁신을 완성하다

그렇다고 기우치주조가 독특한 맥주를 개발하는 데만 집중하는 것은 아니다. 우수한 품질의 전통주 역시 계속 생산하고 있다. 기쿠사카리(菊盛)라는 브랜드로 생산 중인 20여 종의 사케 가운데, 특히 매실주는 일본 최고의 매실주라는 뜻의 '천하공인' 칭호를 받을 정도의 명물로 통한다. 기우치 미키오 사장은 "희소가치에 중점을 둔 것이 아닌, 절대 잊

기우치주조는 우수한 품질의 전통주 역시 계속 생산하고 있다.
자료: ⟨https://kodawari.cc/product/umesyu.html⟩

히지 않는 최고의 술"이 기우치주조의 최종 목표라고 말한다.

기우치주조는 직원이 새로운 문화를 배울 수 있도록 해외 연수 제도를 도입하고 있다. 기우치 미키오 사장도 연간 20회 정도 미국을 비롯한 해외를 오가며 많은 자극을 받고 있다고 한다.

"가장 중요한 것은 새로운 문화를 배울 수 있다는 데 있다. 그래서 나는 될수록 많은 직원들이 해외 연수를 다녀오도록 한다. 나 또한 얼마 전 다녀온 미국 출장길에, 미국의 협력사들이 히타치노 네스트를 어떻게 평가하는지 직접 들을 기회가 있었다. 재미있는 맥주, 시장에서 사랑받는 맥주라는 평이었다. 그런 이야기를 듣고 나면 나는 일본에서 어떻게 공급량을 늘릴 것인가에 대해 고민한다. 그렇지만 공급량을 늘리기 위해 미국에 공장을 짓는 일은 하지 않는다. 미국과 유럽에서 요구하는 'Made in Japan'을 충족하려면 일본에서 만들되, 수출되는 각 나라의 사정에 맞게 마케팅하는 것이 중요하다. 아시아는 구미와 맥주 문화의 역사가 다르다. 아시아 전략을 위해 한국, 홍콩에 건설한 공장을 활용하고 있다. 일본을 포함한 아시아는 아직도 수제맥주 문화가 발전할 가능성이 많기 때문에 앞으로 더욱 저변을 넓혀가고 싶다."

## 전통이 곧 미래

기우치주조는 도쿄에 손쉽게 맥주 양조를 체험할 수 있는 '히타치노 네스트 랩'을 오픈했다. 또한 거점이 되는 도시에 광고 효과를 배가할 수 있는 장소를 만들고 싶다는 생각에서 히타치노 네스트 맥주와 소고기, 소바 등을 즐길 수 있는 레스토랑을 샌프란시스코에 오픈하는 등 세계로 나가는 기우치주조의 기세는 멈추지 않고 있다.

현 기우치주조는 7대째 대를 이은 기우치 미키오 사장이 맡고 있다. 200년 가까운 기우치주조의 역사는 단순히 그간 쌓은 기술력과 품질에서만 찾을 수 있는 것이 아니다. 사케 외에 수제맥주 시장에 진출한다는 사장의 결정은 많은 이들의 노력이 있었기에 무모한 도전이 아니라 새로운 브랜드의 탄생과 이윤 창출이라는 결과로 이어질 수 있었다. 이들의 노력이 없었다면 아마도 현재 세계 시장에서 사랑받는 히타치노 네스트는 존재하지 않았을 것이다.

일본의 수많은 중소기업들 대부분은 몇 대째 대를 이어 가업을 지켜나가는 사람들과 그들과 함께 일하는 숙련된 기술자, 장인들로 인해 사라지지 않고 전통이라는 이름으로 후대에 대물림되고 있다. 기우치주조 역시 일본에서는 이런 수많은 중소기업의 성공 사례 중 하나일지 모른다. 그러나 우리가 기우치주조의 성공에서 눈여겨봐야 할 점은, 전통을 낡은 것으로 치부하지 않고 발판 삼아 늘 해오던 일에 안주하지 않고 과감히 새로운 사업에 뛰어든 결단성이다. 이제 전통과 미래의 결합은 현재를 사는 우리에게는 성공을 위한 필수 요소일지 모른다. 앞으로 나아가기 위해서는 지금 자신이 가지고 있는 것부터 잘 살피고, 그것이 가지는 강점과 부족한 부분에 대한 인지가 선행되어야 한다. 기우치주조가 사케에서 수제맥주로 사업의 다변화를 꾀한 것은 의문부호가 아니라 느낌표를 추가한 결정이었다.

"세계를 상대로 사업을 하고 싶다면, 팔리는 물건을 만들거나 그런 물건을 찾는 것이 우선시되어야 한다고 생각한다. 먼저 우리 방식대로 맛있는 것을 만든다. 나의 구상은 그것뿐이었다. 맛있는 요리와 어울리는 술은 사람들을 즐겁게 한다. 진짜를 추구하면서도 재미를 덧붙이고 싶었다. 그것이 우리의 일이기도 하지 않을까 생각한 것이다. 이 아이디어는 앞으로도 계속 지켜나갈 것이다."

수제맥주 사업의 성공과 함께 점점 새로운 사업을 전개하고 있는 기우치주조. 술의 종류에 구애받지 않고 다양하게 제조하고, 차츰 늘어나는 직영점도 경영하면서 함께하는 직원 모두 즐겁게 일하고 있다. 건강한 발전을 거듭하는 일본의 작지만 역사를 가진 양조장 기우치주조의 행보에 주목하자. 유행과 붐을 좇다 실패하는 기업을 우리는 많이 보아왔다. 그렇지만 기우치주조처럼 유행을 뛰어넘어 진화하는 것은 오로지 나만이, 우리 회사만이 할 수 있는 무언가를 가지고 있을 때 가능한 것이 아닐까? 남의 성공을 모방하는 것이 아닌, 우리 기업만의 성공 지도를 그리기 위한 모험이 절실한 이유가 바로 여기에 있다.

"

현장에서 제품이 사용되는 모습을 보면,
자신이 한 일이 많은 사람들의 삶에 영향을 준다는
의식이 강해져 일에 대한 책임감도 강해진다.
불만은 개선 방향이 되고, 칭찬은 에너지가 되어,
큰 보람을 가지고 개발에 임할 수 있다.

"

# 15

## 고객이 요청하기 전에
## 먼저 제안하라
### : 야마토미싱 :

### 재봉틀의 진화

과거 가정마다 1대씩은 있었던 재봉틀이 자취를 감춘 지는 오래된 일이지만, 봉제 공장에서 사용하는 공업용 재봉틀은 여전히 성능의 진화를 거듭하며 성장하고 있다. 그중에서도 세계 곳곳의 수많은 크고 작은 봉제 공장에서 믿고 찾는 공업용 재봉틀이 있는데, 바로 '야마토미싱(ヤマトミシン製造株式会社)'이다. 유럽 대기업과의 경쟁에도 밀리지 않고 세계 23개국에 거점을 확보했을 뿐만 아니라, 시장의 신뢰를 바탕으로 업계 최고의 명성을 이어가고 있는 야마토미싱의 진화생존기를 들여다보자.

야마토미싱은 1927년 산업용 재봉틀을 수입해 판매하는 회사로 출발했다. 이후 순차적으로 업무를 확대해, 현재는 봉제 의류 산업에 필수적인 오버로크 미싱 등의 산업용 재봉틀을 비롯해 각종 봉제 관련 기기를 생산 및 판매하고 있다. 1966년 일본의 재봉틀 제조업체로서는 처음으로 세계 최고 독일 시장에 진출한 이래, 우수한 성능과 품질로 국내외에서 높은 평가를 받고 있다.

최근 스포츠 의류와 여성 속옷 업계는 신축성 높은 신소재를 많이 사용하여 바느질이 어렵고, 바느질 엇갈림과 솔기의 신축성 부족 등 다양한 문제가 제기되고 있다. 야마토미싱은 상하 이송기구를 도입한 'VGS 시리즈'를 개발하여, 바느질 엇갈림과 실 꼬임에 대한 고민을 해소하고 바느질 신축성을 2배로 끌어올려 봉제 공장의 생산성 향상에 기여했다. 또한 센서 기술을 이용한 각종 장비를 개발하여, 가봉 제품의 품질 향상에 기여하며 업계를 선도하고 있다.

야마토미싱의 다양한 제품들

자료: 〈https://www.yamato-sewing.com/en/〉

야마토미싱의 가장 큰 강점은 역시 탁월한 기능에 있다. 사용의 편리성을 중시하는 가정용 재봉틀과는 달리, 산업용 재봉틀은 무엇보다 많은 제품을 빠르고 정확하게 생산해내는 것이 중요하다.

야마토미싱은 봉제 과정에서 발생하던 고질적 문제를 해결해 사용자들로부터 극찬을 받았다. 2007년에 개발한 옵션 장치인 'ACCU-10'은 레이스와 같이 재봉틀로 봉제하기 힘든 소재를 센서를 통한 디지털 제어 방식으로 작업할 수 있게 한 장치다. 항상 일정한 품질을 생산할 수 있어 생산성을 30% 이상 향상시켰다. 또 'UTQ' 장치는 편평(偏平) 바느질의 문제점이었던 끝부분 풀림 현상을 방지해 작업의 효율을 극대화시켰다는 평가를 받고 있다. 그 외에도 숙련기술자의 오른손 작업을 기계

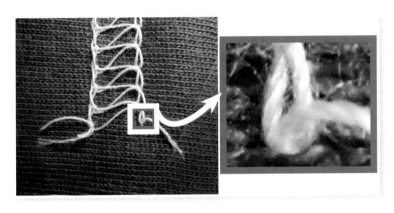

'UTQ' 장치는 편평(偏平) 바느질의 문제점이었던 끝부분 풀림 현상을 방지해 작업의 효율을 극대화시켰다.

자료: 〈https://www.yamato-sewing.com/en/product/devices/utq/〉

화해 숙련자가 아니면 다룰 수 없던 산업용 재봉틀의 한계를 깬 'EZH' 장치 등 다양한 기술과 기기들을 꾸준히 개발해왔다. 이러한 기술개발 노력 덕분에 지금은 봉제 공장에서 야마토미싱의 재봉틀이 없으면 생산 자체가 안 되는 옷이 많다고 한다.

### 진화2 기다리지 말고 먼저 제안하라

이처럼 고객의 요구를 정확히 구현해내는 것으로 정평이 난 야마토미싱, 이들은 어떻게 이런 제품들을 만들어낼 수 있었을까? 사실 여기에는 해외 진출 초기에 겪어야 했던 고난의 과정이 담겨 있다.

1927년 창업한 야마토미싱은 1966년 세계 산업용 재봉틀의 성지라 할 수 있는 독일 시장에 진출했다. 당시는 상대적으로 저렴하고 품질이 좋은 기종을 대량으로 판매해 호평을 얻었다. 그렇지만 1970년대에 접어들면서 상황이 달라졌다. 경쟁업체가 늘어나고 가격 경쟁이 치열해지면서, 고객사마다 가격 할인을 요구하는 일이 많아진 것이다. 대부분의 재봉틀 제조 회사가 울며 겨자 먹기로 손해를 감수하고 있었다. 그러나 곤도 쇼고(近藤章吾) 사장은 할인 요구를 거절했다. 대신 자사의 제품을 이용한 비용 절감을 역으로 제안했다. 자사의 재봉틀로 고가의 레이스 원단을 재봉할 경우 버려지는 자투리를 얼마나 줄일 수 있고, 그로 인해 비용을 얼마나 절감할 수 있는지 보여주는 식이었다.

그뿐만 아니라, 고객의 공장이 가지고 있는 문제점을 발견하여 제품을 개발하기 전에 먼저 영업에 나서기도 했다. 고객의 공장에서 재봉이 끝난 스웨터의 자투리를 일일이 가위로 자르는 모습을 본 곤도 쇼고 사장은 "재봉질과 동시에 옷감을 잘라주는 재봉틀이 있다면, 비용을 줄일 수 있지 않겠느냐?"라고 먼저 제안을 했다. 그리고 실제로 3개월 만에 이러한 기능을 가진 제품을 개발해 납품했다. 이를 계기로 '야마토미싱은 제품의 개선점을 먼저 찾아 이익을 내준다'라는 평판이 업계에 퍼지게 되었다고 한다. 이후 야마토미싱은 가격 경쟁의 위기를 무사히 넘겼을 뿐만 아니라, 20년간 꾸준히 흑자를 유지하는 우량 기업으로 자리 잡을 수 있었다.

### 진화3 | 현장에 기회가 있다

창업한 지 90여 년에 이른 야마토미싱의 목표는 '세계 모든 봉제 공장의 단짝'이 되는 것이라고 한다. 위기를 딛고 도약하는 과정에서 고객의 문제를 발견하는 것이 얼마나 중요한지를 깨달았기 때문이다. 이를 위해 세계 각지에 거점을 확보하고 현지 수요에 맞는 제품을 공급하고 있으며, 봉제 전 과정에서 발생하는 사용자의 니즈에 즉시 대응하고자 노력하고 있다. 생산성 향상에 기여하는 제품을 개발하고자 심혈을 기울이는 것은 물론이고 소재의 생산과 절단, 봉제와 관련하여 일관된 공급 체계를 구축하고자 했다.

직원들의 업무 방식도 바꿨다. 야마토미싱의 직원들은 직종에 상관없이 해외 주재나 출장의 기회가 주어진다. 누구나 해외 고객사를 방문하여 자신이 참여한 재봉틀이 생산 라인에서 어떻게 쓰이고 있는지, 어떤 제품을 만들어내는지 직접 확인할 수 있다. 그리고 이 과정에서 고객의 불만과 칭찬을 모두 들을 수 있다. 곤도 쇼고 사장은 말한다.

"현장에서 제품이 사용되는 모습을 보면, 자신이 한 일이 많은 사람들의 삶에 영향을 준다는 의식이 강해져 일에 대한 책임감도 강해진다. 불만은 개선 방향이 되고, 칭찬은 에너지가 되어, 큰 보람을 가지고 개발에 임할 수 있다."

이런 업무 방식은 일에 대한 직원의 자부심을 높이는 데도 큰 도움이 되었다. 야마토미싱의 직원들은 회사의 가장 큰 장점을 "일의 시작부터 끝까지 자신의 생각을 가지고 임할 수 있는 것"으로 꼽는다. 일에 대한 자부심을 가지고 능동적으로 일하는 직원들의 힘은 실로 강하다. 그들은 세계 구석구석 야마토미싱을 사용하는 곳을 종횡무진 누비며 현장의 목소리에 귀 기울인다. 이런 직원들의 의견은 또 다른 신제품 개발로 이어지는 선순환 작용을 한다.


## 성장을 가능하게 한 것

야마토미싱의 성장을 가능하게 한 것은 고객의 니즈를 먼저 찾아내어 합리적으로 제안하고 기술을 선점하는 방식에 있었다. 고객 니즈 파악은 누구나 외치는 흔한 말이지만, 그만큼 중요하고 달성하기 어려운 목표다. 야마토미싱은 경쟁이 가속화된 어려운 상황에서 '가격 절충'이라는 뻔한 타협이 아닌, 비용 절감이라는 단순하지만 기발한 아이디어로 고객과 회사 모두의 니즈를 충족시켰다. 빠르게 바뀌는 시장과 고객의 수요에 능동적으로 대처하지 못하고, 수동적으로 주문을 기다리는 것에 익숙해져 있는 것은 아닌지 되돌아봐야 할 것이다. 야마토미싱의 성공에서 어려운 때에도 발전하고, 앞으로 나갈 수 있는 실마리를 얻기 바란다.

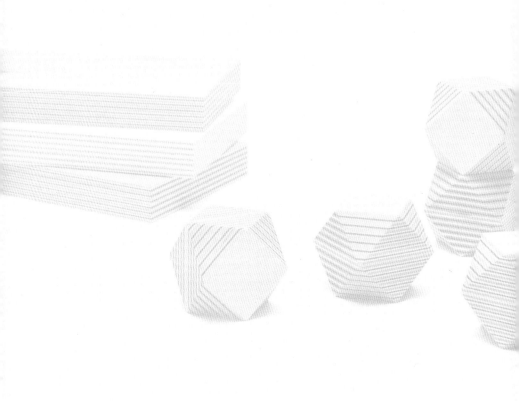

"

나무 한 그루 한 그루를 어떤 용도로 가공해야
재료로서의 매력이 제대로 살아나는지를 진지하게 생각하고,
오랜 기간 성장해온 목재에 부끄럽지 않는 제품이
될 수 있도록 하루하루 생산·가공하고 있다.

"

# 16

## 나무와 함께 자란다

### : 다키자와베니어 :

**목공소의 변신**

세계 3대 디자인상으로 꼽히는 레드닷 디자인 어워드부터 굿디자인 어워드까지, 화려한 수상 실적을 자랑하는 목공소가 있다. 바로 홋카이도에 자리한 '다키자와베니어(滝澤ベニヤ株式会社)'다. 70여 명의 직원을 거느린 작은 기업이지만, 일본산 합판이 가격경쟁력에 밀려 판매량이 급감하고 있는 상황에서도 뛰어난 품질과 감각적인 디자인을 앞세워 사세를 확장해나가고 있다. 이들의 과감하면서도 혁신적인 변신과 진화과정을 따라가보자.

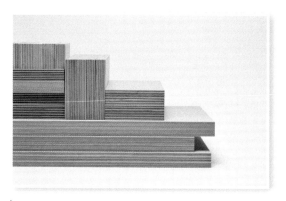

컬러풀한 재생지와 홋카이도에서 자란 목재를 서로 붙여 만든 페이퍼 우드는 독특한 단면 디자인이 특징이다.

자료: 〈http://www.takizawaveneer.co.jp/paperwood/〉

### 진화1  세상에 없는 제품을 만들어라

다키자와베니어의 진화를 이끄는 핵심 제품은 2009년 개발한 '페이퍼 우드(Paper-Wood)'다. 이름에서 알 수 있듯, 이 제품은 컬러풀한 재생지와 홋카이도에서 자란 목재를 서로 붙여 만든 합판으로 독특한 단면 디자인이 특징이다. 합판의 가능성을 확장할 방법을 찾던 다키자와베니어가 디자인 회사인 드릴디자인(Drill Design)과 특수가구 제조 회사인 풀스윙(Fullswing)과 공동으로 개발한 제품이다.

　페이퍼 우드는 1밀리미터의 목판과 0.5~0.8밀리미터 두께의 컬러풀한 재생지를 조금의 간격도 없이 서로 번갈아 붙여서 만든다. 재생지의 색과 개수에 따라 단면의 모습을 다양하게 연출할 수 있다. 나무 겉면에 무늬를 그려 넣은 것이 아니라, 소재를 포개는 방법으로 색과 무늬를 표현하기 때문에 색이 벗겨질 일이 없고, 어느 부분을 잘라도 줄무늬가 동일하게 나타난다는 것이 장점이다. 이 때문에 가구는 물론, 건축 외장재나 작은 소품, 장식품을 만드는 데도 활용이 가능하다. 실제 다키자와베니어도 페이퍼 우드를 사용해 다양한 가구와 소품을 생산하고 있다. 장식용 조약돌과 액자, 시계, 화분받침 등 인테리어 소품은 물론, 곰과 여우, 다람쥐 등 홋카이도의 동물을 모티브로 한 입체 퍼즐도 만들고 있다. 아이들의 장난감으로 인기가 높을 뿐만 아니라, 디자인에 반한 부모들 사이에서 판매가 꾸준히 증가하고 있다.

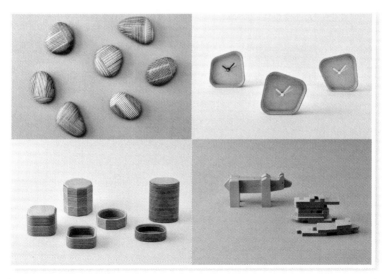

페이퍼 우드는 어느 부분을 잘라도 줄무늬가 동일하게 나타난다는 장점이 있다. 이 때문에 가구는 물론, 건축 외장재나 작은 소품, 장식품을 만드는 데도 활용이 가능하다.

자료: 〈http://www.plywoodlaboratory.jp/products/〉

1936년 창업한 이래 다키자와베니어는 다품종 소량 생산에 의한 고품질 제품 만들기와 함께 건강한 숲 만들기를 목표로 하고 있다. 자연의 목재를 사용하여 만든 제품은 비록 동일한 모양의 동일한 크기라 할지라도 나뭇결이나 색깔 등이 제각각이다. 다키자와 가즈히사(滝澤量久) 사장은 국내산 재료로 만든 고부가가치 합판 개발 등에 주력하며, 그를 통해 건강한 숲 만들기도 가능해진다고 말한다.

현재 아시베쓰(芦別) 시에 있는 본사 공장에서는 은행나무, 너도밤나무 등 홋카이도 산 목재를 메인으로 사용하며 여러 공정을 거쳐 다양한 합판을 제조하고 있다. 2010년에는 페이퍼 우드가 굿 디자인상을 수상하는 영광을 누렸고, 2015년에는 페이퍼 우드 및 에코 합판 목재가 디자인상을 수상했다. 홋카이도 산 자작나무 간벌재를 이용한 에코 합판은 기존의 합판에 비해 단면을 깔끔하게 마무리하여 외형도 아름다울 뿐만 아니라, 합판의 용도를 더욱 확장했다. 특히 도장이 가능한 것도 큰 특징 중 하나다.

### 진화2 품질이 곧 최고의 디자인이다

다키자와베니어에서 만드는 합판은 모두 홋카이도의 자사 공장에서 생산되고, 이곳에서 벌목한 목재만 사용한다. 잎이 떨어진 뒤인 11월 12일부터 시작해서 다음해 4월 5일까지, 연간 사용할 통나무를 매입한 후 갈라짐을 막기 위해 물을 뿌려 보관한다. 사실 대부분의 합판 제조업체는 해외에서 이미 가공된 단판 형태를 구입한 후 접착 작업을 거처 합판을 생산하지만, 다키자와베니어는 매입한 통나무를 단판으로 직접 가공해 제품을 만든다. 통나무 중심부를 고정한 다음 회전시켜 사과껍질을 벗기듯이 얇게 잘라가며 연속해서 판을 만들어내는 공정에는 로터리 레이스(rotary lathe)라고 불리는 회전식 단판 절삭기가 중요하다. 다키자와베니어는 80여 년간 다져온 자체 기술력으로 고객이 원하는 두께와 모양으로 다양한 단판 가공이 가능하다. 또한 모든 제품에 비(非)포르말린 접착제를 사용하기 때문에 친환경적이다.

다키자와베니어가 제품을 만들면서 특히 신경을 쓰는 것이 하나 더 있다. 바로 '사람의 손으로 정성스럽게 생산하는 것'이다. 다키자와베니어는 단면에 구멍이나 마디, 옹이가 나타나지 않도록 심혈을 기울여 작업한다. 단판 한 장 한 장을 사람의 눈으로 직접 확인해서 구멍이나 마디 등을 메우는 가공을 하는 것이다. 이런 공정을 거친 다키자와베니어의 합판은 절단면 테이프를 붙이는 등의 후처리를 하지 않고 그대로 사용할 수 있다.

## 진화3 소재의 가능성을 최대로

일본에서 예부터 뿌리 내려온 목재 문화의 힘은 나무의 장단점을 잘 알고 삶에 나무를 잘 활용하는 것이라고 다키자와 가즈히사 사장은 생각한다.

"나무 한 그루 한 그루를 어떤 용도로 가공해야 재료로서의 매력이 제대로 살아나는지를 진지하게 생각하고, 오랜 기간 성장해온 목재에 부끄럽지 않는 제품이 될 수 있도록 하루하루 생산·가공하고 있다.”

이런 다키자와베니어에는 아이디어가 돋보이는 또 다른 제품이 있다. 바로 '시라카바 에콜로지 판넬(Shirakaba Ecology Panel)'이다. 홋카이도 산 자작나무 단판 사이에 폴리에틸렌과 폴리우레탄을 끼워 넣은 새로운 형태의 합판이다. 이 제품은 노치(切れ込み, 재료의 접합이나 요철을 위해 잘라낸 작은 흠집)를 넣어 합판으로 표현하기 어려운 부드러운 곡면 연출이 가능하다. 그저 세워놓는 것만으로도 색다른 인테리어 효과를 낼 수 있다.

다키자와베니어의 제품들은 나무 소재 제품의 장점을 재인식시켰을 뿐 아니라 새로운 가능성을 보여주고 있다는 점에서 해외에서 많은 호

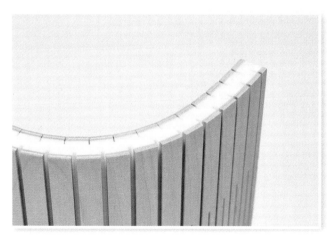

시라카바 에콜로지 판넬은 자작나무 단판 사이에 폴리에틸렌과 폴리우레탄을 끼워 넣은 새로운 형태의 합판이다.

자료: 〈http://www.takizawaveneer.co.jp/ecoshira-panel/〉

평을 받고 있다. 페이퍼 우드로 만든 소품들이 세계적인 디자인상을 수상한 데 이어, 2017년부터는 영국 빅토리아 앨버트 박물관과 뉴욕현대미술관(MoMA) 그리고 싱가포르 레드닷 디자인 박물관에서도 판매를 시작했다.

다키자와 가즈히사 사장은 "목재에서 플라스틱과 같은 석유 제품으로 빠르게 전환되는 제조의 흐름을 기술과 디자인 혁신의 힘으로 되돌리고 싶다."라고 말한다. 플라스틱 제품에 대한 경각심이 고조되고, 친환경 상품에 대한 소비자의 니즈가 날로 커지는 요즘, 다키자와베니어는 더욱 주목해야 하는 기업이다.

"

누구나 당연하게 집을 살 수 있는,
그런 사회를 만들고 싶다.

"

# 17

## Made 'with' Japan

### : 이이다그룹홀딩스 :

## 러시아에서 찾은 기회

영하 40℃가 넘는 러시아의 혹한 지역에서 목조주택을 만들어 팔겠다고 나선 기업이 있다. 바로 틈새시장을 공략해서 성장한 대표적인 파워빌더인 '이이다그룹홀딩스(飯田グループホールディングス株式会社)'다. 일본에서 파워빌더는 저평가된 용지를 사들여 저렴한 주택을 공급하는 업체를 말한다. 이이다그룹은 단독주택 분양에 전념해서, 이 분야의 일본 최고 기업으로 평가받고 있다. '누구나 당연하게 집을 살 수 있는, 그런 사회를 만들고 싶다'라는 슬로건 아래 러시아 진출에 성공한 비결을 알아보자.

일본은 고령화로 인해 주택 수요가 지속적으로 감소하고 있는 상황이다. 이 때문에 일본 건축업계에서는 미래 먹을거리를 확보하기 위한 대책에 고심하고 있다. 이이다그룹은 국경의 한계를 넘어, 변화하고 있는 러시아의 주택 시장에서 이 위기를 타개할 방법을 찾았다.

러시아 도심 지역에는 많은 사람들이 구소련 시대부터 이어져온 공동주택에서 거주하고 있다. 이러한 환경에서 러시아 경제가 성장하면서 젊은 세대들 사이에서는 단독주택 이주 수요가 급속하게 늘어났다. 정부도 젊은 세대의 주택 구입 보조금을 지급하는 등 지원 정책을 연이어 발표하고 있는 상황이다. 이이다그룹의 니시카와 요이치(西河洋一) 사장은 일본에서 쌓은 단독주택 건설과 분양 노하우라면, 러시아 젊은 세대의 니즈를 충분히 채워줄 수 있다고 판단했다.

### 진화1 일본 목조주택의 우수성을 알리다

러시아에서 집을 사려는 사람들이 까다롭게 확인하는 것이 바로 '외벽의 두께'다. 벽돌이나 콘크리트로 지어진 집의 경우, 러시아의 혹독한 추위를 막기 위해서는 외벽이 50센티미터 이상은 되어야 한다. 목재는 단열성이 콘크리트의 4배, 벽돌의 6배에 이른다. 그 자체로 단열보온성이 뛰어난 건축재인 것이다. 열전도율 또한 낮아서 철의 250분의 1에서 450분의 1 수준이다. 다시 말해, 내부의 열이 바깥으로 빠져 나가기가 그만큼 어렵다는 뜻이다.

이이다그룹은 일본식 목조주택을 다뤄온 노하우를 바탕으로, 콘크리트와 비교해 외벽의 두께는 줄이고 단열성은 높인 건축 방식으로 러시아 시장 공략에 나섰다. 단열재를 목재 판넬 사이에만 부착하지 않고 외벽 쪽에 한 장 더 덧붙임으로써 나무 자체가 가진 단열성을 더욱 높일 수 있음을 강조한 것이다. 러시아 중부 타타르스탄 자치공화국 수도 카잔에 완성한 최초의 모델하우스는 오픈한 지 3일 만에 120쌍의 젊은 부부들이 다녀갈 정도로 뜨거운 관심을 모았다.

하지만 아쉽게도 실제 판매는 쏟아진 관심만큼 쉽게 이뤄지지 않았다. 문제는 가격이었다. 처음 러시아에 완성한 모델하우스는 재료를 일본에서 가져와 일본 기술자가 건설했기 때문에 가격이 약 1,400만 엔 정도였다. 러시아인들에게는 너무 큰 금액이었다. 그도 그럴 것이, 러시아에서는 집의 외장이 완성되면 내장은 시공하지 않은 채 고객에게 인도하는 것이 일반적이다. 부엌, 욕실, 화장실, 계단 등은 직접 만들거나 다른 업체에 따로 의뢰해서 긴 시간을 들여 집을 완성해나간다. 이러한 이유로 실제 주택 구매 가격은 이이다그룹 주택 가격의 절반 수준에 불과했다. '완성 주택'이라는 개념 자체가 러시아 사람에게 생소했던 탓에 높은 가격을 납득시키기가 어려웠다. 결국 현지 판매를 위해서는 반드시 가격을 낮춰야만 했다.

## 진화2 Made in Japan 대신 Made with Japan

고민하던 니시카와 요이치 사장은 한 가지 아이디어를 낸다. 바로 'Made with Japan'이다. 일본에서 조립해서 완성한 주택을 그대로 옮기는 'Made in Japan'이 아니라, 재래공법으로 완성도가 높은 일본 주택의 장점을 유지하면서 자재는 가능한 한 현지에서 조달하는 방식을 택한 것이다. 건재료의 가공도 현지 기업에 맡겼다. 일본 수준의 높은 기밀성(氣密性)을 확보하기 위해서는 건재 가공에 오차가 0.5밀리미터 이하여야만 한다. 현지 기업의 기술로는 어려운 일이었다. 니시카와 요이치 사장은 일본 기술자를 러시아로 파견해 현지 기업이 소유한 기계를 개량하고 지속적으로 기술을 지도했다. 그 결과 일본과 동등한 수준의 목재 가공이 가능하게 되었다. 그뿐만 아니라 일본식 기술을 전수받은 현지 목수를 육성하는 데도 노력을 기울였다. 이런 노력에 힘입어 결국 판매 가격 1,000만 엔 이하의 주택을 완성할 수 있었다.

### 진화3 소비자의 숨은 니즈를 공략하다

이이다그룹은 러시아 사람들이 주택을 보다 쉽게 구입할 수 있도록 하기 위해, 현지 금융 제도 개혁에도 앞장서고 있다. 바로 주택대출 금리를 인하하는 것이다. 러시아에서는 주택대출 금리가 높아 보통 사람들은 대출을 이용하기가 쉽지 않다. 이런 상황에서 니시카와 요이치 사장은 직접 러시아의 대형 은행을 방문해 제3자의 전문기관이 주택의 성능 평가를 해주는 일본 고유의 제도를 소개하는 한편, 품질이 좋은 주택의 경우 대출 금리를 낮출 수 있도록 끈질기게 협상을 계속했다. 그 결과 새로운 주택대출 금융 상품을 출시하는 방향으로 의견을 모을 수 있었다고 한다. 이이다그룹은 앞으로 대량 생산 체제를 구축해서 주택 가격을 더욱 낮추고, 러시아에서 목조주택 시장을 확대해나가겠다는 계획을 세우고 있다.

## 누구나 집을 살 수 있는 사회를 꿈꾸다

이이다그룹은 부지 매입부터 조성, 기획, 설계, 시공, 판매, 애프터서비스 일체를 자사에서 실시하는 일괄 시스템을 갖추고 단독주택 분양에 있어 건축 비용 절감을 실현하는 회사다. 또한 풍부한 경험과 기술 축적으로 내진 및 내구성이 뛰어난 주택 개발에 성공했고, 고객에게 안전한 양질의 단독주택을 저렴한 가격으로 제공하고 있다. 이러한 성과는 지역과 문화의 한계를 깨고 '누구나 당연하게 집을 살 수 있는, 그런 사회를 만들고 싶다'는 이이다그룹의 비전과 과감한 도전이 있었기에 가능했다. 이들의 야심찬 계획은 또 어떤 진화를 이끌어낼 수 있을지 기대하게 한다.

Part 4
개선능력

# 좋은 상품이
# 좋은 세상을 만든다

우리 회사의 제품이 더욱 보급된다면,
세상이 좋아지는 데 일조하지 않을까 생각한다.
대강 만들지 않은, 질 높은 물건이 이렇게 저렴하다면,
다른 모든 상품도 '이렇게 되어야 한다'라고
소비자가 주목하지 않을까?

# 18

# 맑은 날에도 팔리는 우산
## : 슈즈셀렉션 :

## 매년 일본의 인구수만큼 팔린다고?

일본에는 매년 인구수만큼 팔리는 제품이 있다. 바로 우산이다. 연간 1억 2,000만 개 정도가 팔리는데, 그중 약 2,000만 개는 모두 한 회사의 제품이다. '슈즈셀렉션(株式会社シューズセレクション)'의 이야기다. 직원 수 30명에 불과한 이 작은 회사가 어떻게 일본 최고의 우산 제조 기업으로 자리 잡을 수 있었는지 그 성공비결을 알아보자.

슈즈셀렉션은 1986년 도쿄 주택가의 작은 우산공방에서 시작했다. 하야시 히데노부(林秀信) 사장은 이바라키(茨城) 현 고가(古河) 시에 공장을 건설한 1980년대 중반부터 우산 메이커로 입지를 다지며 도매상에 우산을 판매하기 시작했다. 1980년대 말에는 우산 제품의 기획 개발 및 제조 장인 육성을 목표로 도쿄에 우산학원을 설립하기까지 했다.

## **진화1** 날씨의 벽을 넘다

하야시 히데노부 사장은 기존 8개이던 우산살을 2배인 16개로 늘린 제품을 개발해 큰 성공을 거뒀다. 그렇지만 기쁨은 오래가지 않았다. 장마가 끝나고 무더위가 이어지자 판매량이 뚝 떨어진 것이다. 고심하던 그는 정면승부를 택한다. '필요해서 사는 것이 아니라, 갖고 싶어서 사게 되는 우산'을 만들기로 결심한 것이다.

하야시 히데노부 사장은 회사의 캐치프레이즈를 '맑은 날에도 우산을 판다'로 결정하고, 당시 블랙과 네이비 정도가 전부이던 우산의 색상과 문양을 다양하고 화려하게 바꿨다. 슈즈셀렉션의 대표 브랜드인 '워터프론트(Waterfront)'에 컬러풀하고 화려한 디자인의 우산이 많은 까닭도 여기에 있다. 대표 상품인 '포케 플랫'의 경우 색상만 무려 250종에 달한다.

동시에 우산의 크기도 다양화했다. 5단 접이 방식으로 전체 길이가 16센티미터에 불과한 '슈퍼 포케 미니', 우산살과 살을 포개서 넣는 아이디어를 적용해 무게가 불과 150그램에 불과한 '펜 호소'도 출시했다. 포케 플랫은 접었을 때 두께가 불과 2.5센티미터밖에 되지 않는다. 접힌 모양이 둥글지 않고 평평하기 때문에 가방 틈이나 양복 안주머니에 쏙 들어간다. 휴대성이 좋은 데다 색상도 다양해 연간 30만 개 이상 팔

연간 30만 개 이상 판매되는 포케 플랫
자료: 〈https://www.water-front.co.jp/products/〉

리는 히트 상품이다.

## 진화2 판매 방식의 고정관념을 뒤집다

슈즈셀렉션의 진화는 판매 방식으로 이어졌다. 우산 판매망에 대한 고정관념을 보기 좋게 뒤집은 것이다. 슈퍼마켓과 편의점은 물론이거니와, 그 동안 우산을 취급하지 않았던 드럭스토어와 서점을 새로운 판매망으로 끌어들였다. 일본 최대 서점인 기노쿠니야(紀伊國屋書店)를 비롯해, 슈즈셀렉션의 우산을 취급하는 점포만 5만여 개에 달한다. 비가 오면 서둘러 비닐 우산을 가져다 놓던 역 구내의 무인 매장에서도 상시 판매되고 있다. 이와 더불어 혁신적인 판매 방법도 도입했다. 주문 물량에 맞춰 우산을 판매하는 것이 아니라 24개, 36개, 48개 단위 유닛으로 묶어 판매하는 것이다. 이렇게 하면 컬러풀한 브랜드의 장점을 어디에서나 살릴 수 있을 뿐만 아니라, 인기 있는 색상과 판매가 저조한 색상을 균형 있게 조합할 수 있어 제품 간의 판매 격차를 줄일 수 있다.

## 진화3 소비자를 사로잡은 '적절한 균형'

그렇지만 디자인의 변화와 판매망 개선만으로 그쳤다면, 슈즈셀렉션이 오늘날 이룬 성공에 다다를 수 없었을지도 모른다. 하야시 히데노부 사장은 이보다 한 단계 더 나아갔다. '맑은 날에도 팔리는 우산'에서 '소비자가 만족하는 우산'으로 말이다. 그는 매력적인 우산을 결정하는 승부수는 품질, 디자인, 가격의 적절한 균형이라고 말한다. 그리고 그 적절한 균형은 '양품박리(良品薄利)'라는 그의 경영철학에 고스란히 담겨 있다.

"상품은 '그림의 떡'이 아닌, 항상 '진짜 떡'이어야 한다. 손에 쥐었을 때 높은 품질과 싼 가격에 만족할 수 있는 상품을 만들어, 소비자의 기대에 어긋난 적이 없다는 신뢰감을 줄 수 있어야 한다는 의미다. 이익은 그 다음 문제다."

실제로 슈즈셀렉션의 우산들은 대부분 700~1,000엔 정도의 가격대를 이루고 있다. 일반 접이식 우산의 4분의 1 가격으로, 무척 저렴한 편이다. 이처럼 가격대가 낮으면서도 우산살에 스테인리스 소재를 사용하고 UV코팅 원단을 사용하여, 품질 면에서는 아주 우수하다. 고객들에게 매우 만족한다는 평가를 받을 수 있었던 것은 당연한 일이다. 이는 사장부터 직원까지 슈즈셀렉션의 모든 구성원들이 품질 개선을 위해 전력을 다했기에 가능한 일이다.

슈즈셀렉션의 직원들은 직무나 할당된 책임 업무가 없다. 하야시 히데노부 사장이 신상품을 개발하면, 나머지는 사원들이 자발적으로 팀을 만들어 각각 담당과 목표를 정해 운영하고 있다. 상품을 개발하는 데 있어서도 '이익'보다는 '품질'에 집중한다. 가고시마(鹿児島) 현의 사쿠라지마(桜島) 화산이 폭발했을 때는 낙진으로 고생하는 주민들을 위해 어깨까지 쏙 들어가는 돔 형태의 투명 우산인 '사쿠라지마 파이어'를 개발했다. 폭설이 잦고 강한 바람이 부는 도야마(富山) 현에서 사용할 수 있는, 우산살에 섬유강화 플라스틱을 사용해 강도를 높인 '도야마 썬더'를 만들어 판매하기도 했다. 슈즈셀렉션의 이런 행보는 일본 소비자들의 마음을 사로잡았다. 연간 판매량 2,000만 개, 일본 시장 점유율 17%라는 놀라운 성과를 낼 수 있었던 가장 큰 이유가 바로 여기에 있다.

워터프론트의 우산은 나리타와 하네다 공항에서 외국인이 대량으로 구입해가는 우산으로도 유명하다. 기념품 수요인 것이다. 고품질의 우산 10개를 5,000엔 수준으로 구매할 수 있으니 인기가 높다. 러시아와 북유럽 국가의 여행자들도 자주 사간다고 한다. 하야시 히데노부 사장에게는 이런 외국인의 구매가 남다르다. 미국과 유럽에서 우산은 무겁고 튼튼한 것이 좋다는 인식이 강하다. 그런데 워터프론트의 우산은 그와는 정반대에 위치한다. 가볍지만 튼튼한 우산이 그들의 마음을 사로

잡았다고 생각하면, 워터프론트가 옳은 방향으로 나아가고 있다는 생각이 들어 자부심을 느낀다고 한다. 덧붙여, 종종 해외 가이드북에 워터프론트의 우산을 구입할 수 있는 가게가 소개될 때도 있다고 한다.

"우리 제품은 '일본 국내 한정 판매'라는 꼬리표를 달고 있다. 이전에는 수출도 소폭 이루어지기도 했지만, 지금은 완전히 국내 한정으로 고정되어 있다. '일본에서만 살 수 있다'는 일본 브랜드라는 점을 어필하는 것이 좋은 방법이라고 생각했다."

## 비가 오지 않아도 팔리는 우산을 만든다

우산 부품 제조업체는 역사가 오래된 곳이 많다. 게다가 미세하게 분업화되어 있어, 우산 1개를 만들기 위해서는 우산살, 중심 막대, 손잡이 등 우산 부품을 각각의 작은 공장에 만들어달라고 요청해야 한다. 이는 하나의 부품을 만들어달라고 할 때마다 협의하고 설득하는 지난한 과정을 계속 반복해야 한다는 것을 뜻한다. 결코 쉬운 일은 아니었지만, 하야시 히데노부 사장은 그런 과정도 좋아해야만 일이 수월해진다며 즐겼다고 한다.

이러한 노력의 결과로 워터프론트의 우산은 저렴한 가격에도 내구성이 매우 좋다는 소비자들의 호평으로 유명하다. 워터프론트는 어떻게 낮은 비용으로 높은 품질의 제품을 개발하고, 생산할 수 있었을까? 과연 그 비밀은 무엇일까? 하야시 히데노부 사장은 우산에 대한 애정과 워터프론트 우산을 구입해주는 고객에 대한 감사가 그 비밀이라고 말한다.

워터프론트는 일본 전국에 모두 500여 개의 쇼룸을 보유하고 있다. 이곳에는 수만 개의 우산이 전시되어 있다. 우산의 쇼룸으로는 전례가 없던 일이다. 더욱이 워터프론트 쇼룸에서는 365일, 24시간 내내 매장 내 습도를 50% 내외로 유지하고 있다고 한다. 바깥 날씨와 상관없이 사람이 가장 적응하기 좋은 습도를 늘 유지하며 손님을 맞는 것이다.

맑은 날에도 우산을 팔겠다던 하야시 히데노부 사장의 꿈은 이제 현실이 됐다. 슈즈셀렉션이야말로 '위기는 또 다른 기회'라는 말이 딱 맞아떨어지는 사례를 제공한다. 남다른 패기와 아이디어로 위기를 훌륭히 이겨내고 정상에 선 이들은 이제 더 큰 꿈을 꾸고 있다.

"우리 회사의 제품이 더욱 보급된다면, 세상이 좋아지는 데 일조하지 않을까 생각한다. 대강 만들지 않은, 질 높은 물건이 이렇게 저렴하다면, 다른 모든 상품도 '이렇게 되어야 한다'라고 소비자가 주목하지 않을까? 그걸 위해서라도 더욱 인지도를 높여가야 한다."

우산을 변화시킨 데 이어, 이제는 세상을 바꾸고 싶다고 말하는 슈즈셀렉션. 이들이 보여줄 변화가 기대된다.

매출과 고객이 늘지 않는다면,
그것은 제공하는 서비스와 상품에 무언가가 부족하기 때문이다.
고객과 사회가 필요로 한다면 매출은 저절로 늘어난다.
고정고객 같은 발상은 통하지 않는다.

# 19

# 신개념 세탁소

## : 기쿠야 :

## 일본 클리닝 시장의 위기

1992년에 8,200억 엔 규모의 시장을 형성하며 호황을 누렸던 일본 클리닝 시장은 버블붕괴 후 그 규모가 절반으로 줄었다. 저가의 패스트패션이 인기를 끌면서 옷을 집에서 세탁하는 사람들이 늘었기 때문이다. 클리닝 서비스 체인 '기쿠야(株式会社喜久屋)'는 이런 악조건 속에서도 업계의 관행과 고정관념을 깨고 신개념 세탁소로 재건에 성공했다. 기쿠야의 진화 과정을 따라가보자.

　기쿠야의 나카하타 신이치(中畠信一) 사장은 1962년 도쿄의 변두리 센주(千住)에서 태어났다. 1985년 아버지가 경영하던 기쿠야 클리닝 센터

기쿠야는 고객에게 '희망 수령일'을 택일하게 하고, 이에 맞춰 세탁 일정을 조절하기 시작했다.
자료: 〈https://www.kikuya-cl.co.jp/corporate/factory.html〉

에 입사해 1998년 대표이사가 된 그는 도쿄, 사이타마(埼玉), 지바(千葉) 등 수도권에만도 130여 개의 체인을 보유하고 있다. 나카하타 신이치 사장은 어떻게 저물어가던 클리닝 시장에서 이런 괄목할 만한 성장을 이뤘을까?

### 진화1 악습을 없애자

나카하타 신이치 사장은 세탁소에 새로운 개념을 도입했다. 기쿠야의 진화는 클리닝 시장 축소라는 거스를 수 없는 비즈니스 환경에 대한 위기감에서 비롯되었다. 어느 날 그는 고객이 무심코 내뱉은 말에서 이상한 점을 발견했다. 서둘러 세탁소를 찾은 손님이 "옷을 늦게 찾으러 와서 미안하다."라며 연신 사과를 한 것이다.

당시 일본 클리닝 업계에서는 접수된 세탁물은 당일, 혹은 익일까지 세탁 완료하는 것이 오래된 관행이었다. 그렇지만 이렇게 서둘러 세탁을 해놓아도 세탁물을 제때 찾아가는 손님은 많지 않았다. 세탁이 끝난 옷이 쌓여 보관 공간이 부족해지자 일부 세탁소에서는 "왜 빨리 찾아가지 않느냐", "늦게 오지 말라"라며 손님에게 불만을 표시하기도 했다.

나카하타 신이치 사장은 이 문제부터 해결하기로 마음먹었다. 그는 고객에게 '희망 수령일'을 택일하게 하고, 이에 맞춰 세탁 일정을 조절했다. 원한다면 6개월간 무료로 보관해주는 서비스도 시작했다. 추동복을 입고 난 뒤 봄에 맡기면 그해 가을에 돌려주는 식이었다. 그 결과고객 입장에서는 당장 입지 않을 옷에 대한 수납 부담이 줄어들고, 기쿠야 입장에서는 보관 공간의 효율성이 높아지며, 성수기와 주말에 집중되던 업무 부담이 감소되는 일거양득의 효과를 거둘 수 있었다.

## 진화2 세탁을 덤으로 만든 새로운 서비스

새롭게 시작한 무료 보관 서비스가 고객들 사이에서 좋은 반응을 얻자, 나카하타 신이치 사장은 서비스를 좀 더 확장하기로 했다. 바로 '시티클로젯(city closet)'이라는 보관 전문 브랜드를 론칭한 것이다. 점포에서옷 한 벌을 접수하면, 클리닝 가격으로 6개월간 무료 보관해주고, 그 후에도 일정 금액을 지불하면 2~3년간 장기 보관이 가능한 서비스다. 수령일을 사전에 지정할 필요 없이, 스마트폰으로 보관 상황과 맡긴 옷을확인해, 원하는 날짜에 찾아가면 된다. 택배 수령도 가능하다. 맡겨진세탁물은 온도, 습도, 방충까지 전체적으로 관리되는 방에 보관된다. 수령 시에는 깔끔하게 다림질된 옷을 받을 수 있다. 나카하타 신이치사장은 "기쿠야에 세탁물을 맡기면 그대로 의류를 보관할 수 있기 때문

에 세탁은 '덤'인 셈이다."라고 말한다. 2015년에는 전국 45개 클리닝 업체와 업무 제휴를 맺어 총 2,200개 점포망(2015년 9월 8일 현재)을 구축하고, 인터넷 택배 클리닝 서비스인 '리아쿠아(REAQUA)'도 시작했다. 이용금액이 3,000엔 이상이면 보관은 물론, 왕복 배송까지 무료로 제공한다. 이처럼 '세탁'에서 '보관'으로 진화하는 데 성공한 기쿠야는 클리닝 시장의 강자로 다시 일어섰다.

### 진화3 고객과 함께 창조하라

기쿠야는 고객들을 대하는 태도 또한 다르다. 세탁물 보관 서비스를 시작하기 전, 나카하타 신이치 사장은 일부 고객들에게 직접 의견을 구했다고 한다.

"처음에는 유료 서비스를 생각했지만 고객들의 의견을 듣고 6개월 무료 서비스를 제공하기로 생각을 바꾸었다. 그때 모인 고객들은 자신의 이익을 위해서가 아니라 기쿠야를 위해 조언을 해준 것이다. 서비스는 고객과 함께 창조하는 것이라고 생각한다.”

고객과의 소통은 기쿠야의 지속 가능한 성장을 이끄는 힘이기도 하다. 기쿠야에서는 세탁이 끝난 제품을 고객에게 보낼 때 '프라이드 카드'를 동봉한다. 일종의 후기 작성 카드로, 그 안에 담긴 고객들의 의견은 감사나 격려의 글뿐만 아니라 질책의 내용까지 모두 회사 홈페이지에 공개한다. 세탁소 운영이나 서비스 전반에 대한 내용은 나카하타 신이치 사장이 하나하나 꼼꼼히 읽고 직접 감사의 회신을 보낸다.

2016년 5월, 창업 60주년을 맞이한 기쿠야는 같은 해에 열린 제1회 일본 서비스 대상에서 우수상에 선정되는 등의 쾌거를 거두었으며, 동시에 직원들이 일하기 좋은 환경을 오랫동안 쌓아온 '신개념' 클리닝 서비스 체인으로 널리 인정받았다.

## 누구에게나 좋은 세탁소

도쿄 아다치(足立) 구에 본사를 둔 세탁소 기쿠야는 여성들이 일하기 좋은 직장으로 알려져 있다. 기쿠야에는 공장에서 일하는 파트타임도 근속 10년 이상 된 사람이 많다. 아버지에 이어 2대째 대물림하여 발전해온 기쿠야의 성공에는 이를 가능하게 한 직원들이 있었다. 자유로운 사고 방식의 소유자였던 창업자는 이미 자신의 대에서부터 남녀의 구별이 없는 회사 분위기를 만들어오고 있었다. 나카하타 신이치 사장 또한 이를 간과하지 않았다.

일본에서 세탁업계는 전통적으로 장인의 세계로 통하는, 남자의 일이었다. 육체노동의 비중이 크고, 무거운 다리미를 조종하는 기술도 필요하기 때문이다. 잡무는 대체로 여성 비정규직이나 파트타임이 맡고, 중요한 세탁 업무는 숙련된 남자 직원이 처리한다는 것이 업계의 상식과도 같았다. 그러나 창업자는 '이제는 여성의 시대'라고 말하며, 여성 직원들이 큰 힘을 들이지 않아도 일을 해나갈 수 있도록 1965년부터 기계화를 진행했다. 그런 아버지의 모습을 어린 시절부터 보고 자란 나카하타 신이치 사장은 이들이 일하기 좋은 직장으로 기쿠야의 환경을 바꾸는 일도 진행했다.

회사와 관련된 모든 이해 관계자들을 유익하게 함으로써 결과적으로 기업의 발전을 도모하고, 직원들의 행복을 실현한다는 기업이념을 가진 기쿠야. 어린아이를 키우는 직원들을 배려하여 구체적인 업무 조정은 직원들이 스스로 정한다. 서로의 어려움을 알고 이해하기 때문에 자신도 어려울 때 언제든 도움받을 수 있다는 마음으로 직원들은 서로를 지지한다. 나카하타 신이치 사장은 이제는 직원들 스스로 일하기 좋은 문화를 만들고 있다고 말한다. 사업이 이윤뿐만 아니라 사회공헌으로 이어질 수 있도록 60년간에 걸쳐 천천히, 그렇지만 확실히 실천해가고 있는 것이다.

나카하타 신이치 사장은 기쿠야의 사업은 더 이상 세탁업이 아니라, '주거환경 개선 생활지원 서비스'라고 말한다. 기쿠야는 의류나 이불, 골프 가방 등 시즌 외 제품을 보관해주는 시티 클로젯과 아파트 청소 서비스로 태국으로까지 진출한 글로벌 회사가 되었다.

나카하타 신이치 사장은 틀에 얽매이는 것은 난센스라고 말한다. 가치 변화 때문이다. 미래에는 세탁업이 사라질지도 모른다. 그러나 언제든 사람들은 서비스는 필요로 할 것이다. 기업이 영속해나갈 힌트는 여기에 있다.

매출과 고객이 늘지 않는다면, 그것은 제공하는 서비스와 상품에 무언가가 부족하기 때문이다. 고객과 사회가 필요로 한다면 매출은 저절로 늘어난다. 고정고객 같은 발상은 통하지 않는다. 고객도, 종업원도, 거래처도, 지역 사회도 기쿠야와 인연이 있는 사람들이라면 누구나 '좋았다!'라고 말할 수 있는 회사를 만들고 싶다는 나카하타 신이치 사장. 세탁만 잘해도 옷의 수명을 늘릴 수 있는 것처럼, 과거의 먼지를 털어내고 악습을 지워간다면 우리 기업들도 보다 반듯한 모습으로 오래 지속할 것으로 기대한다.

"

새로운 것을 만드는 것이 아니라,
지금 있는 것을 가지고 어떻게 살릴까 하는 관점은
어느 지역에서나 적용된다고 생각한다.

"

# 20

# 부활의 공식
## : 이스미철도 :

**폐선 위기에서 인기 노선으로**

만년 적자에 시달리며 폐선 위기에 몰린 철도 노선에서, 관광객으로 북적이는 인기 노선으로 회생한 열차가 있다. 지바(千葉) 현의 보소반도(房總半島)를 달리는 '이스미철도(いすみ鉄道株式会社)'가 그 주인공이다. 소박한 시골 열차노선에 불과하지만, 경영난을 훌륭히 이겨낸 사례로 일본 전역의 주목을 받고 있다. 그 비결은 무엇일까?

　매년 1억 엔의 적자를 내며 20년 넘게 정부 보조로 운행을 지속해오던 이스미철도는 2008년 존폐 위기에 놓이게 된다. 고심 끝에 공모를 통해 외부 전문가를 초빙하기로 결정했다. 선발된 사람은 항공사 여객

운항 부장 출신 도리즈카 아키라(鳥塚亮)였다. 어려서부터 이스미철도를 이용해왔다는 그는 높은 연봉의 항공사를 그만두고 지원할 정도로 애정이 남달랐다.

수많은 열차노선이 존재하는 일본에서는 로컬선들의 적자 문제로 골머리를 앓고 있는 지역이 많다. 1968년 JR의 전신인 국철이 당시 적자를 면치 못하는 83개 노선에 대한 폐지를 선언한 것이 시발점으로, 지금도 여전히 해결점을 찾지 못하고 있는 문제이다. 현재 대부분의 적자 노선은 폐지되는 추세이며, 버스 노선으로의 전환을 강요받거나 살아남은 노선 중에서도 JR에서 분리된 제3부문으로 지역 정부나 기업들이 경영을 떠맡으며 어렵게 생존을 도모하고 있는 형편이다. 이런 상황에서 극적으로 회생하여 인기 노선으로 승승장구한 이스미철도 사례는 같은 업계가 아니라도 주목할 만하다. 기획력이 돋보인 무민 열차 외에도 반딧불 열차, 할로윈 열차 등의 이벤트 열차와 지역의 식재료를 활용한 레스토랑 열차를 운행하며 많은 사람들에게 인기를 얻고 있다.

### 진화1  교통수단을 넘어 브랜드로

1988년 JR 동일본에서 넘겨받아 지역 정부와 기업들이 영업을 시작한 이후에도 이스미철도는 수년 동안 적자를 이어갔다. 결국 2008년에 지바 현을 주체로 결성된 '이스미철도 재생회의'에서 다음해 결산에서도 개선 전망이 서지 않는 경우, 철도의 폐지를 검토한다는 결정을 내렸다.

200

쿠니요시 역 내 무민 숍 'VALLEY WINDS'
자료: 〈https://www.isumirail.co.jp/valleywinds/〉

이스미철도 재생회의를 통해 외부 전문가로 초빙된 도리즈카 아키라 사장이 가장 먼저 착수한 재건 전략은 브랜드화였다. 이 지역 출신이기도 한 그가 어느 날 주민이 한 말을 듣고 얻은 아이디어였다. "지역 주민들에게 이스미열차를 이용해달라고 말할 것이 아니라, 손님을 다른 지역에서 데려오면 된다."라는 이야기였다. 도리즈카 아키라 사장은 로컬 철도 노선은 좌석이 곧 상품이기 때문에 사람들이 일부러 타러 오게 할 무언가가 필요하다고 생각했다. 고심 끝에 그는 이스미철도에 인기 애니메이션 캐릭터인 무민(Moomin)을 접목한 '무민 열차'를 도입하기로 결정했다. 핀란드 동화의 주인공인 무민은 일본에서 애니메이션으로 만들어진 후 30~40대 여성들에게 선풍적인 인기를 끌고 있던 캐릭터였다. 비용과 시간에서 이미 잘 알려진 캐릭터를 사용하는 것이 효과적이라고 판단했던 것이다. 철도 구간의 경치가 동화 속 모습과 닮았다는 점에 착안해, '일본의 무민 계곡'이라는 별칭도 붙였다. 반응은 즉각적으로 왔다. 무민 열차를 달리게 한 것은 기존의 철도 팬층이 아니라, 바로 애니메이션의 팬층인 여성 고객들이었다. 이후 무민 숍 개점, 오리지널 상품 및 도시락 확충, 인터넷 숍 개설 등과 같은 새로운 서비스를 만들어갔다.

도리즈카 아키라 사장은 다양한 아이디어를 실행에 옮기며 이스미철도를 바꿔나갔다. 폐선 위기를 극복한 데는 그의 열정이 큰 힘이 되었다. 그는 단지 사랑하는 이스미철도를 잃고 싶지 않았을 뿐이라고 말하지만, 지역의 소중한 자원인 이스미철도가 사라지는 것을 그대로 두고 볼 수만은 없다는 강한 사명감이 있었기에 가능한 일이었다.

"새로운 것을 만드는 것이 아니라, 지금 있는 것을 가지고 어떻게 살릴까 하는 관점은 어느 지역에도 적용된다고 생각한다."

도리즈카 아키라 사장이 이처럼 이스미철도의 미래를 꿈꾸며 지역 철도 노선을 살릴 기획력과 추진력을 발휘할 수 있게 된 것에는 우연이 필연처럼 작용했다. 그 시작은 어느 날 그의 아내가 어렸을 때부터 철도 마니아였던 남편을 위해 이스미철도의 사장 공모가 난 신문기사를 보여주며 권유한 것이었다. 도리즈카 아키라 사장은 그 순간 몸에서 전류가 흐르는 것처럼 짜릿했다고 말한다. 그는 영국 항공사의 임원으로 일했다. 좋아하는 로컬 철도의 일이라고 해도 연봉이 1,100만 엔에서 700만 엔으로 줄어드는 것까지 감수하기란 쉽지 않은 일이다. 단순히 자신이 좋아하는 일을 하고자 이직을 감행하기에, 그에게는 5명이나 되는 아이들이 있었다. 불안함에 주저하던 그를 하고 싶은 일을 할 수 있도록 응원해준 것은 가족이었다. 그렇게 도리즈카 아키라 사장은 49세 나이에 새로운 길로 인생의 방향을 수정했다.

그렇게 사장으로 취임한 이후 제일 먼저 한 일이 철도의 브랜드화였고, 현지 고객 이외의 수도권 관광객 유치 전략으로 무민 열차가 탄생한 것이다. 무민 열차가 언론에 거론되기 시작하면서, 이스미철도는 많은 사람들의 관심을 받는 데 성공했다. 또한 무민 열차의 도입으로 여성 고객을 늘리는 목표도 달성했다.

도리즈카 아키라 사장은 승객들이 참여할 수 있는 이벤트도 진행했다. 철도 침목에 메시지와 이름을 새겨 넣을 수 있는 침목 오너 제도, 회원증과 1일 자유승차권을 받을 수 있는 차량 서포터 제도 등을 도입한 것이다. 다양한 브랜드 전략이 적중하며, 승객 수는 즉시 1.6배 증가했고, 매점 판매 수입도 전년에 비해 4배가 되자, 이스미철도 재생회의는 이스미철도를 존속하기로 결정했다.

이스미철도 1일 자유 승차권
자료: 〈https://www.isumirail.co.jp/ticket〉

생존에 성공한 이스미철도는 그 다음을 준비하기 시작했다. 일시적인 회복이 아닌 안정적인 지속을 위한 고민을 시작한 것이다. 이스미철도 포스터에는 "여기에는 '아무것도 없다'가 있습니다(ここには「何もない」があります)"라는 문구가 적혀 있다. 실제로도 이스미철도의 노선에는 이렇다 할 특별한 관광명소가 없다. 가장 큰 약점이라고 할 수 있는 부분을 전면에 내세운 사람은 다름 아닌 도리즈카 아키라 사장이었다. "기대하고 왔던 사람들이 실망하기 전에 처음부터 공개하는 것이 낫다고 생각했다. 우리는 많은 사람들이 와줄 것을 바라지 않는다. 아무것도 없는 우리 노선의 매력을 알고 있는 사람들이 와주면 만족한다."라는 것이 그 이유였다.

대신 도리즈카 아키라 사장은 열차를 타는 것 자체가 남다른 경험이 될 수 있도록 만들었다. 이스미철도를 타면, 30~40년 전 쇼와 시대가 펼쳐진다. 열차를 타기 위해 손님 스스로 문을 열어야 한다. 자동개찰 같은 건 찾아볼 수 없다. 새롭게 열차도 구입했다. 바로 일본의 열차 마니아들이 열광한다는 가장 오래된 디젤 열차 '키하52'와 '키하28'이다. 옛 멋이 살아있는 외관은 유지하고, 내부를 개조해 레스토랑을 오픈했다.

도리즈카 아키라 사장의 고민은 기관사 모집으로 이어졌다. 새 열차를 구입하면서 신입 기관사가 절실했지만, 비용이 문제였다. 관행대로라면 훈련비 700만 엔을 회사가 전액 부담해야 했지만, 그럴 돈이 없었

이스미철도 포스터에는 "여기에는 '아무것도 없다'가
있습니다."라는 문구가 적혀 있다.

자료: 〈https://isumirail.com/?pid=106227987〉

다. 도리즈카 아키라 사장은 과감한 결정을 내린다. 훈련비를 지원자
본인이 부담하도록 한 것이다. '이스미철도를 운전하고 싶어하는 사람
이라면, 자기 돈으로 면허를 따더라도 지원할 것'이라는 생각이었다.
모두가 염려했지만 제1기생으로 4명이 스스로 면허를 취득하고 최종
채용되었다.

　사실 도리즈카 아키라 사장이 추진한 전략들은 다소 황당한 것이었
다. 그렇지만 직원들이 그를 따랐던 것은 취임식에서 그가 보여준 약속
과 신뢰 때문이었다.

　"여러분은 철도의 프로들입니다. 그래서 나는 운행관리에는 참견하
지 않겠습니다. 그러나 한 가지는 약속드립니다. 이스미철도라는 브랜
드를 구축해서 친구들과 가족들이 '좋은 회사에 다니는구나'라고 말할
수 있는 그런 회사를 만들겠습니다."

**진화3** 위기 극복은 직원에 대한 믿음에서 시작된다

위기의 순간, 도리즈카 아키라 사장은 직원들의 능력을 인정하고 믿는 것에서부터 시작했다. 구조조정 대신 자신의 급여를 10% 줄이고, 직원들을 집으로 초대해 같이 밥을 먹으며 의견을 들었다. 그리고 이런 노력은 직원들의 불안감을 '회사를 꼭 지키자'라는 의지로 바꾸어놓았다.

도리즈카 아키라 사장은 공모에 의해 선임된 사장이다. 사장을 공모한 것은 적자 지속의 이스미철도에 외부인의 시각과 목소리가 필요하다는 판단 때문이었다. 일본의 지방들은 고령화로 지역 주민이 날로 줄어들고 자동차가 대중화됨에 따라 로컬선을 유지할 필요성이 점차 낮아지고 있었다. 지역 철도를 지역 주민들만 이용한다고 생각하면, 적자 로컬선을 폐지하고 버스로 대체하자는 일부 행정가들의 주장을 따르는 것이 합당해 보였다. 그러나 실제로 로컬선을 없애고 버스를 달리게 한 지방이 어떻게 되었는지를 살펴보면 답이 나왔다. 철도를 잃은 지역은 상실감이 큰데다, 버스로 대신해도 지역에 사람이 늘지는 않았다.

"시골은 도시 사람들에게 동경의 대상이 되기도 한다. 무엇이든 다 있는 도시 사람들에게는 아무것도 없는 시골이 매력적으로 비칠 것이라고 생각했다. 달리는 로컬선은 다듬으면 빛나는 원석이라고 봤다."

도리즈카 아키라 사장은 이스미철도가 막대한 적자를 낳는 상황에서도 다시 일어설 수 있다는 확신을 가지고 있었다. 그에게 이스미철도라는 원석을 다듬는 일은 '관광 철도'로 브랜드화하는 일이었다. 현지인들이 아니라 다른 지역의 관광객들이 관광을 목적으로 타는 철도로 회생

시킨다는 의미였다. 지금은 관광을 사업으로 보는 시각이 크지만, 당시에는 도리즈카 아키라 사장의 아이디어에 반대하는 사람이 많았다. 그렇지만 그는 계속해서 자신의 아이디어를 구체화하여 실제 관광객이 늘어난 결과를 통해 자신의 확신이 틀리지 않았음을 증명했다.

## 조직을 변화시키는 첫 걸음

도리즈카 아키라 사장은 취임 후 이스미철도가 달리는 지역 안에서도 철도에 대한 열정에 온도차가 있는 것을 발견했다. 일반적으로 로컬선은 JR에서 분사하여, 결국 지방이 먹여 살리는 노선이었다. 이스미철도 역시 이스미(和泉) 시와 오타키(大多喜) 정에 걸쳐 있다. 오타키 정에 있어 이스미철도는 육지로의 가교 역할을 하기 때문에 소중한 존재였다. 그러나 이스미 시 입장에서는 그저 매년 9억 엔의 적자를 낳는 골칫덩어리였다. 이렇게 이스미 시와 오타키 정 사이에 입장차가 발생하고 있었던 것이다. 도리즈카 아키라 사장은 이 차이를 없애면 재미있는 일이 생길지도 모른다고 생각했다. 그것은 바로 '이스미철도를 전국구'하겠다는 목표였다. 당시 이스미 시는 전국적인 지명도가 낮은 지역이었다. 이스미철도를 전국적으로 유명하게 만들면, TV 방송의 촬영지가 될 수도 있고 언론에서 취재를 올 수도 있다. 그렇게 된다면 관광객들이 이스미 시를 찾아올 것이다. 도리즈카 아키라 사장의 구상은 매력적이었다. 그는 직접 이스미 시의 시장 등 많은 사람들을 찾아다니며 이런 구상을 전했다.

그러는 한편, 이스미철도를 지역의 광고탑으로 재탄생시키기 위해 지역 특산품을 이용하기로 결정했다. 우선 주목한 것은 전국 제일의 어획량을 자랑하는 지바의 왕새우였다. 지역에서 유명한 음식점의 요리사가 직접 솜씨를 발휘해 만든 왕새우 요리를 먹으며 열차 밖 풍경을 즐길 수 있는 열차 레스토랑을 오픈한 것이다. 물론 왕새우 요리 자체는 어디서 먹든지 크게 다르지 않을 것이다. 그렇지만 도리즈카 아키라 사장은 열차 레스토랑에서 지역 명물을 즐긴다는 의미에 초점을 맞췄다. 그는 열차가 달리는 이스미의 한가로운 광경을 바라보며 지바의 왕새우를 먹을 수 있다는 감성에 사람들이 찾아올 것이라고 생각했다. 열차 안 레스토랑에서 음식을 먹는 일은 특별한 경험이다. 간단한 도시락도 더욱 맛있게 느껴지게 마련이다. 단순히 지역 특산품을 내놓는 것이 아니라, 거기에 '로컬 열차'라는 특별한 양념이 들어가는 것도 중요하다고 판단했다. 이런 이벤트를 미디어가 놓칠 리 없었다. 곧 유명인이 TV 프로그램에 출연하여 이스미철도에서 왕새우를 먹는 장면이 전국에 방영되기 시작했다. 당연히 이것은 이스미 시에 엄청난 홍보가 되었다. 지역의 장점을 알리는 계기를 만들면서 이스미철도는 지역의 광고탑으로서 지역 주민들에게 없어서는 안 될 존재가 되었다.

이와 같은 이스미열차의 혁신은 사장 혼자만의 능력으로는 어려웠을 것이다. 도리즈카 아키라 사장에게는 그를 믿고 따르며, 누구보다 이스미열차의 변화와 부활을 바라는 직원들이 있었다.

"나뿐만 아니라 직원들 역시 정말 하고 싶었던 일을 하고 있기 때문

이스미철도는 열차 레스토랑을 오픈하여 자연스럽게 지역 특산품도 함께 홍보하고 있다.

자료: 〈https://www.isumirail.co.jp/gurume/4240〉

에, 모든 일에 충실하고 열정적이다. 회사를 지키기 위해 스스로 생각하고 아이디어를 낸다. 그렇게 우리는 함께 변화하고 성장하고 있다."

도리즈카 아키라 사장의 말처럼 결국 성공의 비결은 뛰어난 아이디어를 실현 가능하게 한 직원들에게 있지 않을까. 직원들을 스스로 생각하고 움직이게 만드는 것이야말로 조직을 변화시키는 첫 걸음일 것이다.

사명을 바꿔달라는 요구는 그만큼 회사에 대한
직원들의 자부심이 떨어져 있다는 걸 의미한다고 생각했다.
이름만 바꾼다고 해결될 문제가 아니었다.
직원과 고객이 생각하는 우리 은행의 이미지를
바꿔야겠다고 결심했다.

# 은행 같지 않은 은행
## : 오가키공립은행 :

## 은행의 상식을 깨다

독특하고 파격적인 운영 방식으로 세간의 주목을 받고 있는 은행이 있다. 바로 기후(岐阜) 현에 본점을 두고 있는 '오가키공립은행(大垣共立銀行)'이다. 수익성 악화에 시달리는 지방은행이 속출하는 가운데, 가파른 상승세를 이어가고 있어 더욱 조명을 받고 있다. 은행의 변신을 주도하고 있는 것은 1993년 은행장에 오른 쓰치야 다카시(土屋嶢)다. 대표적인 보수적 집단으로 알려진 은행을 어떻게 변화시켜, 성장을 이끌고 있는지 알아보자.

쓰치야 다카시 은행장은 게이오대학 법학부를 졸업하고 1970년에

은행업계에 들어와 1977년부터 오가키공립은행에서 일하기 시작했다. 그는 나고야 지점장, 부행장 등을 거쳐 1993년 당시 46세의 나이로 은행장에 취임했는데, 전국 지방 은행장 중 최연소 기록이었다. 그의 아버지와 할아버지 또한 오가키공립실버은행장을 역임했다.

쓰치야 다카시 은행장은 지금은 당연한 365일 ATM 가동을 업계의 비난 속에서 전국에 처음으로 도입한 인물이기도 하다. 그 후에도 365일 창구 영업 점포와 이동형 점포인 드라이브 스루형 점포를 도입했고, '이혼 대출'이나 '미혼모 대출' 등의 금융 서비스를 개발했다. 그는 시대의 요구에 부응하기 위해 업계의 상식을 깨는 서비스를 전국 최초로 잇달아 전개해나가며 사람들의 관심과 지지를 받았다.

쓰치야 다카시 은행장은 처음 부임했을 당시 직원들에게 '무엇을 바꾸면 좋을지'를 물었다고 한다. 가장 많은 대답은 '은행 이름을 바꿔달라'는 답이었다. 은행 이름이 너무 길고, 지명도가 떨어진다는 것이 이유였다. 그는 "사명을 바꿔달라는 요구는 그만큼 회사에 대한 직원들의 자부심이 떨어져 있다는 걸 의미한다고 생각했다. 이름만 바꾼다고 해결될 문제가 아니었다. 직원과 고객이 생각하는 우리 은행의 이미지를 바꿔야겠다고 결심했다."라고 말한다.

## 진화1 과거의 은행은 잊어라

변화는 쉽지 않았다. 사실 일본의 은행은 일찍이 재무성과 금융청의 보호를 받으며 망하는 일이 없을 것으로 여겨져왔던 업종이었다. 그렇기 때문에 위기에도 불구하고, 대부분의 은행들은 변화에 보수적으로 반응했다. 오가키공립은행의 직원들도 마찬가지였다. 쓰치야 다카시 은행장은 이런 직원들의 의식 개혁부터 시작했다.

개혁은 이업종으로 1년간 파견하는 연수제도를 도입하는 것부터 시작되었다. 오가키공립은행 직원들은 대규모 편의점 점장, 통신사 기획팀, 제조업 제조 현장, 호텔 서비스 현장 등으로 파견되기 시작했다.

동시에 고객의 목소리에도 집중했다. 쓰치야 다카시 은행장은 "오가키공립은행 또는 금융 기관에 대해 의견이나 바라는 점 등을 적어주세요."라는 메시지를 담은 경품 응모를 진행해 의견을 수집했다. 이는 오가키공립은행의 변화 방향을 결정하고 직원들을 동참시키는 데 큰 역할을 했다. 그는 은행 이미지를 바꾸려면 역시 고객의 시선에서 바라보는 것이 가장 중요하다고 판단했다. 이를 통해 은행으로서는 예외적으로 '전국 최초' '업계 최초' 등의 고객 서비스를 잇달아 내놓으며 과거 은행에서는 상상할 수 없었던 파격 행보를 걷기 시작했다.

"'고객의 시선'을 실천하기 위해서는 고객들이 하는 말을 진지하게 마주해야 한다. 고객의 목소리를 들으려면 어떻게 하면 좋을까? 그런 고민 끝에 오가키공립은행의 고객들을 상대로 경품 응모를 해보자는 움직임이 시작되었다. 그렇다면 고객에게 경품으로 무엇을 제공할까? 여기서도 '고객의 시선'으로 접근해야 한다. 각 창구 담당자들은 그때까지 해온 대로 뻔한 의견을 낼 뿐이었다. 그렇지만 나는 받는 사람 입장에서 가장 좋은 것이 무엇일지 고민해본 결과 현금이라는 결론을 내렸다.

직원들은 매우 놀랐다. 은행의 고객에게 경품으로 현금을 주자고 하니 말이다. 그러나 결국 경품으로 현금을 걸고 이벤트를 열었다. 1등에 1,000만 엔이라고 하면 사행심 조장으로 흐를 것을 우려해 100만 엔을 10명의 당첨 고객들에게 나눠주는 방식을 채택했다."

반응은 놀라웠다. 자그마치 모두 25만 통의 고객 의견을 수렴할 수 있었다. 그 25만 통의 주요 의견을 모두 모아 오가키공립은행의 공립종합연구소(현 OKB 종합연구소)에서 책으로 출판했을 정도다. 그 중 몇몇 아이디어가 현재의 오가키공립은행 전략이 된 것은 말할 것도 없다.

### 진화2 은행의 파격 변신

2009년 9월에 개점한 나고야(名古屋) 시 남쪽의 한다 지점은 얼핏 보면 편의점으로 착각할 정도의 외관을 하고 있다. 도로변에 서 있는 입간판에는 잡지, 커피라는 글자가 선명하게 쓰여 있고, 오가키공립은행의 약칭인 'OKB'가 크게 적혀 있다. 이곳에 들어서면 만화책과 100권이 넘는 잡지가 진열되어 있고, 무료 커피도 제공된다. 한다 지점에서 근무하는 직원은 실제 편의점 연수를 다녀온 경력을 가지고 있다.

2013년에는 편리성을 강조하는 드라이브 스루형 지점도 선보였다. 영업 지역의 주민 대부분이 자동차로 이동한다는 사전 조사를 바탕으로 개설된 이 출장소에서는 ATM 이용은 물론, 창구 직원이 직접 응대해야 하는 금융 업무도 가능하다. 특히 ATM은 자동차 크기와 정차한 장소에 맞게 위치가 좌우, 위아래로 자동으로 조작되어 좋은 반응을 얻

오가키공립은행은 은행 이용이 어려운 사람들을 위해 은행 기능을 탑재한 이동 점포를 개발했다.

자료: 〈https://www.okb.co.jp/all/idou_tenpo/index.html〉

고 있다. 이용자가 하루 평균 200명이 넘을 정도다.

지역적인 문제로 은행 이용이 어려운 사람들을 위해 은행 기능을 탑재한 이동 점포도 개발했다. 쓰치야 다카시 은행장은 이를 활용해 재해 지역의 은행 업무를 도와주는 '구조호'도 선보였다. ATM뿐 아니라 재해 관련 뉴스를 전달하기 위한 대형 디스플레이와 전화, 텐트 등의 구호물품도 탑재하고 있다. 최근에는 재해 지역 주민들이 현금카드나 통장을 분실한 경우가 많다는 점에 착안해 손바닥만으로도 거래가 가능한 정맥 인식 ATM을 개발하기도 했다.

이런 변화의 노력에 힘입어 오가키공립은행은 예금 잔액은 물론 대출금도 5년 전에 비해 20% 이상 증가했다. 예대율 역시 약 81%(2017년 말 기준)로 지방 은행 평균(약 72%, 도쿄상공리서치)보다 높은 수준을 유지하고 있다.

**지역이 살아야 은행도 산다**

오가키공립은행은 1896년 현재의 기후 현 오가키 시에서 창립하여, 일본 동해 지방을 중심으로 금융 서비스를 펼치는 지방 은행이다. 2016년 3월에 창립 120주년을 맞이한 전통 은행으로, 2015년도부터 기후 현 지정 금융 기관이 되었다. 오가키공립은행은 은행명에 공립이라는 단어가 들어 있는 것에서도 알 수 있듯이, 지역과의 상생에 큰 목적을 두고 있다. 예컨대, 기후 현의 인구 감소 대책에 호응하여 이주 정착에 관한 협정을 기후 현과 체결하고 이주자 전용 대출 서비스를 제공하고 있다. 또한 'OKB 농장'을 통해 지역의 농업 관련 산업을 어떻게 진흥할 수 있는지 고민하며, 농업 분야에 새로이 진출하는 기업을 위한 컨설팅을 실시하고 있다. 이처럼 금융업이라는 한계를 넘어 지역에 뿌리를 내리고 지역과 함께 성장해가고자 하는 정신과 끊임없는 노력이 바로 혁신적인 서비스를 제공해올 수 있었던 비결이다.

오가키공립은행은 지역 경제와의 상생 추구에 큰 힘을 쏟고 있다. 인구 감소 등 구조적 문제를 안고 있는 지역 경제의 쇠퇴를 막지 못하면 은행도 어려운 국면을 맞게 될 것이라는 생각에서 'OKB(Ogaki Kyoritsu Bank)'라는 브랜드를 구축하고, 중소기업 육성에 적극 동참하고 있다. 블루베리부터 쌀, 초콜릿에 이르기까지 오가키공립은행의 지원으로 지역의 중소기업이 개발, 판매하는 OKB 제품들은 계속 늘어나고 있다.

## 은행업무도 하냐?

동서양을 막론하고 사람들이 은행에 대해 가지고 있는 고정된 이미지가 존재한다. 이를테면, 은행 직원들은 할당된 월별 매출 목표를 채우기 위해 매일 긴장감이 고조된 분위기에서 혼자 묵묵히 일하고 있을 것이라는 생각 말이다. 그러나 오가키공립은행은 조금 다르다. 물론 오가키공립은행 직원들도 월별 매출 목표가 있고, 은행 업무의 고단함으로 힘들 때가 있다. 그러나 다른 은행과의 차이점이라면, 그럴 때마다 손을 내밀어주는 것은 같은 지점에서 일하는 동료들이라고 말한다. 예를 들어, 아침 미팅 시 지점에서 진행하는 일의 상황을 담당 여부와 관계없이 서로 확인하고, 어려운 안건에 대해서는 함께 생각하는 시간을 가진다. 혼자 일을 하는 것이 아니라 일의 진행 상황 등을 공유하고, 의견을 모아 지점 모두가 개별 안건에 대해 협력하고 있다. 오가키공립은행은 직원들이 서로의 버팀목이 되어주고 있다. 이는 오가키공립은행의 파격적인 변신을 가능하게 한, 보이지 않는 저력일 것이다.

이러한 저력을 바탕으로 언젠가는 반대로 "OKB가 은행업무도 하냐?"라는 말을 듣는 날이 올 것이라고 쓰치야 다카시 은행장은 자신있게 말한다. 그만큼 오가키공립은행은 지역 사회와 고객을 위해 파격적인 변신을 꾀하고 있다. 시대의 변화에 서비스업이 어떻게 대처해야 하는지를 상징적으로 보여주고 있는 오가키공립은행이 앞으로 또 어떤 창의적 비즈니스를 시작할지 궁금하다.

"

믿음을 얻을 때까지
성심을 다하라.

"

# 전통을 깨는 고통, 전통을 잇는 보람

## : 산요시칠기점 :

### 사양화에 맞서다

우리나라와 마찬가지로 일본 역시 매출 감소와 후계자 양성 등의 문제로 문은 닫는 전통기업들이 많다. 이런 사양화에 맞서 당당하게 새로운 길을 개척한 기업이 있는데, 바로 400년이 넘는 역사를 가진 아이즈(会津) 칠기를 현대적 감각으로 재해석한 '산요시칠기점(株式会社三義漆器店)'이다. 그들은 어떤 변화를 통해 재생의 길을 찾았을까?

아이즈 칠기는 후쿠시마(福島) 현의 전통 공예품의 하나다. 아이즈는 1590년부터 시작된 역사를 가진 칠기 공예로 유명한 곳으로, 아이즈의 영주가 지역 산업으로 칠기 공예를 장려한 데서 시작되었다.

**진화1** 도매에서 소매로

1935년 창업한 산요시칠기점은 '미소가 있는 생활'이라는 기업이념을 내걸고, 400년 이상의 역사를 가진 아이즈 칠기의 전통을 존중하면서 시대의 니즈를 반영한 칠기를 만들어오고 있다. 산요시칠기점이 크게 달라지기 시작한 것은 2000년대 초반부터다. 3대째 가업을 잇고 있는 소네 요시히로(曾根佳弘) 사장은 중국에서 대량 유입된 저가의 칠기가 시장을 순식간에 잠식하면서, 매출이 절반으로 줄어드는 것을 보고만 있을 수는 없었다. 모든 도매상들이 중국 제품 수입에 열을 올리는 것을 보고, 산요시칠기점은 전국의 소매점과 전문점에 직접 납품하는 전략으로 전환했다. 일일이 발품을 팔아야 했지만 이를 통해 소매상과의 강한 신뢰 관계가 만들어졌고, 그들의 요구 사항을 새로운 상품 개발에 활용할 수 있었다. 전국에서 열리는 전시회에도 적극적으로 제품을 출품했다. 교통비와 운송비가 부담됐지만 노력을 멈추지 않은 결과, 거래처는 매년 약 500개씩 늘어났고 판매망 역시 약 6,000개 점포로 확장할 수 있었다. 그 사이 만드는 제품의 종류는 일본 국내에 유통되는 중국 제품을 훨씬 뛰어넘는 수준으로 확대되었다.

**진화2** 전통을 깨는 고통

국내 시장에서 내공을 쌓은 소네 요시히로 사장은 새로운 시장 개척을 위해 해외로 눈을 돌린다. 프랑스에서 개최되는 국제 인테리어 박람회인 파리 메종 오브제에 5년 연속 참가한 것이다. 하지만 시작은 그리

녹록하지 않았다. 2007년 처음으로 출품했으나, "미술품이면 몰라도 식기에 옻칠을 하는 의미를 모르겠다. 높은 가격이 이해가 안 된다."라는 혹평을 받았던 것이다. 옻칠은 그릇의 균열에 의한 품질 저하를 막는 효과가 있지만 철제 포크나 숟가락에 부딪히면 흠집이 나면서 도장이 벗겨지는 약점이 있었다. 이런 점이 식기의 기능성을 중시하는 유럽 시장과는 맞지 않았던 것이다. 소네 요시히로 사장은 이 한계를 극복하기 위해 과감히 도료를 수지로 바꾸고, 반복하는 옻칠을 생략했다.

새롭게 만든 칠기가 유럽에서 좋은 반응을 얻자 소네 요시히로 사장은 합성칠기 등 새로운 상품을 늘려나갔다. 그릇에 용도를 표시한 스티커를 부착하거나, 그릇을 들고 먹는 일본의 식습관을 어릴 때부터 자연스럽게 익히게 하기 위한, 손가락 모양의 홈이 파인 그릇도 개발했다. 그러나 이런 그의 행보에 칠기 업계에서는 전통을 벗어난 '반쪽짜리 물건'이라며 비난을 쏟아냈다.

그 시절 소네 요시히로 사장은 아버지로부터 기술을 배우며 수없이 들었던 말을 떠올렸다고 한다. 바로 "믿음을 얻을 때까지 성심을 다하라"라는 말이었다. 만드는 사람의 생각보다 사는 사람의 생각에 집중하고 최선을 다해야 한다는 것이 아버지의 경영철학이었다. 그는 아버지의 경영철학을 아이즈의 정신이라 믿으며, 주변의 비난보다는 소비자의 기쁨을 최고의 평가로 받아들였다. 그 결과 '일본 최초의 시도'라는 평가를 받으며 품절 현상이 빚어지는 판매 호조로 이어졌다. 현재 산요시칠기점의 전체 생산에서 아이즈 옻칠 식기의 비중은 5%로 줄었

산요시칠기점은 그릇을 들고 먹는 일본 식문화의 습관을 어릴 때부터 자연스럽게 익히기 위한 그릇 등 새로운 합성칠기 상품을 개발하기 시작했다.

자료: 〈https://www.makuake.com/project/owanya/〉

고, 나머지는 모두 새로운 종류의 식기다. 직원과 공장 규모는 선대에 비해 2배로 늘었다. 소네 요시히로 사장은 자신의 선택이 틀리지 않았음을 증명해 보였다.

### 진화3 악재를 호재로

위기를 이겨내고 조금씩 주문이 증가하던 때, 공교롭게도 동일본대지진이라는 악재가 터진다. 주문 취소가 이어지고 해외에서는 안전을 보장할 증명서를 요구하기도 했다. 산요시칠기점은 소매점과 쌓아온 신뢰 관계를 바탕으로 거래를 유지하며 다시 한 번 위기를 넘겼다.

소네 요시히로 사장은 식기를 재해지역 구호물자로 보냈다. 그렇지만 재해지역에 물이 부족해 식기를 씻기 어렵다는 이유로 거절당했다. 그는 여기서 또 한 번의 기회를 포착했다. 기름이나 음식물이 잘 들러붙지 않는, 기능을 높인 식기 개발의 필요성을 느낀 것이다. 2014년 4월에 때가 잘 타지 않고 씻기 편한 식기의 대량 생산에 성공했고, 식기세척기와 전자레인지에도 사용할 수 있도록 기능을 향상시켰다. 그 결과 미국의 아웃도어 제품 판매사와도 계약을 체결하는 성과를 올렸다. 같은 해 8월에는 도시락용기 '돈벤토(丼弁当)'가 뉴욕현대미술관(MoMA)에도 인정받아 미술관 내부에서 전시·판매되기도 했다. 소네 요시히로 사장은 "세계가 아이즈 칠기를 인정해준 것 같은 기분이 들었다. 힘든 경험을 반복한 끝에 보람을 느낀 순간이었다."라고 말한다.

## 전통에 현재를 더하다

아이즈 칠기뿐만 아니라 지금까지 사랑받는 일본의 전통 공예품들 또한 시대와 함께 진화해나가고 있다. 소네 요시히로 사장은 항상 생활에서 직접 사용하는 사람들을 생각하며 그릇을 만들어야 한다고 말한다.

"전통을 멈추지 않는다. 새로운 전통을 만들어가며 삶을 즐겁고 풍요롭게 'Bright Design, Everyday'"라는 기업이념을 바탕으로 전통산업의 한계를 깨고 새로운 가능성을 열어가고 있는 산요시칠기점. 세상에 없는 것을 만들어내는 것 이상으로 기존의 것을 진화시켜 새로운 가치를 창출하는 것의 중요함을 알게 해주는 사례다.

ShuR

"

무언가를 시작하는 데 있어
'할 수 있는지 없는지'가 아니라
'하고 싶은지 아닌지'가 중요하다.

"

# 23

# 세상을 바꾸는 손짓
## : 슈아르 :

## 청각장애인에게 꼭 필요한 것

2017년 기준 일본의 청각장애인은 대략 36만 명으로 추산된다. 이는 시각장애인보다 더 많은 숫자라고 한다. 대체로 장애를 가지지 않은 사람들은 청각장애인에 대해 잘 모르고 있거나, 의사소통을 하지 못해 그들이 무엇을 요구하고 있는지를 모른다. 이보다 더한 문제는 그들에게 관심이 없다는 것일지도 모른다. 그러나 청각장애인들 중에는 우수한 능력을 가진 이들이 있다. 기회가 주어지지 않는 경우가 많을 뿐이다.

우리나라와 마찬가지로 일본에도 청각장애인을 위한 화상 수화통화 서비스가 운영되고 있다. 하지만 전적으로 자원봉사에 의존하고 있기 때문에 운영이나 이용에 불편함이 많다. 자원봉사자 입장에서는 불시에 전화가 오다 보니 응대가 어렵고, 청각장애인 입장에서는 긴급 상황이나 꼭 필요한 순간에 막상 연결이 안 되는 경우가 빈번했다. 그런 상황에서 2009년, 이 문제를 해결하겠다고 나선 일본의 청년이 있었다. 그는 창업 3년 만에 더 나은 서비스와 수익까지 창출하는 세계 최초의 수화 비즈니스를 탄생시켰다. 복지로도 얼마든지 수익을 낼 수 있는 비즈니스로 진화할 수 있음을 입증해보인 청년기업 '슈아르(ShuR)'를 만나보자.

### 진화1 필요할 때 쓸 수 있어야 진짜

슈아르는 IT를 통해 수화 통역 서비스를 효율적으로 제공함으로써 보다 쉽게 청각장애인들과 소통할 수 있게 해주는 기업이다.

슈아르의 사장인 오오키 준토(大木洵人)는 1987년 군마(群馬) 현에서 태어났다. 게이오대학 환경정보학부를 졸업하고 도쿄대학 대학원 정보학 교육부를 수료하였다. 대학 재학 중에 수화의 아름다움에 매료되어 독학으로 수화 공부를 시작했다. 그가 처음 수화 비즈니스에 관심을 갖게 된 계기는 대학 때 청각장애인들과 함께 떠난 여행에서 기존 화상 수화통화 서비스의 문제를 지켜보면서였다고 한다. 수화로는 철도 역무원에게 질문도 쉽게 할 수 없었던 데다, 화상통화 서비스는 연결도 되지 않았다. '영리기업을 만들어 수익을 창출할 수 있다면, 연중무휴 시간과 장소에 상관없이 안정된 서비스를 제공할 수 있지 않을까?' 오오키 준토 사장은 이렇게 생각하고, 2009년 슈아르를 설립하기에 이르렀다. 창업 후 3년 뒤 원격 수화 통역 서비스인 '모바일 사인'을 개발했다.

모바일 사인은 인터넷의 비디오 채팅 기능을 사용한 수화 통역 서비스다. 호텔이나 기차역의 접수 창구에 설치된 태블릿 단말기로 사용이 가능하다. 단말기를 켜면 인터넷을 통해 슈아르 콜센터의 수화 통역자와 연결이 되고, 청각장애인은 수화로 영상통화를 하면 된다. 직원이 항상 대기하고 있기 때문에 긴급사태에도 곧바로 대응이 가능하다. 기업에서는 모바일 사인을 통해 청각장애인 직원과 편하게 회의를 할 수 있다. 비용은 전적으로 설치하는 사업자가 부담하고(단말기 1대당 월 3만 엔), 청각장애인은 무료로 이용할 수 있다. 현재 여러 시청을 비롯한 공공시설은 물론, 주요 기차역과 종합병원, 호텔, 기업 등에 200대 정도가 설치되어 활용되고 있다.

### 진화2 한계가 곧 기회다

세계청각장애인협회(World Federation of the Deaf)에 따르면, 전 세계적으로 약 7,000만 명의 사람들이 수화를 사용한다고 한다. 수화 역시 언어처럼 다양하다. 126개에 달하는 수화는 각기 특정한 문법과 어휘를 가지고 있다. 다른 수화 시스템을 배우는 청각장애인은 종종 서로 의사소통하는 데 불편함을 느낀다. 특히 사회가 날로 변화하면서 점점 더 많은 새로운 단어가 등장하면, 그것을 수화로 만들고 보급해야 하기 때문에 어려움이 커질 수밖에 없었다. 기존 수화를 수평적으로 연결할 수 있는 사전 데이터베이스가 시장에 존재하지 않았기 때문이다.

2011년 이런 문제를 해결하기 위해 슈아르는 수화 사전 '스린토 (SLinto)'를 출시했다. 이 응용 프로그램은 손가락과 손바닥을 입력하여 데이터베이스에서 일치하는 제스처를 찾는 데 사용할 수 있는 세계 최초의 특수 키보드를 제공한다.

소리나 문자, 단어를 수화로 어떻게 표현하는지 찾아주는 사전은 있어도 수화 동작이 어떤 뜻을 가지는지를 찾아주는 사전은 없었다. 그렇기 때문에 모르는 수화 동작이 있으면, 이것을 알고 있는 다른 청각장애인을 찾아가 묻거나 글로 동작을 일일이 설명하는 수밖에 없었다. 슈아르는 이 문제를 '수화 키보드'로 해결했다. 수화 키보드는 좌우 손가락 모양과 손의 위치를 입력하는 단순한 입력 방식으로 만들어졌다. 손가락 모양과 손의 위치를 조합해서 입력하면 후보 단어가 여러 개 나오는데, 그 단어에 해당되는 수화 동작을 보고 찾는 단어를 고르면 된다. 가령, 키보드에서 '오른손 5개 손가락'과 신체의 '복부'를 선택하면 '공복' '대회' '사랑한다' 등의 후보 단어가 나온다. 그 단어에 해당하는 각각의 동영상을 보고 찾으면 되는 구조다.

스린토 사전의 또 다른 특징은 수화 동영상을 이용자가 자유롭게 업로드할 수 있다는 점이다. 사실 수화는 신조어에 대한 대응이 어렵다. 지구 곳곳에서 끊임없이 만들어지는 상품명과 고유명사를 수화로 어떻게 표현하는지 알 수 없기 때문이다. 슈아르는 스린토 사전에 'FIT'라는 기능을 추가해, 신조어에 대응하고 있다. 누군가가 등록한 수화 신조어가 좋다고 생각하면 FIT 버튼을 눌러 찬성하고, 평가가 좋은 신조어는 상위에 제시되어 정식 수화로 인지되는 구조다. 각국의 이용자가 단어와 동영상을 등록하면 할수록 어휘 자료가 풍부해지는 것이다.

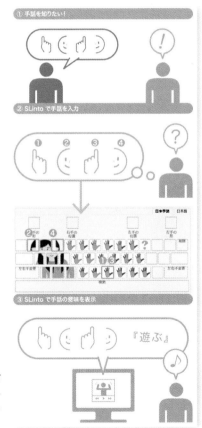

슈아르는 손 모양과 위치로 수화를 입력할 수 있는 수화 키보드를 개발했다.
자료: 〈https://shur.jp/business.html〉

**사회공헌과 수익을 동시에**

오오키 준토 사장은 이런 기능을 활용한 수익 창출 방법도 구상하고 있다. 수화에 관심이 있는 기업이 창업이념과 제품의 특징을 표현할 수 있는 수화를 공모하면, 전 세계 수화 이용자들이 투고를 하고 그중에서 가장 많은 표를 얻는 수화가 그 기업의 CI와 제품명이 되는 방식이다. 이용자가 늘어나고 데이터베이스가 쌓이면 배너 광고를 만들거나 수화 사전 데이터베이스를 기업에 제공해서 수익을 창출할 수 있을 것으로 기대한다.

슈아르는 앞서 말한 원격 수화 통역과 온라인 수화 사전 외에 청각장애인들을 위한 엔터테인먼트 콘텐츠 제작 사업도 전개하고 있다. 청각장애인이 금융 기관이나 교통 시설 또는 기업에 방문했을 때 거기에 설치되어 있는 단말기를 통해 슈아르 콜센터와 연결하여 수화로 대화할 수 있게 해주는 원격 수화 통역 서비스, 특정 단어나 표현을 수화로 어떻게 표현하는지 검증할 뿐만 아니라 수화 키보드를 이용하여 수화의 표현 중에서 찾아 그 의미를 알 수 있게 해주는 온라인 수화 사전 서비스, 그리고 다양한 공연이나 여행 프로그램, 관광 정보 등을 수화로 안내해주는 엔터테인먼트 콘텐츠 제작은 사회공헌과 수익을 동시에 고려하지 않는다면 오랫동안 지속할 수 없는 일일 것이다.

오오키 준토 사장은 이러한 공로를 인정받아 세계경제포럼(World Economic Forum)의 글로벌 세이퍼스 커뮤니티(Global Shapers Community, 20~30대의 젊은이들이 지역 문제와 글로벌 문제를 제시할 수 있도록 독려하고자

슈아르는 누구나 수화 신조어를 등록할 수 있도록 하는 한편, 사용자가 이를 평가할 수 있게 하여 어휘가 더욱 풍부해지는 길을 찾았다.

자료: ⟨https://shur.jp/business.html⟩

세계경제포럼이 출범시킨 주요 기획) 후쿠오카 지부의 대표를 역임했으며, 동아시아 최초의 아쇼카 펠로우(Ashoka Fellow, 세계 최고의 사회혁신 기업가를 발굴해 선정)라는 타이틀을 얻었다.

## 세상을 변화시키는 기업

오오키 준토 사장은 스스로나 가족, 친구 등 주위에 청각장애인이 있어 수화를 공부하게 된 경우는 아니다. 그저 대학 때 우연히 교육 프로그램에서 본 수화에 매료되어 수화 공부를 시작했다. 더 많은 사람들과 수화로 대화를 나누고 싶어 당시 재학 중이던 게이오대학에서 수화 동아리를 만들었다. 다양한 수업에서 수화 동아리에 대해 공지했더니 순식간에 10명 정도의 회원이 모였다. 그 가운데 청각장애가 있는 학생이 있어서 오오키 준토 사장은 그에게 선생님이 되어달라고 하며 본격적으로 수화를 배우기 시작했다. 그렇게 동아리를 시작해 2개월 반이 지났을 무렵, 친구로부터 인생을 바꿀 전화 한 통을 받았다.

"노래를 수화로 통역해보지 않을래?"

처음에 지역의 상가 등에서 주최하는 작은 이벤트 정도일 것이라고 생각한 오오키 준토 사장은 쉽게 승낙했다. 그런데 후에 알고 보니 일본 공영방송사 NHK의 홍백가합전(매년 12월 31일에 방송하는, 남녀 대항 형식의 음악 프로그램)이었다. 그는 수화 동아리를 만들고 2개월여 만에 홍백가합전 최초의 수화 백코러스로 출연하게 된 것이다. 전부 합해 수화 경력 5개월의 무모한 도전이었지만, 많은 사람들의 도움과 응원으로 무사히 해냈다. 그것이 오오키 준토 사장이 정식으로 의뢰받은 첫 수화 일이었다. 홍백가합전 출연으로 대학의 수화 동아리까지 덩달아 화제가 되어 여러 매체에서 취재 요청이 들어왔고, 수화 노래 지도, 지방 행사 출연 요청 등이 쇄도했다.

지금까지 수화는 자원봉사에 의지하고 있었다. 그렇기 때문에 발전이 없었고, 소통에 불편을 느끼는 청각장애인이 많았다. 그런데 이런 수화에서 비즈니스 아이디어를 포착한 한 청년의 실행력으로 많은 청각장애인들이 조금씩 소통의 날개를 달고 있다. 일본의 36만 명에 달하는 청각장애인들 중 실제로 그 절반밖에 수화를 사용하지 않는다고 한다. 요즘 그는 수화를 사용하지 않는 청각장애인들을 위한 서비스에 대해 구상하고 있다.

오오키 준토 사장은 무언가를 시작하는 데 있어 '할 수 있는지 없는지'가 아니라 '하고 싶은지 아닌지'가 중요하다고 말한다. 모두가 수화 비즈니스 시장을 비관적으로 바라볼 때도 그는 '하고 싶은 일'이었기에 포기하지 않고 지속할 수 있었다고 말한다. 슈아르의 도전에 '성공'이라는 수식어를 붙이기에는 이를지도 모른다. 하지만 이 작은 회사가 확실하게 우리 사회를 변화시켜나가고 있는 방식에 반드시 주목해봐야 할 것이다.

"

화장실은 약제를 그냥 넣어두면 되는 곳이 아니다.
사람의 손이 가야 비로소 깨끗해진다.
고객은 약제를 원하는 것이 아니라,
화장실의 위생적인 환경을 원한다.

"

# 24

# 돈이 되는 화장실

## : 아메니티 :

## 일본에 단 하나뿐인 기업

일본에서 화장실을 종합 관리하는 기업은 '아메니티(株式会社アメニティ)'가 유일하다. 일본 최초이자 최대인 화장실 종합 관리 프랜차이즈 아메니티는 종업원 42명과 함께 요코하마에 본사를 두고 있다. 대형 상업 시설은 물론 고속도로와 전철, 음식 체인점, 병원 등 많은 사람이 모이는 각종 시설에 아메니티의 서비스가 두루 이용되고 있다. 남들은 보지 못한 틈새시장에서 자신만의 노하우로 정상에 선 이들의 성공 스토리를 살펴보자.

아메니티의 탄생 경로는 이랬다. 당시 경영 컨설팅 회사에 몸담고 있던 창업자 야마토 사토시(山戸里志) 사장이 화려한 술집의 지저분한 화장실을 보고 화장실 사업을 착안한 것이다. 일본 역시 오래지 않은 과거에는 화장실 냄새를 없앤다고 겨우 나프탈렌을 매달아놓는 것이 고작이었고, 그 냄새가 코를 찌르곤 했다. 좀 더 나은 방향제가 없을까 생각했지만 끝내 일본에서는 찾지 못하고 15초마다 자동으로 분사되는 방향제를 해외에서 수입해서 팔았다. 점차 판매가 늘어나자, 아들인 야마토 노부타카(山戸伸孝)가 다니던 회사를 그만두고 아버지의 회사를 물려받아 경영하기 시작했다. 화장실 관리 분야에서 가능성을 발견한 야마토 노부타카 사장은 1989년 사명을 아메니티로 바꾸고, 화장실 종합 관리 프랜차이즈 사업을 시작했다. 화장실에 대한 지속적이고 정기적인 관리가 필요하다는 인식이 점차 확산되면서, 아메니티는 공항과 고속도로공사, 지하철 등과 계약을 체결할 수 있었다.

### 진화1 기회를 내 것으로 만들어라

사업이 확장되자 야마토 노부타카 사장은 또 다른 기회를 포착한다. 바로 화장실 관리에 사용되는 요석방지제였다. 그때까지 사용하던 요석방지제는 변기 안의 환경을 산성으로 바꿔 요석이 되는 칼슘화합물의 생성을 늦추는 약제가 전부였다. 다시 말해, 시간을 지연시킬 뿐 결국 요석이 생성되는 것을 피하기 어려웠다. 그마저도 해외 수입품에 의존하고 있는 상황이었다. 야마토 노부타카 사장은 더 나은 요석방지제를 개발하고자 제약사의 문을 두드렸다. 그리고 1994년 획기적인 요석방지제 '피피다리아'를 개발하는 데 성공했다. 요석이 생성되는 화학 변화를 저해하는 성분을 포함하고 있어 요석방지에 탁월하고, 무해한 성분으로 환경에도 부담을 주지 않았다. 피피다리아는 출시 때부터 고객들의 호평이 이어지며 현재 매월 2만~3만 개를 생산하고 있다. 보다 많은 양을 양산해 시판할 수도 있지만, 야마토 노부타카 사장은 자사의 관리 서비스에만 사용한다. 제품을 판매해 수익을 얻는 것보다 자사 서비스의 차별성을 유지하는 데 활용하는 것이 더 낫다는 판단에서다.

## 진화2 직원 모두를 전문가로!

아메니티가 진정한 온리 원 기업으로 성장하는 데 있어 가장 주효한 점이 또 하나 있다. 바로 '화장실 진단사' 제도를 도입한 것이다. 1997년부터 독자적으로 시작한 사내 자격제도로, 화장실의 각종 문제를 과학적으로 분석하고 대처할 수 있는 기능과 지식을 갖고 있는 전문가를 양성하기 위해 만들었다. 진단사는 1급과 2급이 있는데, 기본 교육과 1년간의 현장실습을 거치면 2급 자격을 받을 수 있다. 이후 2년간 현장경

아메니티는 '화장실 진단사' 제도를 도입했다.
자료: 〈http://www.amenity-network.net/service/toilet_consultant/〉

아메니티는 화장실 배관 내부를 내시경으로 진단하고(왼쪽), 악취의 농도와 종류를 검사기기로 조사하는(오른쪽) 등 차원이 다른 서비스를 제공한다.
자료: 아메니티 제공

험을 쌓고 시험을 통과하면 1급 자격을 얻을 수 있다. 배수, 전기 계통의 기능과 구조, 냄새의 메커니즘, 관련 법규까지 알아야만 시험을 통과할 수 있다. 1급 진단사의 경우 합격률이 30% 정도에 불과할 만큼 시험의 난이도가 높다고 한다.

아메니티는 고객으로부터 의뢰를 받으면 반드시 먼저 화장실 진단사를 파견하여 화장실을 점검한다. 화장실 실내, 변기 등을 확인하고, 악취의 농도와 종류를 검사기기로 조사해서 냄새의 원인을 찾아낸다. 그리고 환기와 배수관 상태, 살균 정도 등을 확인하여 각종 때와 악취의 근원을 제거한 후, 쉽게 더러워지지 못하도록 예방 조치를 취한다. 변기 표면만을 닦는 화장실 청소와는 차원이 다른 서비스다.

야마토 노부타카 사장은 "화장실은 약제를 그냥 넣어두면 되는 곳이 아니다. 사람의 손이 가야 비로소 깨끗해진다. 고객은 약제를 원하는

아메니티가 관리하는 신요코하마 역 앞의 공중 화장실. 화장실 진단사가 정기적으로 방문하여 화장실의 종합적인 상태를 관리한다.

자료: 아메니티 제공

것이 아니라, 화장실의 위생적인 환경을 원한다."라고 말한다. 이런 아메니티의 서비스는 '아메니티 네트워크'라 불리는 프랜차이즈 형태로 전국에 확산되어, 현재 가입 고객만 60여 개사에 이른다.

### 진화3 전문기업이 살아남는다

아메니티의 서비스는 3개의 축으로 이루어져 있다. 먼저, '정기진단관리'는 정기적으로 화장실을 확인해서 문제가 있으면 대처하는 서비스로, 변기 상태와 악취 확인, 요석방지제와 악취제거제의 설치 및 교환, 변기 물탱크 진단 등이 포함된다. 작업한 후에는 정기진단관리 보고서를 작성한다. '기능 및 미관 복구' 서비스는 정기진단관리를 하기 전에 실시되는 경우가 많다. 잘 보이지 않는 때를 벗겨내고 악취를 제거하는 한편, 배수관과 설비기기의 결함을 찾아내는 등 화장실의 모든 기능을 초기 단계로 회복시키는 작업이다. 마지막으로 '설비개선 지원' 서비스에는 재래식 화장실의 양변기 교체, 변기 개수 확대, 타일 교체, 변기 및 세면대 자동화 등의 작업이 포함된다. 전국 규모로 이러한 화장실 종합 관리 사업을 하고 있는 기업은 일본 내에서 오직 아메니티가 유일하다.

## 미지의 시장을 찾아라

아직 개척되지 않은 미지의 시장을 찾는 일은 아무나 할 수 없다. 그것은 뛰어난 기술력을 가지고 있다고 해서 쉽게 되는 일이 결코 아니다. 그러나 아메니티와 같은 시장 개척자로 인해 끊임없이 새로운 업종이 태어나고, 틈새시장이 등장하는 현상을 우리는 계속 확인하고 있다. 그 기업들의 공통분모는 과연 무엇일까? 이러한 관심과 질문을 가지고 지속적으로 살피고 고민할 때 우리도 그 해답에 가까이 갈 수 있을 것이다.

# 최고의 전략은
# 항상 현장에서 만들어진다

> **"**
>
> 우리의 성공 비결은
> 모두가 지나쳐온 문제를 마주하고,
> 해결하기 위해 과감하게 도전한 것이다.
>
> **"**

# 25

## 상식을 뒤집는 것이
## 우리의 사명

### : 와콘 :

## 일본 물류업계의 위기

일본 국토교통성에 따르면 2016년 화물 운송의 적재율은 41% 전후로, 이는 20년 전에 비해 약 15%포인트나 줄어들었다. 세계 최고 수준의 물류망을 갖췄다고 인정받는 일본이지만, 짐칸이 텅텅 빈 트럭이 늘어나는 추세다. 이런 물류업계에 새로운 바람을 불러일으키고 있는 기업이 있다. 바로 "상식을 뒤집는 것이 우리의 사명이다."라고 말하는 '와콘(ワコン株式会社)'이다. 쇠락하는 물류업계에 새로운 바람을 일으키고 있는 와콘의 진화 과정을 살펴보자.

와콘은 수송용 포장재 전문 기업으로, 자재를 생산하고 제공할 뿐만 아니라 클라이언트들에게 가장 적합한, 효율적이고 저렴한 운송 방법을 제안하는 새로운 업태의 회사다. 취급 포장재는 골판지부터 플라스틱, 나무, 금속, 패브릭, 아이스팩, 축열재, 팰릿(pallet), 기타 완충재에 이르기까지 폭넓다. 와콘은 용도에 따라 자재를 달리 사용하고, 필요에 따라 포장용기 및 포장기기까지 직접 개발한다. 자동차 부품 업체와 일하면서 3차원 설계 시스템을 활용해 밀리미터 단위로 불필요한 공간을 깎는 포장기기를 개발하는가 하면, 10톤 트럭의 적재력을 3배로 늘려 운송 비용을 대폭 절감시켜주기도 했다.

일본 물류업계는 치열한 가격 경쟁과 운전사 부족 등으로 어려운 상황에 몰리고 있다. 와콘의 니시다 고헤이(西田耕平) 사장은 일본의 물류를 바로 세우는 것이 자신의 사명이라고 말한다.

### 진화1 상자가 아니라 필요한 온도를 제공하다

포장 자재를 취급하는 와콘이 과연 어떻게 일본 물류업계의 위기를 헤쳐 나갔을까? 와콘이 개발한, 냉장과 냉동이 가능한 '서모 박스(Thermo Box)'에서 그 첫 번째 답을 찾을 수 있다.

와콘의 혁신은 상식을 의심하는 것에서부터 시작되었다. 냉장보관이 필요한 화물은 반드시 냉장차로만 운반해야 할까? 그렇지 않다. 냉장보관이 가능한 별도의 박스에 담아서 보통의 트럭에 실으면 얼마든지 효율적으로 운반이 가능하다. 와콘의 첫 번째 도전은 냉동·냉장차 수송에 대한 의심에서 시작되었다. 일본에는 20만 대 이상의 냉동차가 있다. 대부분이 4톤 미만이고, 항상 화물을 가득 싣고 달리지도 않는다. 게다가 점차 수송 단위가 작아지는 추세여서, 적재 효율은 더욱 악화될 것으로 예상되고 있다. 이에 와콘은 냉동차가 가진 4가지 낭비를 획기적으로 없애기로 했다.

첫째, 풀가동을 예상할 수 없으면서 한 대에 수백만 엔이나 하는 냉동차를 구입하는 투자의 낭비. 둘째, 납품하는 곳이 같더라도 온도 유지를 달리해야 하는 여러 화물을 수송하는 경우 여러 대의 트럭을 준비해야 하는 차량 대수의 낭비. 셋째, 적재 공간이 작은 냉동차의 특성상 상온 수송 시 충분한 공간을 확보할 수 없는 공간의 낭비. 마지막으로 화물칸 냉각에 주행 중의 엔진을 사용하는 소형·중형 냉장차의 연비 낭비이다.

이러한 낭비를 없앨 목적으로 개발한 것이 바로 서모 박스다. 초박형 아이스팩과 단열박스로 구성된 이 제품은 냉동고에서 냉각시킨 아이스팩을 단열박스 안쪽 벽면에 붙여 화물별 최적의 온도를 만들어주는 형태이다. 박스별로 각기 온도를 설정할 수 있기 때문에 화물에 따라 온도가 달라져야 하는 경우에도 트럭 한 대로 한꺼번에 운반할 수 있다. 다시 말해, 상온 트럭을 낮은 비용으로 정온 트럭으로 바꿀 수 있는 '물류팩'을 개발한 것이다. 와콘은 서모 박스를 통해 특히나 엄격한 온도 관리가 요구되는 의약품의 수송까지 취급할 정도로 업계에서 효율을 인정받고 있다. 니시다 고헤이 사장은 서모 박스에 대해 "상자를 파는 것이 아니라, 필요한 온도를 제공하는 것이 우리 회사의 업무다."라

와콘은 냉장과 냉동이 가능한 '서모 박스(Thermo Box)'를 개발하여 물류업계에 새로운 바람을 일으켰다.
자료: 〈http://www.wa-con.co.jp/products/ondo/〉

고 말한다.

## 진화2 항공화물의 상식을 깨다

와콘의 물류상식 파괴, 그 두 번째 대상은 항공화물이었다. 기존의 방식으로 항공화물을 비행기에 적재하는 경우 2가지 단점이 있었다. 하나는 적재하기까지 소요 시간이 오래 걸린다는 것과 다른 하나는 항공운임 낭비가 발생한다는 것이다.

보통 항공화물은 별도의 포장업체를 거쳐 비행기에 탑재된다. 이 경우, 화물 출고에서 포장, 탑재까지 꼬박 1박2일이 걸린다. 와콘은 항공화물을 보다 신속하게 비행기에 싣기 위해 공항 안에 포장 시설을 설치했다. 정온 수출 포장 서비스 '팩프로(PACKPRO)'를 시작한 것은 2008년의 일이었다. 이 서비스를 이용하면 오후에 공장을 출발한 화물을 바로 비행장으로 옮겨 포장을 하고 그날 저녁에 비행기에 실을 수 있었다. 정확히 하루의 스케줄을 단축할 수 있는 것이다.

木箱・木枠梱包　　　　段ボール梱包　　　　バリア梱包

防振梱包　　　　定温梱包

와콘은 수출 포장 서비스 '팩프로(PACKPRO)'를 통해 항공화물 혁신에 성공했다.
자료: 〈http://www.wa-con.co.jp/business/packpro/〉

　그렇다면 항공운임 낭비는 어떻게 해결했을까? 보통 항공화물은 포장업체가 기존에 가지고 있던 일정한 크기의 상자에 싣기 때문에 늘 낭비되는 공간이 생길 수밖에 없다. 상자의 크기와 무게에 따라 운임이 달라지다 보니 낭비되는 공간만큼 비용이 더 발생했다. 와콘은 비행장 안에 마련한 포장 시설에 직접 상자를 만들 수 있는 기기를 도입해 문제를 해결했다. 와콘의 서비스를 이용하면 수송 시간을 단축할 수 있을 뿐만 아니라 항공운임까지 절약할 수 있게 되는 것이다.

　사실 항공화물에 대한 혁신이 처음부터 성공한 것은 아니다. 와콘은 간사이공항에 거점을 마련했지만, 대부분의 화물주는 새로운 서비스를 이용하려 하지 않았다. 늘 해오던 대로 포장 회사에서 포장한 후에 공항으로 옮겼다. 니시다 고헤이 사장은 이들을 설득하느라 고생했다고 한다.

"간사이공항 물류센터의 임대료가 높아, 1일 렌탈 비용이 1개월 매출과 같았다. 연휴에 일을 하지 않아도 공항 임대료는 매일 물어야 했다. 나는 임대료가 아까워 가족을 데리고 간사이공항 물류센터에 가서 지게차에 아이를 태우고 놀기도 했다."

그러나 기회는 곧 찾아왔다. 2010년 크리스마스이브에 100상자 이상을 포장, 수출해달라는 주문이 들어온 것이다. 다른 업체에 거절당해 어쩔 수 없이 와콘까지 온 것은 알았지만, 니시다 고헤이 사장은 전사적으로 이 일에 착수했다. 그는 이것을 '크리스마스이브의 기적'이라고 부른다. 이후 그 회사는 와콘의 단골고객이 되었고, 입소문이 나면서 조금씩 일도 늘어났다. 최근 들어 간사이공항 물류센터는 적자를 해소하고, 나리타공항 물류센터와 함께 회사의 수익원이 되고 있다.

### 진화3 관행이라는 이름의 비효율과 낭비를 없애라

세 번째 혁신은 화물을 옮기는 데 필요한 팰릿에서 찾았다. 주로 목재로 만들어지는 깔판 형태의 팰릿은 공장이나 트럭, 컨테이너, 창고 등 하역 작업을 하는 곳에서 없어서는 안 되는 중요한 물건이다. 일본에서는 약 7,000만 개의 팰릿이 사용되며, 최근에는 플라스틱 팰릿의 수요가 늘어나고 있다. 그런데 플라스틱 팰릿에는 단점이 있다. 금형 비용이 비싸 범용적인 크기로 생산을 특화할 수밖에 없다는 것이다. 이를 사용하려면 화물을 팰릿의 규격 사이즈에 맞춰야만 한다. 무겁고 청소가 어렵다는 것도 단점이었다.

이런 속박에서 벗어날 수 있도록 와콘이 개발한 것이 바로 리브레토 다. 리브레토는 종래의 비싼 금형에 필요한 사출성형이 아니라, 임의의 사이즈로 절단한 보드에 다리를 열용접하는 조립하는 방법으로 자유로 운 크기로 만들 수 있었다. 무게도 12킬로그램에서 6킬로그램으로, 절 반이나 줄었다.

니시다 고헤이 사장은 "우리의 성공 비결은 모두가 지나쳐온 문제를 마주하고, 해결하기 위해 과감하게 도전한 것"이라고 말한다. 관행이 라는 이름으로 지나치는 주변의 비효율과 낭비 요소는 우리 주변에 수 없이 존재한다. 이것들이 그대로 존재하는 한 그 어떤 혁신도 성공할 수 없다. 더 좋은 것을 찾으려 애쓰기 전에 우리 안에 있는 관행과 낭비 를 먼저 줄여나가야 한다는 것이다.

## 와콘이 성공한 이유

니시다 고헤이 사장은 대학 졸업 후 대기업에 입사해 근무하다 가업을 잇기 위해 아버지가 창업한 골판지 제조 회사로 돌아왔다.

"내가 가업을 이었을 때 회사는 주로 골판지를 판매했다. 골판지 시 장은 매출 상위 5개사가 전체 시장의 70%를 점유한 과점 시장이었다. 나머지 4,000개 가까이 되는 회사들이 시장의 30%를 가지고 경쟁했 다. 이런 환경에서 어떻게 성장을 달성할 수 있겠는가? 골판지업계 상 위 기업들이 진출하지 않은 새로운 제품 서비스를 창출해야만 했다. 그들이 관심을 갖지 않은 분야, 진입하기 어려운, 손이 많이 가는 분야로 승부해야 승산이 있을 거라고 생각했다."

와콘이 가장 먼저 한 일은 사업 도메인의 변화였다. '골판지 제조 사업'에서 '제품을 안전하게 운반하는 용기 사업'으로 바꿨다. 그리고 그것을 바탕으로 실시한 경영혁신은 '포장 사업 진출'과 '플라스틱 골판지 개발', '3차원 설계 도입 등 디자인 강화'였다. 물론 그때까지 골판지 제조와 관련한 기술과 경험밖에 없던 일부 직원들은 심리적으로 동요했다. 새로운 분야로 진출할 때 경영자원을 어떻게 조달할 것인가는 반드시 해결해야 하는 숙제다. 경영자원이 부족한 중소기업으로서는 무척이나 골치 아픈 문제다. 지방 기업은 전문 인력을 다수 고용하는 것도 어렵다. 그러나 니시다 고헤이 사장의 생각은 확고했다. 포장 사업에 진출할 때에는 직원들을 포장 전문 기업에 장기 파견하여 필요한 기술과 경험을 쌓도록 했다. 회사의 각종 제도 정비 및 운용에도 고심했다. 사업 승계 직후 경영이념을 만들고, 이를 실천하기 위해 많은 노력을 기울였다.

니시다 고헤이 사장은 특히 현장 제조 부문에서 일하는 젊은 직원들과의 교류를 소중히 생각한다. 직원들과 자주 회식을 하며, 개인 메일을 공개해 직원들로부터 작업에 관한 것은 물론, 직장 내 인간관계나 개인적인 인생 상담까지 다양한 내용의 메일을 받고 있다고 한다. 3~4명으로 팀을 이뤄 게릴라식 토론회를 개최하고 생산 시설 설계, 신상품 개발, 홈페이지 개정 등의 과제에 대해 자유롭게 이야기도 한다. '기업은 사람이다'라는 와콘의 정신을 가장 중요하게 생각하기 때문이다.

와콘이 복지 및 각종 제도 면에서 뛰어난 성공 사례라고 단언하기는 어려울지 모른다. 하지만 어떻게 하면 직원들에게 더 좋은 회사가 될 수 있을지를 늘 고민하며 시행착오를 반복하고 있는 회사라고 말할 수 있을 것이다. 이것이야말로 니시다 고헤이 사장이 말하는 '직원만족' 실현을 위한 자세일 것이다. 당연히 그 마음은 직원에게 전해진다. 이는 동종업체에 비해 지극히 낮은 이직률이 여실히 증명해준다.

판로 개척이나 브랜드 파워 강화는 중소기업들의 최대의 과제다. 니시다 고헤이 사장은 직원들이 만족하고 업무에 임하는 것이 고객을 만족시키는 제품을 창출하기 위한 기본 전제임을 강조한다. 그는 스스로 현장에 뛰어들어 열정적으로 아이디어를 제안하고 문제를 해결한다. 그를 통해 와콘의 성공이 어디서부터 출발하는지 가늠해볼 수 있다.

"

백화점 안의 기획, 특히 매장의 변화가
너무 적다는 것이 의아했다.
변화를 더 일으키는 것,
백화점을 변혁시키는 중요한 포인트는
틀림없이 이것일 거라고 생각했다.

"

# 핵심은
# 변화를 더 일으키는 것뿐

## : 류보백화점 :

## 백화점의 미래를 그리다

일본 각지에서 문을 닫는 백화점이 속출하는 요즘, 단기간에 실적을 호전시키며 백화점의 미래를 가늠해볼 수 있는 사례로 주목을 받는 기업이 있다. 바로 오키나와의 유일한 백화점인 '류보백화점(株式会社リウボウインダストリー)'이다. 경영 악화에 시달리던 지방의 작은 백화점은 어떻게 단기간에 변화할 수 있었을까? 그 변화를 주도하고 있는 이토가즈 고이치(糸数剛一) 사장의 경영 수완에 담긴 비결을 따라가보자.

　이토가즈 고이치 사장은 와세다대학교 정치경제학부를 졸업하고 오키나와은행에 입사했다. 그후 1988년에 오키나와 패밀리마트로 이직해

류보백화점은 오키나와의 유일한 백화점이다.
자료: 〈https://ryubo.jp/access/〉

2007년부터 2009년까지 미국 패밀리마트의 CEO로 재직한 인물이다. 그 능력을 인정받아, 2013년에 같은 그룹에 속해 있는 류보백화점의 적자 경영을 해결할 인재로 발탁되었다. 당시 그는 백화점을 둘러보며 편의점과 너무 다른 것에 깜짝 놀랐다고 한다. 이토가즈 고이치 사장은 "백화점 안의 기획, 특히 매장의 변화가 너무 적다는 것이 의아했다. 변화를 더 일으키는 것, 백화점을 변혁시키는 중요한 포인트는 틀림없이 이것일 거라고 생각했다."라고 당시를 회고한다.

### 진화1 오키나와만의 고유성을 살려라

이토가즈 고이치 사장이 가장 먼저 착수한 일은 류보백화점만의 상품을 만드는 일이었다. 그는 상품이 독자성을 가지면 매출로 이어진다고 생각했다. 실제로 편의점을 경영하던 시절, 독특한 커피와 도시락을 출시해 큰 성공을 거둔 바 있다. 그 경험을 살려 류보백화점만의 독자적 상품 개발에 나선 것이다. 몇 가지 자체 브랜드를 만들어 지속 판매하

류보백화점은 한정판매, 특별기획이라는 이름 아래 다양한 제품을 짧은 주기로
판매함으로써 변화를 추구한다.

자료: 〈https://ryubo.jp/specialevent/〉

는 것이 아니라 한정판매, 특별기획이라는 이름 아래 다양한 제품을 짧은 주기로 판매한다. 2017년 3월에는 오키나와 전통 날염공예를 유명 브랜드와 접목해 한정 판매하기도 했다. 2018년에는 오키나와 전통 도자기를 세련되게 디자인한 테이블 웨어와 장식물, 현지에서 생산한 수공예 액세서리와 유기농 화장품 등을 판매하였다. 오키나와 재래종 히비스커스를 사용한 꽃 스파클링도 현지 중소업체와 협업해 생산, 판매하고 있다. 이 제품들 모두 류보백화점에서만 구입할 수 있다.

이토가즈 고이치 사장은 매력적인 상품과 매장을 꾸미기 위해 지금까지 하지 않았던 젊은 직원 중심의 '제안회의'도 시작했다. 젊은 바이어를 육성하기 위해 해외에 파견해서 직접 상품을 구매해 오도록 하고 있다. 이러한 노력은 셀렉트 숍의 성공으로 이어졌다. 특히 2016년 개설한 남성용 고급 셀렉트 숍은 이탈리아제 양말 한 켤레가 4만 원이고 구두 한 켤레가 50만 원에 달할 정도로 고가이지만, '여기서만 살 수 있다'는 특수성 때문에 현지인뿐 아니라, 도쿄에서 온 관광객도 구매하는 사례가 많다고 한다.

이토가즈 고이치 사장은 오키나와가 아시아의 가교가 될, 다양성이 공존하는 지역이라고 생각한다. 위치적으로도 오키나와만큼 적합한 곳은 없을 것이다. 그러나 과제가 산적해 있었다.

"우리 회사와 오키나와의 모습이 흡사하다고 생각한다. 관광객이 다양화될수록 부수적으로 거기서 여러 가지 사업이 국제적으로 시작될 수 있다. 일본에는 고급 기술이 있다. 그것을 해외 시장에 이어, 오키나와의 발전으로 연결해나가고 싶다. 하지만 오키나와의 최대 과제는 내용에 있다. 콘텐츠가 약하다. 현지인도 즐길 수 있고, 처음 오는 관광객도 지루하지 않을 충실한 콘텐츠가 앞으로는 더욱 중요하게 될 것이다."

이토가즈 고이치 사장이 생각하는 오키나와의 진수는 다양성을 받아들이는 '찬푸루(チャンプル) 문화'라고 한다. 찬푸루는 '섞는다'는 의미에서 유래된 오키나와의 향토 볶음요리인데, 오키나와가 독립국가였던 시절부터 작은 배를 타고 여러 섬들을 돌아다니며 음식들을 섞어 먹는 풍습이 이어져온 것이다. 그는 일본과 동남아시아, 중국, 미국 등 이질적이 문화가 섞여 오키나와만의 고유한 문화를 형성하고 있기에, 이를테면 국제 거리를 조성해 엔터테인먼트 지역과 기념품 영역을 구분하자고 제안한다.

이토가즈 고이치 사장은 앞으로는 대형 상업 시설이 잇달아 오키나와에 문을 열고 고객 쟁탈전이 심화될 것으로 본다. 이러한 치열한 경쟁에서 살아남기 위해서는 연간 600만 명에 달하는 일본인 관광객이 류보백화점에 들르게 만들어야 한다. 일본인 관광객들은 오키나와에 있는 백화점에 관심이 없다. 대도시에 있는 백화점을 상대로 규모로 승부를 할수 없기 때문에 '오키나와에 가면 반드시 들러야 하는' 백화점으로 류보를 포지셔닝하지 않으면 안 된다. 반드시 사고 싶은 상품을 구비한 백화점으로 만들어야 하는 것이다.

## 진화2 부담은 줄이고 설렘은 늘리고

류보백화점의 또 다른 진화는 편의점처럼 부담 없이 들를 수 있는 매장에 있다. 이를 위해 우선 백화점 통로 모양부터 바꿨다. 바둑판 모양의 곧게 뻗은 직선이 전부였던 통로를 고객의 동선을 의식한 곡선형 레이아웃으로 변경하여 매장 전체에 부드럽고 여유 있는 분위기를 끌어올렸다. 그리고 동시에 주력 상품을 통로 주변에 전시해 어느 곳에서든 상품이 눈에 들어오도록 했다.

이처럼 부담은 줄이는 한편, 편의점은 결코 제공하지 못하는 백화점만의 안락함을 제공할 수 있어야 했다. 요컨대 고객이 '치유되는 것 같은 기분 좋음'과 '두근두근할 수 있는 행복을 느낄 수 있는 분위기'도 반드시 필요하다. 도쿄 디즈니랜드나 유니버설 스튜디오 재팬도 이런 분위기를 자아내며, 매출의 절반을 물건 판매와 음식 수입에서 내고 있다. 류보백화점은 옥상에 다양한 꽃과 나무를 심어 작은 공원처럼 리뉴얼함으로써 꼭 쇼핑이 목적이 아니더라도 주민들이 잠시 쉬어갈 수 있는 휴게 공간을 제공했다. 그러자 관광객들에게도 색다른 관광 명소로 소문이 나면서 고객이 늘어나기 시작했다. 10대 고객은 물론 어린아이를 데리고 방문하는 20대 젊은 세대의 손님이 대폭 증가했고, 백화점 매출은 이전에 비해 40% 가까이 늘어났다.

이토가즈 고이치 사장은 "기존에 가졌던 '백화점은 이렇다'는 생각이 너무 빠르게 무너지고 있다. 그래서 백화점들이 어려운 것이다. 백화점의 강점을 남겨야 한다. 편의점, 슈퍼, 소매점과 다른 최고의 행복감, 자극, 만족. 최고의 쇼핑 체험을 제공하는 장소가 되어야 한다."라고 말한다.

### 진화3 착안대국 착수소국

이토가즈 고이치 사장의 생각은 경영철학에 고스란히 담겨 있다. 바로 '착안대국 착수소국(着眼大局 着手小局)'이다. 중국 전국시대 사상가인 순자(荀子)의 유명한 어구인 이 말은 '대국적으로 생각하고 멀리 보면서, 눈앞에 놓여 있는 작은 것부터 착실하게 실천하라'는 뜻이다. 그는 "매장을 보다 좋게 하게 위해서는 모든 유통매장을 소비자가 어떻게 활용하고 있는지 알아야 하기 때문에, 재래시장에서 백화점에 이르는 모든 유통매장을 크게 보는 눈이 필요하다. 그리고 목표가 서면, 그

것을 위해 해야 할 많은 일을 차근차근, 신속하게 착수해야 한다."라고
말한다.

## 가장 좋은 광고는 만족한 고객

약 70년의 역사를 가진 류보백화점은 2016년 총 매출 1,000억 엔을 달
성했다. 이토가즈 고이치 사장은 백화점은 문화를 만들고 전파하는 장
소가 되지 않으면 안 된다고 생각한다. 이것은 앞으로도 절대 바뀌지
않고, 더욱 키워나가고 싶은 목표라고 강조한다. 또한 젊은 크리에이터
등의 상품도 취급함으로써 앞으로 그들이 국내외에서 활동할 때 류보
백화점이 첫 번째로 매력적인 장소를 제공할 것이라고 말한다.

마케팅의 대가 필립 코틀러(Philip Kotler)는 "가장 좋은 광고는 만족한
고객"이라고 말했다. 류보백화점이 다시 일어설 수 있었던 원인도 바
로 여기에 있다. 섬이라는 지역적 한계와 관광객이 많아 단골고객을
확보하기 힘들다는 단점은 류보백화점만의 특색 있는 상품과 쇼핑 경
험이 더해지며 "고객이 일부러 찾아오게" 만드는 장점이 되었다. 우리
는 때때로 업종 자체가 가지고 있는 고정 이미지나 경영 방식에 발목이
잡혀, 고객이 원하는 방향과 다른 길로 가는 실수를 범하곤 한다. 떨어
지는 매출을 두고 불황이나 시장 상황을 탓할 것이 아니라 우리가 과연
고객과 같은 지점을 바라보고 있는지, 스스로를 다시 한 번 점검해봐야
할 것이다.

‘전통 공업’이라는 말이 내내 잊히지 않았다.
옻칠은 곧 ‘전통 공예’라고
오랫동안 생각했기 때문이었다.

# 27

## 전통을 남기고 싶기에
## 새로운 것을 한다
### : 우루시사카모토 :

**위기를 맞은 전통 공예 사업**

칠기는 나무로 만든 그릇에 옻나무의 진을 입혀 윤이 나게 한 것을 말한다. 전통 공예 세계에 갇혀 쇠퇴하던 옻칠 기술을 현대에 되살려, 세계 유수한 제조업체와 거래를 하며 성장하는 기업이 있다. 바로 전통 공예 전문업체 '우루시사카모토(株式会社坂本乙造商店)'다. 그들의 성공 이면에 숨은 비결을 알아보자.

일본이 자랑하는 전통 공예, 특히 옻칠 공예와 관련된 다양한 기술에서 일본인들의 자부심을 느낄 수 있다. 그렇지만 현대에 와서는 젊은 층에서 옻칠 공예품을 소비하지 않으면서 더는 명맥을 유지하기가 어렵게 생각될 정도로 하향세를 겪고 있다. 전통 공예를 대물림하는 것과 비즈니스로 바라볼 때의 온도차가 극명한 것이다. 우루시사카모토는 대대로 내려오는 이런 훌륭한 소재와 기술을 발전시키고 후대에 전승한다는 것에 머무르지 않고, 최신 소재와 기술을 융합시켜 현대인의 생활에 직접적인 도움이 되는 상품으로 만들면서 혁신의 모터를 가동시켰다. '전통을 현대에 활용한다'라는 기업이념으로 제품을 생산하고 있는 것이다.

일본 후쿠시마(福島) 현 아이즈(会津)에 있는 작은 가게 '사카모토 컬렉션'은 우루시사카모토의 매장이다. 가게는 오프라인 매장과 온라인 매장이 있다. 사카모토 컬렉션의 전통 공예 기술을 살린 '웨어러블 우루시(wearable URUSHI)'는 인기 소재에 옻칠을 한 귀엽고 가벼운 액세서리, 가죽으로 만든 핸드백과 지갑, 기타 소품을 전시, 판매하는 브랜드다. 옻칠과 그를 바탕으로 한 다양한 전통 기술을 현대적으로 활용하고 있는데, 여성들의 감성을 자극하는 현대적 디자인에 옻칠 특유의 광택과 질감을 살려 새로운 가치를 만들어내는 것을 목표로 한 작품들이 주를 이룬다. 전통 기법과 기술을 살리면서 세련된 디자인으로 선보이는 상품들은 사용 편의성과 디자인, 2가지 측면을 모두 고려하는 전문 장인이 하나하나 정성스럽게 만들고 있다.

## 진화1 내 안의 고정관념을 깨라

1900년 창업한 이래 줄곧 정교한 옻칠과 가공을 가업으로 이어오던

우루시사카모토는 세계 유수 기업들과 협력하면서 전통 공예 세계에 갇혀 쇠퇴하던 옻칠 기술을 현대적으로 되살려냈다.

자료: 〈http://www.urushi-sakamoto.jp/company-overview.html〉

우루시사카모토가 새롭게 공업 제품 시장에 발을 들인 것은 3대 사장 사카모토 아사오(坂本朝夫)가 취임한 1970년대 후반이었다. 일본의 전통 공예는 대략 1970년을 기점으로 급속하게 쇠퇴하였다. 대량생산으로 저렴한 일용 생활용품과 가구, 각종 액세서리가 대중적으로 환영받고, 서양식 라이프스타일이 대세를 이루자 전통 공예품은 더 이상 설 자리를 잃은 것이다. 옻칠과 가공 및 도매상을 꾸려온 우루시사카모토는 비록 할아버지 때부터 칠기를 만들기 시작했지만 도매상도 함께하면서 후발주자로서 주로 염가 상품을 취급해왔다고 한다.

그렇게 값싼 제품만을 만들며 근근이 가업을 이어가던 3대 사카모토 아사오 사장은 어느 날 설상가상으로 충격적인 장면을 목격했다. 결혼

식에 참석하고 돌아가던 사람이 답례품으로 받은 칠기를 지하철역 쓰레기통에 버리는 장면을 눈앞에서 보게 된 것이다. '이대로 칠기를 만드는 일을 계속할 수 있을까'라는 불안감에 사업 전환을 모색하던 그때, 뜻밖의 전화 한 통이 회사의 운명을 바꿔놓았다. 전화를 건 상대는 도쿄 우에노(上野)에 있는 국립과학박물관이었다. "전통 공업 전시품을 찾고 있는데, 귀사가 만들고 있는 칠기를 빌려줄 수 있을까요?"라는 문의였다. 사카모토 아사오 사장은 "'전통 공업'이라는 말이 내내 잊히지 않았다."라고 회상한다. 옻칠은 곧 '전통 공예'라고 오랫동안 생각했기 때문이었다. '공예품이 아니라 공업 제품에도 옻칠을 할 수 있겠구나!' 확신을 가진 그는 선대로부터 물려받은 아이즈 칠기의 가공 기술을 공업 제품에 접목시켜 회사를 변화시킬 단서를 찾기 시작했다.

변화의 돌파구를 찾던 사카모토 아사오 사장은 2000년경부터 지방의 중소기업을 방문해 시장조사를 거듭해나갔다. 그때까지 방문한 기업이 모두 100여 개에 이를 정도였다. 그 기업들 가운데 이미 시장이 성숙하여 쇠퇴한 산업 분야에 종사하는 회사도 많았지만, 흔들리지 않고 자신의 길을 걸어가던 생존 회사들은 기존의 틀과 인습에 얽매이지 않고 독자적으로 새로운 시장을 개척해온 기업들이었다. 우루시사카모토는 고급 만년필 세트, SLR 카메라와 한정판 시계 모델, 고급 헤드폰 등 유명 브랜드 제조업체와 협업하면서 지금까지 500점 이상의 제품을 만들어오고 있다.

**조연도 괜찮아!**

사실 공업 제품에 옻칠을 하는 것은 커다란 결단이 필요한 일이었다. 전통적으로 이어져오던 아이즈 칠기의 브랜드 가치를 포기하는 것과 다름없었기 때문이다. 스스로 주연이 아닌 조연의 길을 선택한 것과 다를 바 없는 행동이었다.

게다가 전환도 쉽지 않았다. 제작이 까다롭고 비용이 많이 드는 옻칠의 품질을 유지하면서, 공업 제품에 맞도록 저렴하게 대량으로 제작하는 것이 관건이었다. 더욱이 주문이 쉽게 들어오는 일도 아니었다. 일본인들 사이에서 옻칠 제품은 '공예품'이라는 인식이 강해 공업용 제품에 활용하려는 업체가 없었기 때문이다.

그러던 중 우연히 세계적인 만년필 브랜드인 미국 파커사의 주문을 받게 되었다. 그렇지만 납품했던 데스크 세트 2,000개가 얼룩이 있다는 이유로 모두 반품되고 말았다. 보통 칠기 공예품들은 칠을 하면서 생기는 다소의 얼룩을 수공예품만이 가진 독창성으로 여긴다. 그러나 공업 제품은 달랐다. 균질성이 요구되는 공업 제품의 특성상 얼룩은 곧 불량품을 의미했다. 이 일로 사카모토 아사오 사장은 공예품과 공업 제품의 본질적인 차이를 알게 되었다고 말한다. 그는 대나무 붓으로 칠하는 전통적 옻칠 방식 대신 스프레이를 사용한 분사 방식으로 바꿔 이 문제를 해결했다. 그램(g) 단위로 옻칠이 일정하고 균등하게 이뤄지기 때문에 불량률이 낮고, 속도가 빨라 공업 제품을 만들기에 제격이었다.

아이즈 칠기는 400년 이상의 역사를 가지고 있다. 일본에서는 아이즈라고 하면 칠기를 떠올릴 만큼 대명사다. 아이즈 칠기는 아이즈 지역에서 브랜드화되고 육성되어온 제품을 뜻하는 것과 같았다. 그것을 공업제품화한다는 것은 '아이즈 칠기'라는 간판을 스스로 내리는 것을 의미했다. 그때까지 아이즈 칠기 그릇은 그 자체가 하나의 주역 상품이었기 때문이다. 그렇지만 공업 제품의 경우, '라이카 기념 카메라'라고 하면 주인공은 당연히 라이카이며 옻칠은 조연이 될 수밖에 없다. 그렇지만 사카모토 아사오 사장은 기존의 틀을 깨는 작업을 과감히 단행했다.

어려운 결단 끝에 우루시사카모토가 칠기의 공업 제품화에 성공하자, 유럽 등 해외에서 옻칠 가공에 관심이 있다며 회사를 방문하는 횟수가 늘어났다. 외국의 유명업체가 제품의 브랜드 파워를 높이는 기술로 옻칠에 착안하기 시작한 것이다. 고급만년필, 카메라, 시계, 헤드폰 등 세계의 각종 명품 브랜드 제품에 우루시사카모토의 옻칠 기술이 덧입혀졌다. 우루시사카모토가 제작한 칠기는 1989년에 메쎄 프랑크푸르트(Messe Frankfurt)에서 디자인 플러스상을 수상했고, 뉴욕현대미술관(MoMA)의 영구전시품으로 선정되기도 했다.

## 진화3 '사용하고 싶은 제품'이 아니면 의미가 없다

사카모토 아사오 사장의 이런 전환은 매우 획기적인 것이었다. 옻칠이라고 하면 그릇 등에 칠하는 아름다운 작품을 떠올리던 당시로서는 그럴 만했다. 그렇지만 사카모토 아사오 사장은 그 옻칠이라는 소재의 특

266

고급만년필, 카메라, 시계, 헤드폰 등 세계의 각종 명품 브랜드 제품에 우루시사카모토의
옻칠 기술이 덧입혀졌다.

자료: ⟨http://www.urushi-sakamoto.jp/archive-industrial-products/⟩

성에 착안하여, 전통 공예에서 벗어나 대중 친화적으로 최신 공업 제품과 합작하는 길을 개척한 것이다. 그는 이제 옻칠 가공에서 쌓아온 정밀 코팅 기술을 활용해 자동차, 항공기 퍼스트 클래스 좌석의 도장 작업에도 참여한다. 특별한 한정판 제품을 구상하던 제조사들이 우루시사카모토의 옻칠 제품들에 주목한 것이다. 특히 항공기 좌석의 경우에는 이착륙을 반복해 기압 변화가 심하기 때문에 조금의 기포도 허용되지 않는다. 이런 항공기 좌석 코팅을 수주했다는 것은 곧 우루시사카모토가 최고의 코팅 기술력을 인정받았다는 의미이기도 하다.

"왜 비행기냐 하면, 예전에 자동차의 한정 옵션 옻칠 마무리 작업을 받았던 적이 있어서다. 매우 좋은 평가를 받아서 그 자동차 브랜드의 새로운 차종에 모두 작업을 하게 되었다. 그때까지는 매달 20~50대 정도의 주문이었던 것이 단번에 1,200대의 신차 작업을 맡게 되었다. 신차 발표 이후 주문이 급증했다. 우리 같은 작은 기업은 그런 상황을 견딜 수 없다. 그 경험 이후 우리는 다시는 대량 생산 차량은 작업하지 않게 되었다. 그렇지만 어렵게 축적된 기술을 다른 산업에 응용하면, 예컨대 비행기의 퍼스트 클래스라면 좌석도 많지 않으니 적합하다고 생각했다. 평소에는 영업을 하지 않는 내가 유일하게 영업을 해서 얻은 일이었다."

사카모토 아사오 사장은 전통을 남기고 싶기에 새로운 것을 한다고 말한다. 다만, '좋은 것'과 '자신이 소유해서 사용하고 싶은 것'과는 다르기 때문에 옻칠한 제품 역시 사용하고 싶은 것이 되지 않으면 의미가 없다는 것을 누구보다 잘 알고 있다.

우루시사카모토에는 영업 사원이 없다. 30여 년 전 사카모토 아사오 사장이 아내의 친정인 칠기 도매상을 계승하면서 경영방침을 바꾸었기 때문이다. 그는 "주 영업 대상인 도매업체들만으로는 승산이 없다고 생각했다. 당황한 직원들 중 단골을 데리고 독립한 이들도 있었다. 경영면에서 힘들었지만 다른 곳에서 만들지 않는, 자신이 원하는 물건을 만들자 결심했다."라고 말한다.

이제 옻칠의 소재 특성과 옻칠 공예 기술을 살린 우루시사카모토만의 독자적인 작품은 먼저 해외에서 호평을 받고, 일본으로 역수입되고 있다. 만년필, 카메라, 오디오, 가전제품, 인테리어, 휴대전화, 자동차,

항공기 등 액세서리를 제외한 모든 디자인을 사카모토 아사오 사장이 하고 있다. '일이 취미'라고 말하는 사카모토 아사오 사장. 그는 이를테면 카메라 브랜드에서 작업 의뢰가 들어오면 해당 브랜드 카메라의 전 기종을 사모아 철저하게 분석한다. 카메라를 분해하고, 부품 소재를 확인하고, 조립 원리를 공부한다. 그렇게 기능을 숙지하고 디자인을 생각하여, 아름다움과 실용성을 겸한 형태로 디자인해나간다. 자신이 사고 싶다고 생각하는 물건을 만들면 반드시 팔린다. 그것이 사카모토 아사오 사장의 성공 방식이다.

## 대변혁의 출발점

결과만 보면 커다란 혁신이 대변혁을 가져온 것처럼 보인다. 그러나 근원을 따라 올라가면 그것은 아주 작은 발견과 깨달음에서 비롯된 것이라는 알게 되는 경우가 적지 않다. 우루시사카모토의 성공 역시 '전통 공예'가 '전통 공업'이 될 수 있다는 작은 깨달음에서 시작되었다. 주저하지 않고 기존의 틀에서 벗어난 용기야말로 가능성을 크게 높이는 시작이 아닐까?

"

경쟁이 치열한 시장에서
강력한 존재감을 드러내기 위해서는
세계 최초가 필요했다.

"

# 28

# 3대에 걸쳐 달궈진 칼날

## : 카이 :

## '칼날'로 세계를 제패하다

일회용 면도기에서부터 주방용 칼에 이르기까지, 100년의 노하우가 담긴 칼날로 세계를 제패한 기업이 있다. 바로 '카이(貝印株式会社)'다. 세계적인 브랜드를 제치고 일본 일회용 면도기 시장에서 줄곧 1위 자리를 지키고 있을 뿐만 아니라, '슌(旬)'이라는 브랜드의 주방용 칼은 국내외 유명 요리사들이 애용하는 명품 칼로 유명하다. 카이는 어떻게 이런 경쟁력을 만들어나갔을까?

사실 카이는 일본을 대표하는 칼 제조업체로, 2018년 창업 110년을 맞이한 장수기업이다. 칼날 제조로 유명한 지역인 기후(岐阜) 현 세키(関)

카이는 일본을 대표하는 칼 제조업체로, 창업한 지 110년이 넘은 장수기업이다.
자료: 〈https://www.kai-group.com/store/special/shun_limited/〉

시에서 국내 시장을 중심으로 사업을 하면서, 현재는 전 세계를 상대로 성장하고 있다. 독일 졸링겐(Solingen), 영국 셰필드(Sheffield)와 함께 세계 3대 칼 생산지로 꼽히는 기후 현 세키 시는 칼 만들기에 관한 한 800년 이상의 역사를 가지고 있다. 이 지역에 계승되어온 장인들의 기술과 정신을 모델로 1908년 카이가 탄생했다. 작은 접이식 칼을 시작으로 면도기용 면도칼, 가정용 칼, 손톱깎이, 가위 등 사람들의 삶에 뿌리를 둔 기구들을 생산해왔으며, 최근에는 수술용 의료 제품까지 만들고 있다. 이런 칼을 중심으로 1만 개 이상의 상품을 취급하는 회사로 성장한 것이다.

현재 카이를 이끌고 있는 엔도 고지(遠藤宏治) 사장은 와세다대학교 경제학과를 졸업하고 미국 로욜라대학교에서 MBA를 취득했다. 1980년

카이에 입사한 후, 1989년에 아버지의 뒤를 이어 3대 사장으로 취임했다. 카이는 2014년 세계적인 가족 기업에 주어지는 '레오나르도 다빈치 상'을 일본 기업으로는 처음으로 수상했다.

### 진화1 가능성을 보는 눈

카이는 접이식 칼을 생산하면서 처음 사업을 시작했다. 사업 확장을 고민하던 할아버지 엔도 사이지로(遠藤斉治朗) 초대 사장의 눈에 들어온 것은 안전면도기(Safety Razor)였다. 당시 안전면도기는 누구나 안전하게 수염을 깎을 수 있는 제품으로 인기가 높았지만, 수입에만 의존하는 탓에 가격이 비쌌다. 시장의 가능성을 포착한 그는 합자 제조 회사를 만들어 1932년 안전면도기의 면도날을 생산하기 시작한다. 그리고 1947년 2대 사장에 취임한 아버지 엔도 사이지로(遠藤斉治朗)는 한 걸음 더 나아가 오리지널 상품을 만들어 팔고 싶다고 생각하기에 이른다.

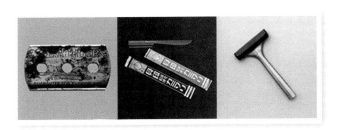

1932년 안전면도기 면도날 제조(왼쪽), 1951년 일회용 면도기 카이지루시 발매(가운데), 1963년 카이지루시 T형 발매(오른쪽).

자료: 〈https://www.kai-group.com/global/110th/〉

그렇게 탄생한 제품이 날을 바꿀 필요가 없는 일회용 면도기였다. 그는 1951년 동네 목욕탕에서 팔던 일회용 면도기에 '카이지루시'라는 이름을 붙여 해외 진출에 도전했다. 이미 거대 기업들이 자리 잡은 유럽과 북미 시장 대신, 아시아와 남미 시장을 공략해 성공을 거두었다.

일본 국내 시장에서도 성공은 이어졌다. 고도 경제성장기로 접어들면서 대형 마트와 양판점이 전성기를 누리기 시작하자, 카이는 가위나 주방용 칼로 상품 군을 넓힌다. 다양한 상품을 진열하고자 하는 유통매장의 요구와 맞아떨어지면서 카이는 탄탄한 기반을 마련하게 되었다.

그러나 1989년 3대 사장으로 취임한 엔도 고지에게 주어진 사업 환경은 할아버지와 아버지 때와는 달랐다. 버블붕괴로 가격파괴가 진행되면서 매출이 정체됐고, 수익성도 급격히 악화되기 시작했기 때문이다. 가장 큰 문제는 핵심 사업이었던 일회용 면도기의 국내 시장 점유율 하락이었다. 질레트, 쉬크 등 외국 거대 기업의 거센 공세는 카이를 끊임없이 위협하고 있었다.

## 진화2 세계 최초를 노려라

이에 엔도 고지 사장은 정면 승부를 노렸다. 모든 자원을 동원해 3중 면도날 개발을 추진한 것이다. 1970년대에 2중 면도날 면도기가 판매된 후로 이렇다 할 제품 혁신이 일어나지 않고 있다는 점에 착안했다. 그는 "경쟁이 치열한 시장에서 강력한 존재감을 드러내기 위해서는 세계 최초가 필요했다."라고 그 이유를 설명한다.

1998년 출시된 세계 최초의 3중 면도날 면도기 K-3은 카이의 명성을 드높이는 확실한 계기가 되었다.

자료: 〈https://www.kai-group.com/global/110th/〉

2중 면도날에서 3중 면도날로 전환하는 데 가장 공을 들인 것은 가격이었다. 면도날이 늘어나면 비용이 함께 늘어나는 것은 당연한 일이었다. 엔도 고지 사장은 비싸더라도 소비자가 가성비에 만족할 수 있도록 품질과 가격, 상품 구성에 신중을 기했다. 2년여의 개발 기간을 거쳐 1998년 출시된 세계 최초의 3중 면도날 면도기 K-3은 불과 몇 개월 만에 품귀 현상이 일어나는 인기 상품 대열에 합류했다.

시장을 확장하기 위해서는 뭔가 독특한 콘셉트의 제품이 아니면 안 된다고 생각한 엔도 고지 사장의 예상이 적중한 것이다. '세계 최초 3중 면도날 면도기'는 업계에 충격을 안기며 큰 성공을 거두었다. '일본에는 카이지루시라는 면도기 제조업체가 있다'는 것을 세계에 알린 기회가 되기도 했다. 실제로 이를 계기로 해외에서 주문이 쇄도했다.

"사실 3중 면도날은 특허가 아니다. 단지 면도날이 증가하면 당연히 제조 비용이 늘어날 뿐이다. 3개의 날에 맞게 면도기의 구조를 새롭게 개발해야 했고, 전용 조립 기계를 만드는 등의 설비 투자도 필요했다. 비용과 개발 양면에서 도전이 되는 프로젝트였던 것이다. 면도기의 역사를 거슬러 올라가면, 미국의 제조업체에서 1개의 면도날로 만든 면도기가 처음 세상에 나온 것이 1901년의 일이었다. 이후 1971년에 2중 면도날 면도기가 발매되었다. 면도날이 1장에서 2장이 되는 데에 70년이 걸렸다. 그리고 우리가 1998년에 세계 최초로 3중 면도날 면도기 개발에 성공한 것이다. 이제는 4중, 5중, 6중 면도날까지 나오고 있다."

카이는 저렴한 일회용 면도기를 오랫동안 만들고 팔아오면서, 어떻게 가격을 억제하고 신속하게 제조하는지 잘 알고 있었다. 거기에 전문 기술까지 더해졌으니 카이는 고객이 원하는 면도기를 제공할 수 있는 유리한 위치를 선점했다. 먼저 시장에 진출하여 시장을 장악한 선도 해외 기업에 비해 카이의 면도기는 지금도 상당히 저렴한 편이다.

### 진화3 위기를 다스리는 힘

그렇지만 '세계 최초'의 힘은 오래가지 않았다. 대형 기업이 비슷한 제품을 출시하면서 경쟁이 다시 치열해졌던 것이다. 그러자 엔도 고지 사장은 이번에는 정반대의 길을 가기 시작했다. 교체형이 아닌 일체형 일회용 면도기로 호텔 시장을 공략한 것이다. 칼날이 교체되는 제품을 선호하는 일반 고객들과는 달리 호텔 객실에서는 대부분 '한 번 쓰고 버리는 면도기'를 사용한다. 호텔 입장에서는 비용이 늘 부담스러운 부분이었다. 수입 제품을 쓰자니 비용이 부담되고, 국내 저가 제품을 쓰자니 호텔 이미지에 타격을 받을 수 있기 때문이었다. 카이는 이 점에 주목했고, 가성비를 최대한 살린 제품으로 호텔 객실 면도기 시장을 장악함으로써 위기를 또 한 번 멋지게 극복한다.

오랜 역사를 자랑하는 일본의 제조업들이 그렇듯, 칼을 만드는 분야 역시 장인들의 기술과 정신이 뿌리 깊이 박혀 있다. 한편, 이러한 장인 정신과 기술은 도제식으로 운영되었기 때문에 회사의 성장에 상충되는 측면을 가지고 있는 것도 사실이다. 엔도 고지 사장은 취임 후 '하향식 장인 경영'에서 탈피하겠다고 밝혔다. 이를 위해 차례로 사내 프로젝트를 시작하고, 일을 지시해주기만 기다리던 직원들의 의식을 변화시켜나갔다.

엔도 고지 사장은 사용자를 소중히 생각하는 것이야말로 장인 정신이라고 말한다. 카이가 2013년에 실시한 프로젝트는 여성의 감성을 살린 상품 개발을 목표로 했다. 카이는 칼을 만들던 제조업의 역사를 바탕으로 남성적이고 날카로우며 딱딱한 기업 이미지를 가지고 있었다. 실제로는 미용용품이나 가정용품이 많아 직접적인 사용자는 남성보다 여성이 더욱 많을 텐데도 말이다. 이를 간파한 엔도 고지 사장은 개발 및 기획에 여성의 관점을 적극 반영하고자 여성 인재 육성에 적극 나섰다.

카이는 한 단계 더 나아가 의료 시장에도 진출해 좋은 성과를 거두고 있다. 안과와 외과, 피부과용 메스를 만들고 있는데, 피부과용 메스의

카이의 오야나(小屋名) 공장. 주로 면도날이나 의료용 칼을 생산하는 공장이다.
자료: ⟨https://www.kai-group.com/global/kai-factory/profile/⟩

세계 시장 점유율은 50% 이상이라고 한다. 카이는 의료용 칼 제조를 통해 보다 적극적으로 사회에 공헌하는 방안을 모색한다.

### 진화의 원동력

엔도 고지 사장은 "할아버지가 접이식 칼과 면도기 등을 만들었고, 아버지는 판매망을 확충해 상품 확대에 이바지했다. 나는 아버지대에 15% 정도였던 해외 비중을 2배 이상 늘리면서 세계화를 진행했다고 할 수 있다. 앞으로의 목표는 직원도 고객도 신뢰할 수 있는 좋은 회사로 카이를 깊이 각인시키는 것이다."라고 말한다.

카이는 과거 증권사를 통해 몇 번이나 상장 권유를 받았지만, 선대에 이어 일관되게 비상장을 관철해오고 있다.

　"상장기업이 되면 공개 기업이기 때문에 당연히 단기적인 수익이나 주가, 주주가치 등을 우선해야 한다. 하지만 지금은 경영자의 직감이 없으면 카이도 다른 회사들과 똑같은 기업이 되고 말 것이다. 꽃이 피면 지는 것이 인지상정일지 모른다. 그렇지만 어느 정도 위험에서 가능성을 찾아 도전하는 것도 경영자의 역할이라고 생각한다. 당장의 숫자에 얽매이고 싶지 않다."

　끊임없는 변화와 위기에도 3대에 걸쳐 100년 이상을 이어올 수 있었던 카이의 원동력은 시대의 변화에 유연한 발상으로 대응했던 것이 아닐까. 오로지 칼날 하나에 사운을 건 이들의 여정이 위태로워 보이지 않는 이유는 그동안 걸어온 길에서 찾을 수 있을 듯하다.

모두가 편의점이라고 생각하고 있는 사이에
정신을 차려보니 이미 편의점이 아닌 모습이 되어가고 있었다.
이것이 바로 우리의 미래 모습이다.

# 29

## 이길 수 없는 게임에서 살아남는 법

### : 세이코마트 :

**일본 편의점 업계 최강자는?**

일본 편의점업계는 인수합병을 통해 세븐일레븐, 로손, 패밀리마트의 3개 진영으로 점차 집약되어가는 양상을 보이고 있다. 그중 세븐일레븐이 매출액 4조 엔을 기록하며 압도적 우위를 점하고 있다. 그렇지만 단 한 곳, 홋카이도만큼은 예외다. 홋카이도에서 세븐일레븐을 제치고 점포수 점유율 1위를 차지하고 있는 주인공은 바로 '세이코마트(株式会社セイコーマート)'다.

1971년 첫 번째 매장을 연 세이코마트는 홋카이도에만 해도 1,000여 개의 매장을 운영하고 있는 전형적인 지역밀착형 편의점이다. 2016년 고객만족도 조사에서도 세븐일레븐을 누르고 업계 1위를 차지하기도 했다. 지역 주민들의 확고한 신뢰를 바탕으로 일본 편의점계의 강자로 주목받고 있는 세이코마트의 성공 비결은 과연 무엇일까?

### 진화1 이길 수 없는 게임은 피해라

세이코마트는 다른 편의점과의 연계 없이 독립적인 생존방식을 유지하면서 성장을 거듭하고 있는 일본 유일의 편의점이다. 로손, 패밀리마트와 같은 편의점 체인이 제휴와 경영 통합을 통해 사업 규모를 확대하는 방법으로 세븐일레븐에 대항하는 것과는 전혀 다른 방향이다. 세이코마트는 대형 편의점과 정면승부를 하지 않는다. 싸워봤자 이길 수 없는 게임이라는 것을 잘 알고 있기 때문이다.

대신 틈새시장에 집중했다. 상권이 작다는 이유로 대형 편의점에서 소외된 과소 지역에 매장을 열기 시작한 것이다. 한 번은 상권인구가 1,000명 이하로 슈퍼마켓마저 문을 닫은 작은 마을의 이장이 찾아와 출점을 부탁한 일이 있었다고 한다. 세이코마트의 고(故) 아카오 아키히고(赤尾昭彦) 회장은 상권이 작아도 마을 주민이 빈번하게 편의점을 찾아준다면 승산이 있다고 판단하고 출점을 결정했다. 식품뿐 아니라 생활에 필요한 물건을 한 곳에 모아둔 '만물상' 같은 매장을 열어 지역 주민을 고정 팬으로 만들면 경쟁사가 진입해도 충분히 방어할 수 있을 것이라는 생각에서였다. 이런 생각으로 홋카이도의 과소 지역 출점을 적극 추진한 결과, 세이코마트는 점포수 점유율 80%가 넘는 홋카이도 대표 편의점으로 자리매김했다. 홋카이도의 179개 시정촌(市町村) 중에서 세이코마트 매장이 없는 지역은 단 4곳에 불과하다.

### 진화2 업계의 상식을 뒤집은 새로운 비즈니스 모델

그렇다면 세이코마트는 어떻게 과소 지역에서 충분한 수익을 얻고 있는 걸까? 업계의 상식을 뒤집은 남다른 비즈니스 모델에 그 답이 있다. 세븐일레븐과 같은 대형 편의점은 상품 제조를 외부 업체에 위탁하고 판매할 물량을 점포로 가져오게 하는 비즈니스 모델을 가지고 있다. 한편, 세이코마트는 자사가 보유하고 있는 농장에서 수확한 농산물과 자사 공장에서 만든 식품을 자체 물류망을 통해 각 점포로 운반하고 판매하는 방식을 취하고 있다. 다른 편의점들이 '보유하지 않는 경영'을 한다면, 세이코마트는 '보유하는 경영'을 실천하고 있다.

2007년에는 생산자와 공동 출자로 농산물 생산법인을 설립해 채소의 자급 비율을 22%까지 높였다. 수산물 역시 주요 6개 항구에서 경매권을 획득하고 중간 도매상 없이 직접 구매하여 구입단가를 낮추었다. 이를 통해 비용 절감은 물론, 상품 차별화에 성공했다. 지역의 특성에 맞는 물류망도 구축할 수 있었다. 넓은 면적에 사람은 분산되어 있는 홋카이도의 특성상 이 방법이 훨씬 유리하다고 판단한 것이다.

이뿐만 아니라, 세이코마트는 편의점에 안에 직접 조리한 반찬이나 도시락을 제공하는 '핫셰프' 코너를 1994년부터 설치해 운영해오고 있다. 지방의 식당들이 쇼핑센터와의 경쟁에 밀려 폐점하는 사례가 늘어

현재 핫셰프를 운영하는 점포는 900개 이상으로, 세이코마트의 상징이 되어가고 있다.

자료: 〈https://www.seicomart.co.jp/instore/hc01.html〉

나자, 이를 대체할 목적으로 만들었다. 핫셰프는 주민의 불편을 해소함과 동시에 집객 효과를 극대화시키고 있다.

세이코마트 입구에는 와인 선반이 있다. 마루야 도모야스(丸谷智保) 사장은 취임 후 벽에 붙어 있던 와인 선반을 입구로 옮기도록 지시했는데, 홋카이도 사람들에게 '와인은 세이코'라는 인상을 심고자 했던 것이다. 이는 한 점포당 내점하는 인구가 적은 데다 대형 편의점들도 들어와 있는 상황에서 킬러 콘텐츠로 손님을 유치하려는 전략에서 출발했다. 이 전략은 적중했다. 다른 편의점이 평균 하루 1병의 와인을 판매할 때 세이코마트는 평균 10병의 와인 판매를 기록하고 있다고 한다. 실제로 보졸레누보 등은 전국 10위의 매출을 기록했다.

### 진화3 미래를 앞서가는 진화를 하라

세이코마트의 진화는 여기서 끝나지 않았다. 홋카이도는 전국 평균보다도 빠른 속도로 인구가 감소하고 있는 지역이다. 편의점 경영만으로

세이코마트는 홋카이도의 풍부한 자원에 눈을 돌려
고유한 상품을 개발하고자 노력해오고 있다.

자료: 〈https://www.seicomart.co.jp/instore/
retale_brand.html〉

는 앞으로의 성장을 기대하기 어렵다고 판단한 세이코마트가 새롭게
시작한 것은 식품 제조 사업이다. 오래 전부터 제조업으로의 변신을 생
각했다는 아카오 아키히고 회장은 "자연환경이 뛰어난 홋카이도만큼
좋은 식품을 만들 수 있는 곳은 없다. 홋카이도에서 나는 고품질의 식
품이 다른 지역에서도 높이 평가받을 수 있도록 앞장서는 기업이 되고
싶다."라고 말한 바 있다. 편의점에 PB상품을 공급하는 것으로 시작해
지금은 태국, 말레이시아, 미국 등 해외시장으로도 수출하고 있다. 결
국 세이코마트는 회사명을 '세코마(世コマ)'로 바꾸고 제조와 물류를 수
직으로 연결한 기업체로 변신했다.

지금까지 소규모 상권 시장은 편의점의 아성이었다. 하지만 마루야
도모야스 사장은 "앞으로 식품 슈퍼마켓이 대규모 상권 시장에서 소규
모 상권 시장으로 이동하며, 소형 점포가 늘어날 것"이라고 전망한다.
그는 세이코마트의 고객층이 점차 변화하고 있다는 사실도 감지했다.
고령층과 특히 여성 고객이 늘고 있다. 고령층은 단품으로 소량의 제품
을 찾는 경향이 강하고, 여성 고객은 점차 식사 준비에 투입되는 시간

이 줄어듦에 따라 짧은 시간에 쉽게 요리할 수 있는 상품이 갖춰진 편의점을 더 자주 찾게 된다는 것이다. 고령층과 여성 고객은 자동차를 몰고 멀리 있는 대형 슈퍼마켓에 가는 대신, 도보로 갈 수 있는 편의점 등 소규모 상권 시장에 모이기 시작한다. 쇼핑객이 움직이는 범위가 이전보다 좁아지고 있다. 상가에 두부가게라든지 채소가게가 있던 시대로 다시 돌아가고 있는 것이다. 편안한 복장으로 걸어서 장바구니에 쇼핑한 물건을 담아올 수 있는 가게에 고객들이 몰리는 이유다.

마루야 도모야스 사장은 지금까지는 편의점과 슈퍼마켓의 업태 간 경쟁이었다면, 앞으로는 그 울타리를 넘어 슈퍼마켓이 편의점과 같은 종류의 점포를 내는 경향이 점점 강해질 것이라고 예상한다.

## 다윗이 골리앗을 이기는 방법

일본 홋카이도 지방 1위 편의점 세이코마트는 지역 특화 전략으로 성공한 대표적인 사례다. 그리고 그들은 결코 편의점에 멈추지 않고 계속 새로운 사업에 도전하고 있다. 제조 소매업은 물론, 핫셰프와 과소 지역 출점 등 차별화된 사업모델에 대한 연이은 도전은 세븐일레븐이라는 강력한 경쟁자가 있었기 때문에 나온 전략이었다. 같은 전략으로는 살아남을 수 없다는 위기감이 진화의 도화선이 된 셈이다.

"모두가 편의점이라고 생각하고 있는 사이에 정신을 차려보니 이미 편의점이 아닌 모습이 되어가고 있었다. 이것이 바로 우리의 미래 모습이다."

286

일본 편의점 업계는 이미 성숙 시장으로 접어들었다. 세이코마트의 도전이 편의점 업계에 새로운 돌파구를 열어줄 것인지는 확신할 수 없다. 하지만 분명한 점 하나는 도전해야만 성취할 수 있다는 사실일 것이다.

> "
> 눈앞의 일이
> 최고의 교과서였다.
> "

# 30

# 교과서에는 없는 성공

## : 핫랜드 :

## 프랜차이즈 성공신화의 주인공

일본의 대표적인 간식거리인 다코야키 하나로 연간 300억 엔의 매출을 올리는 기업이 있다. 적지 않은 외식업체가 실적 악화에 허덕이는 요즘, 길거리 아이템이 어떻게 성공한 프랜차이즈가 될 수 있었을까?

1988년에 창업한 '핫랜드(ホットランド)'는 일본 음식으로 세계적인 패스트푸드 체인을 만들겠다는 사세 모리오(佐瀬守男) 사장의 야심찬 계획에서 시작되었다. 처음에는 고향인 군마(群馬) 현에서 야키소바와 삼각김밥을 파는 일본식 패스트푸드점을 개업했다. 그렇지만 손님을 기다리지 않게 하려고 미리 만들어놓은 제품을 팔다 보니 맛이 떨어졌고,

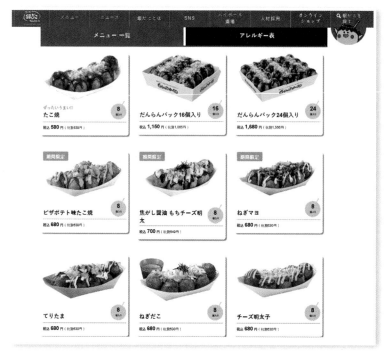

사세 모리오 사장은 실패를 경험한 후 여러 가지 음식 대신 오직 다코야키만을 파는 '쓰키지긴다코'를 오픈했다.

자료: 〈https://www.gindaco.com/menu/〉

손님이 더 줄어드는 악순환이 계속되면서 얼마 가지 못해 문을 닫고 말았다. 그 후 사세 모리오 사장은 여러 가지 음식 대신 오직 다코야키만을 파는 '쓰키지긴다코(築地銀だこ)'를 오픈했다. 손님들이 다코야키가 만들어지는 과정을 유리를 통해 볼 수 있게 만들었고 냉장 문어만을 사용하는, 당시로는 이례적인 방식으로 운영되었다. 최고의 맛을 찾기 위해 사세 모리오 사장은 반년 이상 매일 일본 전역을 다니며 다코야키를

먹었다고 한다. 신선한 재료와 조리 과정에 대한 호평이 퍼지면서 쓰키지긴다코는 큰 성공을 거둔다. 체인점 수도 가파르게 늘어났다.

### 진화1 이론만이 정답은 아니다

성공적인 10년을 보내고 그대로 순풍에 돛 단 배일 줄 알았던 사세 모리오 사장에게도 위기가 찾아왔다. 동일본대지진이었다. 핫랜드의 많은 점포가 지진의 영향권에 있었다. 당연히 영업은 중단되었고, 회사가 도산하는 것은 아닐까 진심으로 걱정했다고 한다. 그렇지만 그대로 가만히 있을 수는 없었다. 사세 모리오 사장은 무엇보다 직원을 안심시키고 고객을 지키기 위해 영업 재개를 서둘렀다. 동시에 핫랜드가 제공하는 '음식'을 통해 재해 지역 주민들에게 기여하고 싶었다. 그는 최대 피해 지역인 미야기(宮城) 현 이시노마키(石巻) 지역을 둘러보며 봉사자들과 함께 따끈따끈한 다코야키를 돌리기 시작했다. 연일 다코야키 봉사를 하면서 그는 피해 지역을 지원할 수는 있지만, 진정한 의미에서 지역 부흥으로 연결되지는 않는다는 사실을 깨달았다. 사세 모리오 사장은 피해 지역의 산업 부흥과 일자리 창출을 목적으로 '부흥 상가'를 열기로 결정하고 사업에 전념하기 위해 이시노마키로 본사를 이전하기에 이르렀다.

그런데 이시노마키에서 지역 부흥 사업에 열중하고 있는 동안 또 다른 사건이 터졌다. 체인점이 증가하면서 예기치 못한 문제가 발생했는데, 대량으로 사용해야 하는 문어를 안정적으로 조달하기가 어려워졌던 것이다. 체인점이 300개로 늘어나자 연간 2,000톤의 문어가 필요해졌는데, 이는 일본이 해외로부터 수입하는 전체 물량의 약 10%에 해당하는 엄청난 규모였다. 쓰키지긴다코가 구매하는 것만으로 일본의 문어 가격이 움직이는 상황이 벌어진 것이다. 균일한 맛과 서비스를 유지하는 데에도 문제가 생겼다. 보통은 생산 규모가 확대되면 규모의 경제 효과로 생산비용이 줄지만, 오히려 불합리한 부분들이 나타나기 시작한 것이다.

일반적으로 프랜차이즈 경영전략 수업에서는 이런 상황을 맞이하면 현재의 업태를 적정한 수준에서 유지하면서 다른 업태로 사업 아이템을 확장하라고 가르친다. 하지만 쓰키지긴다코는 경영이론과는 다른 길을 갔다.

사세 모리오 사장이 내린 결단은 2가지였다. 하나는 '문어 조달은 우리 스스로 해결한다'라는 원칙 아래 그동안 종합상사에 맡겼던 문어 조달을 중단하고, 전 세계의 문어를 직접 찾으러 가는 프로젝트였다. 그리고 또 하나는 문어 양식 프로젝트였다.

첫 번째 프로젝트를 통해 사세 모리오 사장은 문어를 잡지도 먹지도 않는 아프리카 오지까지 찾아가 문어 잡는 방법을 전수하고 중남미 지역을 돌며 수급 문제를 해결했다. 세계 어딘가에 문어가 있다는 정보를 얻으면 직접 그곳으로 찾아갔다. 그렇게 약 10개국을 돌았다. 사실 문어는 세계 모든 해역에서 잡힌다. 하지만 문제는 문어를 식재료로 쓰는 나라가 드물다는 것이다. 문어는 일본, 스페인, 이탈리아가 세계 3대 소비국이다. 지금은 유럽에서도 수요가 늘었다고는 하지만 워낙 먹는 사람이 적기 때문에 잡아도 팔리지 않으니 애초에 문어를 잡지도 않았다. 사세 모리오 사장은 과감히 전진하기로 했다. 다코야키를 세계에 전파하고 현지에 문어 잡는 기술을 전수해 안정적으로 문어를 공급받겠다는 것이었다.

두 번째 프로젝트는 핫랜드의 본사가 있는 이시노마키가 중심이었다. 일본 어업·수산 가공업의 거점인 이시노마키는 세계 최고의 수산 기술을 가지고 있는 도시다. 그래서 이곳의 지방정부, 대학 및 어업협동조합 등과 연계하여 문어의 완전 양식을 실현하려는 포부를 펼쳤다. 핫랜드는 이시노마키 수산연구소를 설립하여 세계 최초로 문어 양식을 위한 연구를 진행 중이다.

사세 모리오 사장은 "만약 다코야키 이외의 사업에 주력했더라면 지금의 핫랜드는 없었을 것이다. 그때도 지금도 가장 중요한 경영원칙은 '쓰키지긴다코'라는 브랜드를 지켜나가면서, 그 가치를 향상시키는 일이다."라고 말한다.

## 진화2 '가치'를 진화시켜라

사실 다코야키는 일본인들에게 매우 친숙한 먹을거리다. 그만큼 업체 간 경쟁도 치열하다. 신선한 재료를 사용하고, 조리 과정을 공개해 초반에 큰 성공을 거두긴 했지만, 그것만으로는 곧 한계에 부딪혔다. "다코야키의 맛에 익숙해져 있는 소비자의 입맛을 깨울 수 있는 새로운 시도가 필요하다."라고 생각한 사세 모리오 사장은 다코야키를 굽는 기계부터 바꿔나갔다. 기존 철판 안쪽에 요철을 붙이고, 기름이 다코야키의 표면에 균일하게 퍼질 수 있도록 직접 제작한 것이다. 25분 동안 약한 불에 구우면서 마지막에는 철판에 기름을 뿌려, 겉은 바삭하고 속은 부드러운 식감을 만들어내는 데 성공한다. 그리고 이 기계를 모든 체인점에서 동일하게 사용하게 하면서 쓰키지긴다코 특유의 식감을 동일하게 제공할 수 있도록 했다.

### 진화3 입지 조건에 맞는 업태를 찾아라

핫랜드의 성공에 있어 제품의 차별화만큼이나 중요했던 것이 있다. 바로 다코야키를 활용한 새로운 업태를 개발하는 것이었다.

핫랜드는 2009년부터 본격적으로 대도시에 매장을 여는 전략을 추진했다. 그렇지만 오피스거리 및 번화가에서 다코야키를 팔아서는 좀처럼 이윤이 남지 않았다. 특히 더운 여름철에는 타코야키가 잘 팔리지 않았다. 이런 문제점들을 어떻게 극복할 것인지 궁리 끝에 만든 것이 2010년에 문을 연 '긴다코 하이볼 사카바'였다. 술을 마시며 안주로 다코야키를 서서 먹는 새로운 콘셉트의 매장이었다. 술과 함께 즐길 수 없을까 고민하던 사세 모리오 사장이 위스키 판매 감소로 고심하던 산토리와 합작해 산토리 위스키를 베이스로 한 하이볼과 다코야키의 콜라보를 생각해낸 것이다.

"신주쿠 가부키초에 매장을 열기로 했다. 지역 특성상 심야 영업을

핫랜드는 입지 조건에 맞추어 다코야키를 활용한 다양한 업태를 개발하였다.

자료: ⟨http://www.hotland.co.jp/ir/business.php⟩

해볼 만하다고 판단하고 10평 남짓 좁은 공간에 서서 마실 수 있는 스타일의 가게를 만들었다. 그러나 주위에서는 '다코야키를 안주로 하이볼을 마시는 사람이 어디 있겠느냐'라며 반대했다. 그런데 이것이 마케팅도 없이 팔리기 시작한 것이다. 거기다 인기 여배우가 출연한 산토리의 광고가 히트하면서 하이볼 붐이 일었다. 자연스럽게 매장으로 오는 손님이 늘었다."

핫랜드는 직장인들이 많은 지역을 중심으로 점포를 확대해나갔다. 다코야키는 간식이라는 이미지가 강했지만, 술안주로 각인시키면서 새롭게 시장을 개척한 것이다.

이 밖에도 귀가하는 직장인을 위해 포장 판매를 주로 하는 '쓰키지긴다코', 주택가에는 케이크와 빙수를 다코야키와 함께 파는 '긴다코 카페'를 개설해 주부와 학생들을 공략했다. 교외 지역에는 배달을 전문적으로 하는 '택배 다코야키'를 개설해 혼자 사는 고령자도 쉽게 먹을 수 있도록 했다.

핫랜드 도쿄 본부의 입구에는 옛날의 상가를 그린 일러스트가 크게 장식되어 있다. 작은 상점의 지붕 곳곳에 '안심'이라는 풍선을 든 사람들이 제각각으로 모이는 그림이다. 1940~1950년대 일본에서 볼 수 있던 평범한 풍경이지만, 지금은 빠르게 사라져가고 있다. 사세 모리오 사장은 음식을 통해 그런 풍경을 다시 만들고 싶다고 말한다. 이제 다코야키라고 하면 사람들이 쓰키지긴다코를 떠올릴 만큼 핫랜드는 강력한 브랜드 파워를 구축해냈다. 그 원점이 바로 이 '풍경'이다.

## 단일품목 사업은 위험하다?

2017년을 기준으로, 핫랜드의 매출은 309억 4,100만 엔을 달성했다. 일반적으로 새로운 점포를 늘리면 매출은 어느 정도 증가한다. 그러나 핫랜드의 경우 기존 매장만을 놓고 봐도, 전기 대비 매출 신장이 무려 26개월간 지속되었다. 기존 점포들의 매출을 높이는 비결은 데이터를 중시하는 것이라고 생각한다는 사세 모리오 사장. 핫랜드에서는 1시간마다 각 점포의 매출 데이터를 집계하고 있다. 데이터 축적을 통해 요일과 날씨, 시간 등에 따라 매출 변화 추이를 알 수 있다. 다코야키는 따뜻한 음식이다. 하루 중에도 기온이 떨어지면 매출이 올라가고, 기온이 높아지면 매출이 주춤하는 패턴을 보인다. 또 가족 등의 수요가 영향을 미치기 때문에 평일보다 휴일에 매출이 늘어난다. 그렇기 때문에 이러한 데이터뿐만 아니라, 가게 주변의 지역 행사, 직원의 요리 솜씨 등도 감안하여 각 점장 및 직원들의 이동을 고려한다.

사세 모리오 사장은 해외에 핫랜드 점포를 늘리는 일에 박차를 가하고 있다. 그 동안 해외 확장이 늦어진 이유는 재료 수급의 안정성과 기술, 가격 문제 때문이었다. 그러나 새로운 기계를 개발하고, 문어 외의 재료를 다코야키 속에 넣는 방법으로 문제를 해결해나가고 있다. 그는 원점으로 돌아가 큰돈이 들지 않는 작은 점포를 전 세계에 대량 출점하고 싶다는 목표로 일하고 있다.

한 가지 아이템으로 하는 사업은 유행의 기복이 크기 때문에 위험성이 높다. 성공하더라도 유사품이 쉽게 유통되어 또 다른 차별화가 요구되기 때문이다. 핫랜드의 성공은 단일품목 전략을 추진하는 데 있어 이론이 전부가 아니라는 사실을 보여주는 좋은 사례이다. 자신의 성공 비결에 대해 '눈앞의 일이 최고의 교과서'였다고 말하는 사세 모리오 사장. 그럴듯한 경영이론도, 최고의 성공전략도 모두 현장에서 만들어진다는 사실을 잊지 말아야 할 것이다.

# 사양산업은 없다

전통을 지키며 변화를 유연히 받아들이고 진화에 성공한 일본 중소 기업의 내면을 들여다볼수록, 그들을 통해 배운 것을 적용하는 일이 결코 쉽지 않음을 느낀다. 그것은 이를테면 공장 한편에 걸려 있는 '정리·정돈'과 같은 표어를 지키는, 일견 사소해보이지만 근본적이고도 기초적인 일을 철저히 지키는 것에서부터 출발한다. 이는 품질을 유지하고 비용의 낭비를 막는다는 측면에서 기업의 생명선을 지키는 일과 직결된다. 하지만 기업이 단순히 생명 연장에 그치지 않고 도약을 수반하는 진화에 성공하려면 품질과 비용의 2차원적 발상을 넘어 3차원적 발상이 필요하다. 품질과 비용에 더해 고객 니즈와 시장 수요의 변화를 읽고 스스로 변화해야 한다는 뜻이다.

일본에는 비록 규모는 작지만 세계 최고라 자부하는 기업들이 많다.

이들은 사회를 구성하고, 국가의 든든한 버팀목으로 각자 제몫을 다한다. 이들 작지만 강한 기업들이 그런 영광을 누릴 수 있는 것은 세상에 없던 물건을 만들었기 때문이 아니다. 이들은 많은 경우, 이미 존재하는 것에 창의적인 발상으로 부가가치를 덧붙여서 새로운 고객과 시장을 창출해냈다.

이 책에서 다루는 사례들을 통해 확인했듯, 이들은 우산 하나로 세상을 바꾸려는 도전을 하고, 급감하는 연필의 수요를 끌어올리기 위해 어른들의 연필을 만들면서 제품이 가진 매출의 한계나 사양산업이 피하기 어려운 도산의 위기에서 당당히 살아남아 성공을 거머쥐었다. 세계 최고의 프리미엄 초콜릿을 일본에서 만들겠다고 선언하고, 동네 목공소에서 변신을 꾀해 유럽 박물관에 제품을 전시하고 판매하는 글로벌 기업으로 탈바꿈한다. 일회용 면도기를 만들어 팔다가 3중 면도날 면도기를 개발해 단숨에 세계 시장을 장악하고, 건강에 좋은 쌀겨 성분을 양말에 첨가해 업계에서 누구도 따라잡지 못할 진화에 성공한다. 이런 강소기업들의 진화는 모두, 3차원적 발상으로 고객 니즈와 시장 수요의 변화를 관찰하지 않았다면 불가능했을 것이다.

매일 아침 눈뜨자마자 중압감을 느낀다는 경영자들의 마음을 기업을 경영해본 경험이 없는 내가 이해하기는 어렵지만, 위기를 슬기롭게 이겨낸 일본 중소기업들의 이야기를 접하면서 얻은 5가지 깨달음이 있다.

첫째, '어려울수록 큰 그림을 그려야 한다.'

기업의 탄생과 걸어온 여정을 가만히 따라가다 보면, 마치 우리의 삶과도 같이 반드시 굴곡을 경험했음을 확인할 수 있다. 힘든 시기를 견딜 수 있는 가장 강력한 무기는 특별한 비결에서 나오기보다, 오히려 너무도 단순한 사고에 있었다는 사실을 깨닫게 된다. 그것은 바로 위기를 긴 여정의 한순간이라고 생각하는 것이다. 자사의 사업 아이템이 한계를 갖고 있는 것이 아니라, 경영을 어떻게 하는가에 따라 그 사업의 모양과 규모가 달라진다는 생각이다. 전통이라는 이름의 오랜 역사를 가진 기업들이 위기를 경험하지 않은 경우는 없었다. 위기는 또 다른 기회라는 진리를 잊지 말아야 한다. 한계에 부딪혔다고 생각하는 순간이 실은 더 큰 길을 찾을 절호의 기회인 것이다. "하라는 대로만 일을 하고 싶지는 않다"라는 뚝심으로 하청 제조 기업에서 자사 브랜드를 지닌 혁신 기업으로 진화한 혼다플러스와 쇠락하는 물류업계에 새로운 바람을 일으키며 "상식을 뒤집는 것이 우리의 사명"이라고 말하는 와콘이 대표적인 사례다.

둘째, '한눈팔지 말고 하던 것을 제대로 하면 된다.'

오래 살아남은 기업은 횡적 팽창보다 종적 성공을 추구해온 경우가 많다. 넓게 파는 것보다 깊게 파는 것이 오래갈 수 있음을 작은 기업들이라면 더욱 쉽게 공감할 것이다. 제품 본래의 기능을 갈고 닦아 완성도를 높이는 것은 시장에서 환영받으며 소비자 만족으로 이어지는 지

름길이다. 과도한 경쟁을 피해 자사만의 기술을 묵묵히 연마하며 발전
시키고, 그것을 바탕으로 우리가 잘 만들 수 있는 제품을 생산하는 일
을 꾸준히 하다 보면 예기치 못한 새로운 기회를 발견할 가능성이 매우
높아진다. 진화는 본질을 깊이 파고들어 기업의 핵심 역량을 활용하는
도전이 연속되어야 촉발된다. 간판 제조업체에서 일본 최고의 특수거
울 제조업체로 변신한 코미와 쌀겨 성분이 들어간 양말로 전대미문의
대히트를 기록한 스즈키양말이 여기에 포함된다.

　셋째, '헤매더라도 방향성만 맞으면 된다.'
　경영자가 마음먹거나 생각한 대로만 기업을 경영할 수 있다면, 먼 길
로 돌아가지 않고 원하는 곳으로 곧장 갈 수 있을 것이다. 그렇지만 그
런 가능성은 제로에 가깝다는 것을 우리는 경험으로 이미 잘 알고 있
다. 정상으로 향하는 길이 하나밖에 없는 것은 아니다. 방향성이 맞다
면 어떤 길로 향하든 문제될 것이 없다. 기업이 흔들리지 않는 확고한
방향을 설정했다면, 잠시 길을 잃고 헤매도 계속 앞으로 나아갈 수 있
는 동력을 잃지 않는다. 그러나 틀어진 방향을 올바르게 고치려면 얼
마나 많은 노력과 시간을 쏟아 부어야 할지 예측할 수 없다. 기업이 살
아남기 위한 올바른 방향 수정은 빠를수록 좋다. 그대로 두었다가는
더욱 틀어질 것이고, 걷잡을 수 없는 결과에 직면할 수도 있다. 방향 수
정을 위해서는 일상적인 관찰과 과감한 실행이 필요하다. 취학연령 인
구의 감소와 사무환경의 급속한 전산화로 쇠퇴해가던 일본 연필 산업

에 새로운 숨을 불어넣은 기타보시연필과 종업원 40명의 작은 가구 공장에서 미국과 유럽의 부유층은 물론이고 중동의 왕실까지 사로잡은 마쓰오카가구제조의 진화가 이러한 주장이 옳다는 것을 입증해주는 사례다.

넷째, '위기를 기회로 바꾸는 정답은 역발상이다.'

전통을 지키는 것은 곧 새로운 전통을 만드는 일이다. 가지고 있는 전통을 지키는 것만이 아니라, 적극적으로 새로운 전통을 만들어나가는 자세가 필요하다. 현재 기업이 처한 환경을 탓할 것이 아니라, 변화를 꿈꾸지 못하는 마음가짐을 되돌아봐야 한다. 남과 다른 생각을 실천하는 일은 많은 용기를 필요로 한다. 이는 자기 확신을 통해 이룰 수 있다. 안 된다고 생각한 원인이 반대로 기업을 회생시킬 계기를 제공하는 역할을 하기도 한다. 전통 공예 세계에 갇혀 쇠퇴하던 옻칠 기술을 현대에 되살려 세계 유수한 제조업체와 거래하며 성장한 우루시사카모토는 공예를 공업으로 진화시켜 조연에서 주연으로 거듭난 사례다. 또 포장재로만 인식되어온 종이의 한계를 넘어 종이가 주역이 되는 상품을 만들기 위해 남다른 아이디어와 협업 정신을 발휘하여 폐업 위기에서 극적으로 회생한 후쿠나가지공도 잊지 말아야 할 것이다.

다섯째, '익숙함에서 벗어나야 한다.'

진화를 꿈꾸는 기업은 변화와 친해져야 한다. 고객과 소비자가 지루하다고 생각하면, 그때는 이미 늦다. 이미 성공한 제품이라 할지라도 계속 그것만을 고집하며 변화를 수용하지 않는 것은 기업의 생명을 단축시키는 일이다. 늘 만들어오던 제품과 제공하던 서비스에 무엇을 더해야 보다 나은 부가가치를 창출할 수 있는지를 치열하게 생각해야 한다. '원래' 그런 것이 세상에 어디 있겠는가? 당연하다고 여기는 생각, 늘 해오던 익숙함을 경계하고 의심해야 한다. 만년 적자에 시달리며 폐선 위기에 몰린 철도노선에서 관광객으로 북적이는 인기 노선으로 회생한 이스미철도와 일하는 사람을 찾기조차 힘들었던 3D 업종의 주물 제작업체에서 세계인이 주목하는 글로벌 기업으로 변신한 노사쿠가 이를 증명하고 있다.

10여 년 전 '교토식 경영'이 국내에 소개된 이래, 이들 기업은 일본 강소기업의 대표 사례로 꾸준한 주목을 받아왔다. 교토에 근거지를 둔 기업들의 혁신적인 경영 방식을 일컫는 교토식 경영은, 물론 이 책에 소개된 기업 사례와는 그 맥을 달리하지만, 함께 살펴보면 큰 시사점을 얻을 수 있을 것이라고 생각한다. 그중에서도 우연한 기회에 심도 깊게 연구할 수 있었던 호리바제작소(堀場製作所)의 고(故) 호리바 마사오(堀場雅夫) 회장의 경영철학에 대해 소개하고 싶다.

나는 학교에서 강의를 해오면서 2011년 '일본 기업 이야기'라는 과목을 개설했다. 소개할 일본 기업들을 선별하면서 누구나 알 만한 기업보다는 잘 알려지지 않았지만, 시사점이 있고 일본 기업 고유의 특징을

가진 기업이 좋겠다고 생각했다. 이런저런 자료를 찾다가 '재미있고 즐겁게'라는 사훈을 가진 호리바제작소가 눈에 들어왔지만, 식상할 정도로 무감각해져버린 '펀 경영'과 다른 점이 없을 거라 지레 짐작하고 대상 기업에서 제외하려다 마지막 날 강의에 포함시켰다. 이후 호리바제작소는 내 기억에서 잊혀가고 있었다. 그러던 2015년 봄에 한 출판사로부터 번역 의뢰를 받고서, 나보다는 다른 전문가가 맡는 것이 나을 듯해 제의를 정중히 거절한 일이 있었다. 그러자 이번에는 다른 책을 한 권 내밀며, 이 책을 번역 출간해도 좋을지 살펴줄 것을 부탁했다. 출판사로 가서 직접 보니, 《재미있고 즐겁게(おもしろおかしく)》라는 제목의 책이었다. 반가운 마음에 그 자리에서 서문을 읽었고 그렇게 번역을 맡게 되었다. 이듬해 《재미있고 엉뚱하게》라는 제목으로 책이 출간되었는데, 나는 번역하는 동안 줄곧 언젠가 기회가 되면 저자를 만나보고 싶다는 마음을 품고 있었다. 그렇지만 끝내 그 바람을 이룰 수 없었는데, 번역을 마친 며칠 뒤 호리바 마사오 회장의 비보를 접했던 까닭이다.

호리바 마사오 회장은 창의력을 최대한 발휘하면서 활기차게 일하면 직원도 기업도 성장한다고 믿었다. 그런 이상적인 회사를 만들기 위해 '재미있고 즐겁게'라는 사훈을 만든 것이다. 이런 사훈을 가진 회사의 직원들은 어떤 생각을 하게 될까? 혹시 회사에 나가는 것이 너무 좋은 나머지, 월요일을 기다리며 주말을 보내지는 않을까? 호리바 마사오 회장은 직원들에게 "회사를 위해 일하지 마라. 싫으면 그만둬도 된다. 멋대로 해도 좋다. 하는 데까지 해봐라. 남의 말은 듣지 마라."라고 말한다.

기업은 사람이 중심이어야 하며, 사람을 어떻게 평가하는지에 따라 기업의 성과가 달라진다. 이것이 호리바 마사오 회장이 쓴 여러 책을 읽어보고 내가 내린 결론이다.

호리바제작소의 인사 카드에는 직원들의 업무 실수나 능력상의 결점과 같은 '마이너스 요소'를 작성하는 칸이 없다. 오직 직원이 새로운 아이디어를 냈는지, 적극적인 행동을 했는지를 확인할 수 있는 평가 항목이 존재할 뿐이다. 사람은 모두 잘하는 일이 제각기 다르기 때문에 그 능력을 최대한 발휘할 수 있도록 회사가 도우면 직원은 신이 나서 일을 하고, 그것은 결국 회사의 이익으로 이어진다고 생각하는 호리바 마사오 회장의 경영철학을 엿볼 수 있는 대목이다. 그는 마이너스 평가를 두려워하는 직원이 많으면 그 기업에는 미래가 없다고 말한다.

평가란 대상의 가치를 규명하는 일이다. 그렇기 때문에 평가를 잘 받으려면 가치를 높여야 한다. 그러나 우리에게는 한정된 시간만이 허락되기 때문에 일의 우선순위를 정해야 한다. 현명한 사람이라면 자신의 가치를 극대화하기 위해 지금 무엇을 먼저 해야 할지 잘 알고 있을 것이다. 그 가치 있는 일이 바로 호리바제작소에서는 '도전'이다. 회사가 직원들에게 실패를 묻지 않으니, 두려워하지 않는다. 각기 다른 장점을 가진 직원들의 결점만을 부각시켜 평가하는 것은 회사에 아무런 도움이 되지 않는다. 학교 교육에서도 벌점보다는 가점 평가가 성과를 극대화하는 데 유용하다는 연구결과가 많다.

나는 연구년을 맞아 잠시 미국에 머무른 적이 있다. 마침 두 아이가 중학교에 다녀서 간접적으로 미국 교육을 접할 수 있었다. 미국식 교육에 대해서 다양한 의견이 존재하겠지만, 가장 인상적이었던 점은 '엑스트라 크레딧(Extra Credit)'이었다. 시험을 망쳤더라도 추가로 점수를 올릴 수 있도록 과제물 제출 등을 통해 기회를 주는 가점 제도다. 아이들은 시험 준비를 할 때는 볼 수 없었던 적극성을 보이며, 신이 나서 과제물 준비를 했다. 새로운 환경에 적응하며 성장하는 것이 느껴졌다.

호리바 마사오 회장은 "가점 평가를 하면 직원의 마음이 바뀐다."라고 말한다. 그렇다고 실패를 방임하라는 것이 아니라고, 오해하지 말라고 당부한다. 실패하면 엄하게 꾸짖어야 하고 그렇게 하지 않으면 똑같은 실패를 반복하게 된다고 덧붙인다. 중요한 점은 실패를 평가에 반영하지 않는다는 것이다. 그는 이렇게 하면 직원이 긴장감과 도전적인 자세를 동시에 가지게 될 것이라고 여겼다. 도전적인 조직만큼 강한 것은 없다는 것이 그의 생각이었다.

피터 드러커는 《변화 리더의 조건(The Essential Drucker on Management)》에서 인사관리의 기본원칙에 대해 다음과 같이 말한다.

"경영자가 수행하는 모든 의사결정들 가운데 사람에 관한 결정만큼 중요한 것은 없다. 왜냐하면 그것이 바로 조직의 목표 달성 능력을 결정하기 때문이다."

호리바 마사오 회장이라면 아마도 피터 드러커의 책을 모두 다 읽지 않았을까 생각한다. 그는 사람을 어떻게 평가해야 조직에 도움이 되는지 너무나 명쾌하게 꿰뚫고 있었다. 평가에 불만이 있는데 어떻게 일이 재미있고 즐거울 수 있겠는가? 피터 드러커는 같은 책에서 이렇게 말했다.

"조직이 아첨꾼이나 잔꾀 많은 사람들의 세상이 되지 못하도록 공정한 인사를 위해 최선의 노력을 기울이지 않는 경영자는 조직의 성과에 해를 끼치는 것 이상의 잘못을 하고 있다. 그들은 구성원들이 갖고 있는 조직에 대한 경외감을 훼손시키고 있는 것이다."

직원들이 매일 재미있고 즐겁게 일하기를 바랐던 호리바 마사오 회장은 어느 날 반대로 '직원이 제일 재미없고 기분 나쁜 일은 무엇일까'를 생각해본 적이 있다고 한다. 그는 즉시 인사 평가라는 결론을 얻었다. 평가에 불만을 가지면 일이 갑자기 재미없어진다. 호리바 마사오 회장은 불공평을 유발하는 근원이 마이너스 평가에 있다고 생각했다. 더불어 기업은 '공평'과 '공정' 중에서 마땅히 '공정'을 선택해야 한다고 강조했다.

호리바제작소의 인사관리는 '공유와 공정(Open & Fair)'이다. 호리바제작소가 생각하는 'Open'은 경기를 시작하기 전에 규칙을 서로 공유하는 것이다. 회사는 직원에게 '당신에게 기대하고 있는 것은 이것이다'라고 목표를 공유한다. 예기치 못한 사업 환경 변화가 발생하면 회사는 '규칙 변경=목표 변경'을 확실하고 분명하게 직원들에게 알린다. 호리바제작소가 생각하는 노동력은 기업의 생산요소 중 하나인 인재(人材)

가 아니라, 기업의 소중한 재산인 인재(人財)다. 이 인재를 육성하기 위해 목숨처럼 소중하게 여기는 것이 'Fair'다. 이것은 결과의 평등이 아니라, 기회의 평등을 뜻한다. 남녀노소, 국적, 근무연수, 장애 유무, 과거 실적과 상관없이 누구에게든 손을 들 수 있는 기회를 제공한다. 그러나 직원들 누구나 주저하지 않고 "내가 해보겠다"라고 말할 수 있는 회사 분위기는 그리 쉽게 만들어지지 않는다.

"공정하게 판단하는 것은 다른 누구를 위해서가 아니다. 경영자 자신을 위해서다."라고 호리바 회장은 말한다. 기회가 평등하게 주어지고 일한 만큼 보상받는 것, 그것이 바로 호리바 마사오 회장이 생각한, 기업의 진정한 '공정'이었다. 그는 "경영자는 직원의 불평불만을 정중하게 받아들여 없애는 것이 중요하다. 직원들이 매일 즐기면서 재미있게 일하기를 바라기 때문에 직원의 불평불만을 최소한으로 줄이는 것이 마땅하다."라고 강조했다.

모든 기업이 '인사관리'를 하지만 사실 어느 누구도 관리의 대상이 되는 것을 원하지는 않는다. 그래서 국내 배달 앱 '배달의 민족'을 운영하는 김봉진 대표는 "관리보다 관심이 중요하다."라고 말한다. 그는 회사가 관리하기 시작하면, 직원들은 딱 그만큼만 일한다고 주장한다. 그러나 관심은 능력 이상의 힘을 발휘한다. 《관심의 경제학(Attention Economy)》저자인 토머스 데이븐포트 교수는 '관심이란 비즈니스에서 가장 소중한 자원'이라고 설명한다. 넘쳐나는 정보로 정작 사람의 관심이라는 중요한 자원은 점차 희소한 것이 되어간다고 주장하며 "우리는 사람이 컴퓨터가 아니라 다른 이들로부터 관심을 받을 때 진정으로 고마움을 느낀다고 믿는다."라고 말한다.

다른 많은 회사들이 하는 것처럼, 호리바 마사오 회장도 직원들의 생일을 일일이 챙겼다. 그러나 다른 점이 하나 있었다. 최고급 호텔 음식이 제공되는 사원들의 생일파티에 중간관리자는 참석하지 못한다. 그는 경영자가 직원들에게 관심을 가지고 있다는 사실을 알리고, 서로 편안하게 이야기 나눌 수 있는 기회를 소중하게 생각했다. 관리는 다스리는 것이지만, 관심은 마음이다.

마지막으로, '일본적'인 수많은 기업들을 설명하는 데 이보다 더 적합한 말은 없을 것 같아서 파나소닉 창업자이자 일본에서 경영의 신으로 통하는 마쓰시다 고노스케(松下幸之助)의 말을 빌려 끝맺고자 한다.

"한쪽은 이것으로 충분하다고 생각하지만 다른 한쪽은 아직 부족할지 모른다고 생각한다. 이런 종이 한 장의 차이가 커다란 성과의 차이를 만든다."

## PART 1 _ 매력적인 경영자
# 만드는 것도 사람이고, 소비하는 것도 사람이다

### 01 극한 직업에서 선망의 직업으로 | 노사쿠

: 노사쿠 홈페이지 〈http://www.nousaku.co.jp/〉 :

- 日経ビジネス, 企業研究, 「能作の '錫の食器'はなぜ営業不在でも売れるか」 2017. 12. 11. 〈https://business.nikkei.com/atcl/report/15/278209/120800172/〉

- 月刊 事業構想, 地域未来構想 富山県, 「'100年後の伝統' へ地場産業を革新」 2014. 6. 〈https://www.projectdesign.jp/201406/pn-toyama/001411.php〉

- PRESIDENT Online, 進化系中小企業2.0, 「使い方は客任せ！'曲がる錫'不思議な器で世界を驚かす」 2015. 6. 25. 〈https://president.jp/articles/-/15573〉

- AXIS, 「富山の鋳物メーカー「能作」の新社屋が完成 ものづくりの現場と地域観光をひとつ屋根の下に」 2017. 5. 31. 〈https://www.axismag.jp/posts/2017/05/76943.html〉

- manimaniMAG, 「富山の鋳物メーカー'能作'の工場見学が凄い！高岡銅器の魅力にハマる」 2018. 4. 2. 〈https://manimanimag.jp/a0412_20180402/〉

- NAVITIME Travel, 「[富山・高岡] 2017年4月OPEN「作-nousaku-」の新社屋でできる5つのこと」 2017. 6. 17. 〈https://travel.navitime.com/ja/area/jp/guide/NTJrjnt0002/〉

- ONESTORY, 「純度100％の錫で独自の世界を魅せる。[能作 / 富山県高岡市」 2018. 11. 4. 〈https://www.onestory-media.jp/post/?id=2331〉

## 02 종이, 그 자체로 주역이 되다 | 후쿠나가지공

: 후쿠나가지공 홈페이지 〈https://www.fukunaga-print.co.jp/〉:

- TACHIKAWA NAVI, ウォッチ, 「立川から世界へ発信！‘福永紙工’さんへ行ってきました！」2013 〈http://tachikawanavi.jp/watch/110/〉

- 東京都産業労働局 中小企業しごと魅力発信プロジェクト カイシャハッケン伝, 「技術 光る企業」, 2014. 10. 〈http://www.kaisyahakken.metro.tokyo.jp/kigyou/fukunaga-print/〉

- 日本仕事百科 〈https://shigoto100.com/2015/02/fukunagaprint.html〉

- 月刊 ニュートップ L, 「キラリと光るスモールカンパニー」 デザイナーとのコラボで「紙 が主役」の世界を作り出し脱下請けにつなげる(福永紙工株式会社・社長 山田明良), 2012. 11. 〈http://www.njh.co.jp/small_company/sc22/〉

- PRESIDENT Online, 進化系中小企業2.0, 「1枚の紙を夢の形に！’印刷会社“起死回生”の 紙技」, 2015 〈https://president.jp/articles/-/15778〉

- 販促會議, 「経営トップ、販促の着眼点-福永紙工」 2015. 2. 〈https://mag.sendenkaigi.com/hansoku/201502/viewpoints-of-top-management/004444.php〉

- その他の年齢 〉 福永紙工株式会社・山田 明良様のインタビュー (2016. 6. 30.). Only Story 〈https://onlystory.co.jp/stories/manufacture/ages/509〉

## 03 연필의 정신 | 기타보시연필

: 기타보시연필 홈페이지 〈http://www.kitaboshi.co.jp/〉:

- PRESIDENT Online, 進化系中小企業2.0, 「‘大人の鉛筆’大ヒット！ 鉛筆はまだまだ成長 産業である」, 2016. 11. 17. 〈https://president.jp/articles/-/20669〉

- 東京都産業労働局 中小企業しごと魅力発信プロジェクト カイシャハッケン伝, 「北星鉛 筆 株式会社, 技術 光る企業」, 2013. 7. 〈http://www.kaisyahakken.metro.tokyo.jp/kigyou/kitaboshi-pencil/〉

- 東京商工会議所, 勇気ある経営大賞 特別賞 第13回選考結果, 2015. 〈https://www.tokyo-cci.or.jp/market/keieitaisyo/13/04/〉

- 中小企業基盤整備機構, 「創業67年の鉛筆メーカーが 存続するためにしている3つの取り組み」, 2018. 3. 〈https://jsf.smrj.go.jp/report/index.html〉

- 日本が誇る伝統と挑戦の革新企業, DENTOU TIMES, 「多くの人へ北星の鉛筆を届けたい」〈http://www.k-tsushin.jp/dentou_chosen/search/details/018108/〉
- 葛飾区時間, 「杉谷 和俊 代表 スギタニ カズトシ」 2013. 〈https://www.katsushika-jikan.com/request/area/owners_profile_d/665/〉
- 日テレNEWS24, 「東京下町の鉛筆工場に鉛筆神社…社長の思い」 2019. 1. 24. 〈http://www.news24.jp/articles/2019/01/24/06415116.html〉

## 04 하라는 대로만 일하고 싶지는 않다 | 혼다플러스

: 혼다플러스 홈페이지 〈http://www.hondaplus.co.jp/〉 :

- Aichi Quality, 愛知ブランド企業紹介, 「本多プラス株式会社」〈http://www.aichi-brand.jp/corporate/type/plastic/honda-plus.html〉
- 東日新聞, 「プラスティックに新しい価値を表現し 創造し続けるクリエイティブ型メーカー」 本多プラス株式会社, 2019. 4. 9. 〈https://www.tonichi.net/company/company.php?id=39〉
- テレビ 東京/BSテレ東, カンブリア宮殿, 2011. 9. 22. 〈https://www.tv-tokyo.co.jp/cambria/backnumber/2011/0922/〉
- 公益社団法人豊橋青年会議所, 事業報告, 「時代を見据えた創始・創業の精神〜躍動する後継者と新たなる企業方針〜」 2017. 8. 〈http://www.toyohashi-jc.sakura.ne.jp/web/work/4029/〉
- 月刊 事業構想, プラスティック容器に「美」を 独自の製造とデザイン力, 2018. 11. 〈https://www.projectdesign.jp/201811/creativeaoyama/005635.php〉

## 05 동네 공장, 로켓을 쏘다 | 유키정밀

: 유키정밀 홈페이지 〈https://www.yukiseimitsu.co.jp/〉 :

- PRESIDENT Online, 発掘！中小企業の星・完全版, 「町工場から宇宙へ！ リアル‘下町ロケット’〜茅ヶ崎市・由紀精密」 2016. 10. 5. 〈https://president.jp/articles/-/20322〉
- 科学技術振興機構, 「特集2: - オープン・イノベーションで新市場を拓く企業」 株式会社由紀精密 倒産寸前を経験した従業員30人の町工場の挑戦, 2016. 8. 〈https://sangakukan.jst.go.jp/journal/journal_contents/2016/08/articles/1608-03-3/1608-03-3_article.html〉

- 日経キャリアNET 転職ニュース&コラム, この会社の人材戦略,「由紀精密常務 大坪 正 人氏に聞く」2013. 1. <https://career.nikkei.co.jp/contents/strategy/02/>

- Vacuum Magazine,「技術はいつの時代も生き残れる - 由紀精密訪問 vol.1 & vol.2」 2018. 1. 30. <https://www.ulvac.co.jp/wiki/ultimate_in_technologies1/>

- パーソルテクノロジースタッフ,「"進化する町工場"由紀精密はどうやって倒産危機を 乗り越えたのか」2018. 3. 30. <https://persol-tech-s.co.jp/i-engineer/product/ yukiseimitsu>

- IoT, 日本のものづくり最前線,「'研究開発型'町工場の躍進の秘訣を探る　- 由紀精密 社長 大坪正人氏インタビュー」2018. 8. 20. <https://iotnews.jp/archives/104905>

- 위클리비즈 조선,「부품회사에서 항공우주 기업으로… 한 우물만 깊이… 망하던 회 사 일으켜」, 2018. 4. 21. <http://weeklybiz.chosun.com/site/data/html_ dir/2018/04/20/2018042001737.html>

## 06 다시 오게 만드는 비결 | 빅마마

∶ 빅마마 홈페이지 <https://big-mama.co.jp/> ∶

- PRESIDENT Online, 進化系中小企業2.0,「クリーニング、顧客の声から生まれた「保 管」新サービスって?」2015. 11. 18. <https://president.jp/articles/-/16603>

- KENJA GLOBAL(賢者グローバル), 2017. 10. <https://www.kenja.tv/president/ detktp3zb.html>

- SPRING サービス産業生産性協議会, ハイ・サービス日本300選, 株式会社ビッグ・マ マ(第8回受賞企業・団体) <https://www.service-js.jp/modules/spring/?ACTION=hs_ data&high_service_id=210>

- NAVIS, 起業家インタビュー,「株式会社ビック・ママ 代表取締役 守井嘉朗 氏」2013. 6. 28. <http://www.navis.co.jp/square/11.html>

- いぐする仙台,「お直しを通して日本一愛される会社を目指す」 ~守井嘉朗社長インタビ ュー~, 2013. 12. 13. <http://igusuru.com/1461.html>

- 週刊現代,「お直し専門店'ビッグ・ママ'社長が埋もれたニーズを見つけるまで」2017. 4. 28. <https://gendai.ismedia.jp/articles/-/51498>

- CiemasPLUS, 私と映画Vol.9「株式会社ビック・ママ 守井嘉朗社長を支えるストーリー」 [PR], 2017. 1. 31. <https://cinema.ne.jp/interview/watashi20170131/>

- WISE, 「株式会社 ビック・ママ その他サービス業〔仙台市青葉区〕洋服のお直しを通し'もったいない'の精神を世界へ！」2016. 1. 〈http://www.wise-sendai.jp/2015/big-mama/〉

- COMPASS ONLINE, 編集部のお勧め記事, 「タブレット受付システムがなぜ事業を伸ばすのか〈IT活用事例〉」2016. 7. 19. 〈https://www.compass-it.jp/pickup/1907〉

# 진화는 현재진행형이어야 한다

## 07 최소한이 곧 최고의 가치 | 베이스

: 베이스 홈페이지 〈https://mini-mal.tokyo/〉 :

- PRESIDENT Online, 進化系中小企業2.0, 「チョコレート革命'日本発ブランドが世界を制する味わい」2016. 6. 15. 〈https://president.jp/articles/-/18268〉

- WIRED, Awarded Innovator, #29「山下貴嗣山下貴嗣」2017. 11. 10. 〈https://wired.jp/waia/2017/29_takatsugu-yamashita/〉

- FocusOn, ストーリー, 「チョコレートに幾重の体験を——赤道直下から届く'香り'」2017. 7. 31. 〈https://focuson.life/article/view/30〉

- 月刊 事業構想, 「和食の発想でチョコレートを「再解釈」今話題の店舗を実現」2018. 11. 〈https://www.projectdesign.jp/201811/businessdesign-idea/005611.php〉

- Venture Navi, 「チョコレートで世界を新しくする Minimal （株式会社βace） 山下貴嗣 代表（第2話）」2018. 1. 12. 〈https://venturenavi.dreamincubator.co.jp/articles/interview/1738/〉

- NIPPON MARKETERS, 「Vol.30: チョコレートという食文化の枠を、もっと広げていく」2016. 2. 3. 〈https://nipponmkt.net/2016/02/03/takurami30_minimal_yamashita01/〉

- CULTURE WORKS, 「次世代 Made in Japan。世界から注目を集める、クラフトチョコレート」〈https://culture-works.jp/topics/1315〉

## 08 회사는 꿈을 개화시키는 장소 | 메트롤

: 메트롤 홈페이지 〈https://www.metrol.co.jp/〉:

- PRESIDENT Online, 進化系中小企業2.0, 「社内メール禁止！ 社員が勝手にイキイキ働く 会社の秘密」 2015. 4. 3. 〈https://president.jp/articles/-/14959〉
- DIAMONE online, 飛び立て、世界へ！ 中小企業の海外進出奮闘記, 「立川で生産される '精密位置決めスイッチ' に世界から注文が殺到する理由」 2017. 10. 12. 〈https://diamond.jp/articles/-/145357〉
- 東洋経済 ONLINE, ワークスタイル, 「社員もパートも幸せな '持たざる経営'の秘密」 2016. 1. 15. 〈https://toyokeizai.net/articles/-/99442?page=3〉
- モノづくり、ものがたり, 成功企業紹介：株式会社メトロール. 〈http://www.kaisyahakken.metro.tokyo.jp/success/example/index02.html〉

## 09 기업의 진화는 달라야 한다 | 이와타니산업

: 이와타니산업 홈페이지 〈http://www.iwatani.co.jp/jpn/〉:

- 뉴시스, "[수소혁명 시작됐다②]日 수소산업 이끄는 '빅3' 기업은?", 2018. 4. 15. 〈http://www.newsis.com/view/?id=NISX20180413_0000281463〉
- PRESIDENT Online, 気になる新商品の企画書, 「家庭で '無煙'がなぜ可能？ 焼肉専用コンロ 'やきまる'の秘密」 2017. 3. 22. 〈https://president.jp/articles/-/21669〉
- 日経ビジネス, 企業研究, 「'水素は売れる'70年の執念」 2015. 4. 3. 〈https://business.nikkei.com/article/NBD/20150402/279511/〉

## 10 보이지 않는 곳을 보다 | 코미

: 코미 홈페이지 〈https://www.komy.jp/〉:

- PRESIDENT Online, 進化系中小企業2.0, 「'気くばりミラー'で成長する不思議な会社の '物語'」 2017. 3. 22. 〈https://president.jp/articles/-/21486〉
- DIAMONE online, 飛び立て、世界へ！ 中小企業の海外進出奮闘記, 「世界の航空機がこぞって導入する日本製 '気くばりミラー'とは？」 2017. 9. 27. 〈https://diamond.jp/articles/-/143617〉
- J-Net21, 元気なモノ作り中小企業300社, 「コミー株式会社」 2008. 〈http://j-net21.smrj.go.jp/develop/genki_mono/2008mono/2008/01/01234959.html〉

## 11 혁신이 필요한 순간 | 스즈키양말

: 스즈키양말 홈페이지 〈https://www.suzuki-socks.co.jp/〉 :

- 東洋経済 ONLINE, なにわ社長の会社の磨き方, 「米ぬか繊維'は足のガサガサの救世主だった」2017. 10. 23. 〈https://toyokeizai.net/articles/-/193801〉
- 日本経済新聞, 鈴木靴下, 「コメぬか成分使った靴下」(日本経済新聞 電子版), 2013. 5. 19. 〈https://www.nikkei.com/article/DGXNZO55206540Y3A510C1TJE000/〉

## 12 품질보증서가 없는 기업 | 스노우피크

: 스노우피크 홈페이지 〈https://www.snowpeak.co.jp/〉 :

- 長沢 伸也 編, 「ラグジュアリーブランディングの実際―3‧1 フィリップリム、パネライ、オメガ、リシャール‧ミルの戦略」海文堂出版, 2018.
- PRESIDENT Online, 激務トップの'健康法、ストレス解消法', 「自然の中で人間性を回復'行き詰まったら、山籠り' - スノーピーク代表取締役 山井 太氏」2015. 10. 15. 〈https://president.jp/articles/-/16334〉
- Hitachi, 日本発の経営戦略'J-CSV'の可能性 「ミッションは'人間性の回復' [前編]アウトドアの可能性を、都会にも」2016. 10. 26. 〈http://www.foresight.ext.hitachi.co.jp/_ct/17004959〉
- DIAMONE online, 経営新戦略3.0, 「アウトドア好きばかりが集まる'組織文化がスノーピークの好調を支える」2018. 1. 4. 〈https://diamond.jp/articles/-/154045?page=3〉
- テレビ 東京/BSテレ東, カンブリア宮殿, 2014. 9. 18. 〈http://www.tv-tokyo.co.jp/cambria/smp/backnumber/2014/0918/〉

# 성공에는 모방이 아니라 모험이 필요하다

## 13 할 수 있는 한 한다 | 마쓰오카가구제조

⋮ 마쓰오카가구제조 홈페이지 〈http://matsuokakagu.co.jp/〉 ⋮

- PRESIDENT Online, 発掘！中小企業の星 · 完全版, 「選ばれる"ブランド"になるために 海外進出～松岡家具製造」2016. 11. 22. 〈https://president.jp/articles/-/20685〉
- 日本経済新聞, 「松岡家具製造、欧州で高級家具拡販 英仏伊に代理店網」(日本経済新聞 電子版), 2012. 9. 15. 〈https://www.nikkei.com/article/DGXNZO46155280 U2A910C1LC0000/〉
- 中小企業基盤整備機構, 「地域新事業展開のベストプラクティス」, 2018. 4. 〈http:// www.smrj.go.jp/ebook/bestpractices/pageindices/index37.html#page=37〉

## 14 우리밖에 만들 수 없는 맥주 | 기우치주조

⋮ 기우치주조 홈페이지 〈https://kodawari.cc/〉 ⋮

- PRESIDENT Online, 企業経営, 「'世界一の地ビール'が茨城で生まれた理由」, 2017. 12. 7. 〈https://president.jp/articles/-/15778〉
- DIAMONE online, 政治 · 経済 クラフトビールは生き残れるか, 「世界で名を轟かす日系 クラフトビールの成功要因」, 2016. 9. 3. 〈https://diamond.jp/articles/-/100628〉
- J-marketing.net, 「木内酒造：常陸野ブルーイング」, 2018. 5. 〈https://www.jmrlsi. co.jp/scto/case/2018/kiuchibrewery.html〉
- SankeiBiz, 「[茨城発 元気印]木内酒造 地ビール海外展開など多角化戦略で躍進」, 2015. 2. 26. 〈https://www.sankeibiz.jp/business/news/150226/bsc1502260500011-n1. htm〉

## 15 고객이 요청하기 전에 먼저 제안하라 | 야마토미싱

⋮ 야마토미싱 홈페이지 〈https://www.yamato-sewing.com/ja〉 ⋮

- J-Net21, 元気なモノ作り中小企業300社, 「ヤマトミシン製造株式会社」, 2008. 〈http:// j-net21.smrj.go.jp/develop/genki_mono/2008mono/2008/01/01233355.html〉

- 東京労務管理総合研究所,「ヤマトミシン製造株式会社」〈https://syaroshi.jp/company/yamato_mishin.htm〉

## 16 나무와 함께 자란다 | 다키자와베니어

: 다키자와베니어 홈페이지 〈http://www.takizawaveneer.co.jp/〉

- 北海道経済産業局,「はばたく 中小企業・小規模事業者300社」, 2018. 3. 27. 〈http://www.hkd.meti.go.jp/hoksc/20180327/juyou04.pdf〉
- 北海道で暮らそう！,「多品種少量生産による高品質の製品づくりと、健全な森林づくりをめざして[滝澤ベニヤ 株式会社 / 芦別市]」, 2016. 〈http://kuraso-hokkaido.jp/localwork/2016/03/〉
- 工場見学へ行ってきました！滝澤ベニヤ㈱ 本社芦別工場!!, 2018. 5. 〈http://sorachi-de-view.com/ashibetsu/322

## 17 Made 'with' Japan | 이이다그룹홀딩스

: 이이다그룹홀딩스 홈페이지 〈https://www.ighd.co.jp/〉

- NHK NEWS WEB,「来るかも？極寒地で日本の木造住宅ブーム」, 2018. 8. 9. 〈https://www3.nhk.or.jp/news/web_tokushu/2018_0809_2.html?utm_int=tokushu-new_contents_list-items_003〉

PART 4 _ 개선 능력
# 좋은 상품이 좋은 세상을 만든다

## 18 맑은 날에도 팔리는 우산 | 슈즈셀렉션

: 슈즈셀렉션 홈페이지 〈https://www.water−front.co.jp/〉

- PRESIDENT Online, 進化系中小企業2.0,「晴れの日に傘を売る男'野望は人類を傘から解放すること」2016. 7. 20. 〈https://president.jp/articles/-/18518〉

- 月刊 事業構想, 「傘シェアNO.1ウォーターフロント 500円傘はなぜ生まれたか」 2016. 1. 〈https://www.projectdesign.jp/201601/chance-in-mature-industry/002621.php〉

- CEO 社長情報, 連載記事 '元気企業の原点を訪ねて ほんまのこと教えてください', 「第8回 いいものは"省かれない"コストをかけられない500円の傘でも、価値を付け加えたい」, 2014. 〈https://www.ceo-vnetj.com/taidan02/第8回%E3%80%80いいものは省かれない/〉

- 日本経済新聞, 「はっ水機能が長持ちする傘 シューズセレクション」 2015. 3. 4. 〈https://www.nikkei.com/article/DGXLASFL03HAG_U5A300C1000000/〉

- BIZ DRIVE, キーマンズボイス (第1回), 「株式会社シューズセレクション社長 林 秀信 氏」 2016. 2. 1. 〈http://biz-drive.jp/articles/dr00001-001.html〉

## 19 신개념 세탁소 | 기쿠야

: 기쿠야 홈페이지 〈https://www.kikuya-cl.co.jp/〉 :

- PRESIDENT Online, 進化系中小企業2.0, 「クリーニング、顧客の声から生まれた'保管'新サービスって?」 2015. 11. 18. 〈https://president.jp/articles/-/16603〉

- 日経DUAL, 「喜久屋 社内に従業員の子が安心して過ごす場がある」 2016. 5. 31. 〈https://dual.nikkei.co.jp/article/084/51/〉

- total engagement group, 「[事例紹介]パート定着・戦力化のポイント クリーニング屋 ではなく"喜久屋で"働きたい人づくり」 2015. 6. 29. 〈http://www.total-engagement.jp/693/〉

- SPRING サービス産業生産性協議会, 「競争から共創へ。共同参画型サービスへの取組み で共に生き残る」 2016. 8. 5. 〈https://service-js.jp/modules/contents/?ACTION=content&content_id=967〉

## 20 부활의 공식 | 이스미철도

: 이스미철도 홈페이지 〈https://www.isumirail.co.jp/〉 :

- 鳥塚亮, 『いすみ鉄道公募社長 危機を乗り越える夢と戦略』 講談社, 2011.

- 鳥塚亮, 『ローカル線で地域を元気にする方法: いすみ鉄道公募社長の昭和流ビジネス論』 晶文社, 2013.

- PRESIDENT Online, 進化系中小企業2.0,「鉄ちゃん'社長、赤字ローカル線'いすみ鉄道' を再生」2015. 7. 6. 〈https://president.jp/articles/-/15642〉

- lifegoeson, トレンド,「いすみ鉄道社長 · 鳥塚亮の経歴を調査。実は航空業界出身？」 〈https://lifegoeson.jp/isumi_torizuka/〉

- mana-biz, 組織の力,「地域力×企業価値による生き残り戦略〈前編〉」, 2016. 4. 20. 〈https://www.mana-biz.net/2016/04/post-51.php?page=1〉

- Mugendai,「ローカル線を地方再生のカギに！いすみ鉄道 · 鳥塚亮の挑戦」2017. 4. 11. 〈https://www.mugendai-web.jp/archives/6687〉

- greenz.jp, ローカル線、いすみ鉄道再興の秘密は、いかに"演出"するか、にあった。「主 役は乗客と地域の人」と言い切る鳥塚亮社長インタビュー, 2018. 2. 8. 〈https://greenz. jp/2018/02/08/isumi_testudou/〉

## 21 은행 같지 않은 은행 | 오가키공립은행

: 오가키공립은행 홈페이지 〈https://www.okb.co.jp/〉 :

- DIAMONE online, ものつくるひと,「'移動銀行'が攻めの営業！激戦区に乗り込み新規 顧客を獲得」2018. 3. 31. 〈https://diamond.jp/articles/-/159393〉

- 日経ビジネス, 企業研究,「ものつくるひと, まるでコンビニ、大垣共立銀行の新店」2018. 4. 5. 〈https://business.nikkei.com/atcl/report/15/278209/040400194/〉

- 朝日新聞 DIGITAL,「大垣共立銀行 土屋嶢頭取」2016. 7. 31. 〈http://www.asahi. com/area/aichi/articles/MTW20160801241380001.html〉

- SPRING サービス産業生産性協議会,「大垣共立銀行の地域貢献度 · お客さま満足度Ｎｏ １．を目指す経営」2016. 5. 13. 〈https://service-js.jp/modules/contents/?ACTION =content&content_id=917〉

## 22 전통을 깨는 고통, 전통을 잇는 보람 | 산요시칠기점

: 산요시칠기점 홈페이지 〈http://www.owanya.com/〉 :

- YouTube,【賢者の選択】(株) 三義漆器店 / ビジネスＬＡＢ【公式】2012. 11. 19. 〈https:// www.youtube.com/watch?v=VyxeOeO4_pA〉

## 23 세상을 바꾸는 손짓 | 슈아르

: 슈아르 홈페이지 〈https://shur.jp/〉 :

- 現代ビジネス, 「IT×手話で、聴覚がい者がよりチャレンジしやすい生活環境を整えていく---ShuRグループ代表·大木洵人」, 2015. 1. 5. 〈https://gendai.ismedia.jp/articles/-/41587〉
- PRESIDENT Online, 進化系中小企業2.0, 「東京オリンピックで花開く!? 世界初の手話ビジネスの必要性」, 2014. 9. 18. 〈https://president.jp/articles/-/13374〉
- DIAMONE online, デジライフＮＡＶＩ, 「手話の形からその意味を検索！ 手話版Wikipediaを目指すクラウド型手話辞典'SLinto'(スリント)」, 2013. 3. 19. 〈https://diamond.jp/articles/-/33526〉
- kumon, OB · OGインタビュー, 「シュアール代表、手話通訳士 大木洵人さん（前編）」, 2016. 9. 9. 〈http://www.kumon.ne.jp/kumonnow/obog/036_1/〉
- marieclaire, LIFESTYLE 深度聚焦, 「大木洵人, '是社會把聽障人士定義為殘疾, 他們並沒有失去能力, 我想改變這一點。'」, 2017. 6. 30. 〈https://www.marieclaire.com.tw/lifestyle/issue/29135/page_1〉

## 24 돈이 되는 화장실 | 아메니티

: 아메니티 홈페이지 〈http://www.do-amenity.co.jp/〉 :

- PRESIDENT Online, 進化系中小企業2.0, 「社員を"おまる"と呼ぶトイレメンテのプロ」, 2017. 7. 13. 〈https://president.jp/articles/-/22424〉
- 日経ビジネス, 企業研究, 「ベンチャー最前線'お姉さんはきれいだが、トイレは汚い'」, 2017. 12. 12. 〈https://business.nikkei.com/atcl/report/15/269655/120400049/〉
- 浜銀総合研究所, 「ベストパートナー」, 2017. 2.
- 日経BP社, 「日経トップリーダー」, 2017. 11.

# 최고의 전략은 항상 현장에서 만들어진다

## 25 상식을 뒤집는 것이 우리의 사명 | 와콘

: 와콘 홈페이지 〈http://www.wa-con.co.jp/〉:

- PRESIDENT Online, 進化系中小企業2.0, 「普通のトラックで冷凍輸送する梱包の秘密」, 2017. 〈https://president.jp/articles/-/22983〉

- livedoor NEWS, 経済総合, 「普通のトラックで冷凍輸送する梱包の秘密」, 2017. 9. 21. 〈http://news.livedoor.com/article/detail/13641434/〉

- livedoor NEWS, 経済総合, 「顧客満足と従業員満足の両立で物流業界を変革」, 2017. 8. 28. 〈http://news.livedoor.com/article/detail/13529510/〉

- 近畿経済産業局, 社長の人材活用日記, 「ワコン株式会社」, 2017. 3. 30. 〈http://www.osakajobfair.com/kinki/jinzai/cat434/wacon.html〉

## 26 핵심은 변화를 더 일으키는 것뿐 | 류보백화점

: 류보백화점 홈페이지 〈https://ryubo.jp/〉:

- JOBANTENNA PICKS, 「ビジネスモデルの崩壊と新時代を迎えるため、 独自性をクリエイトしていく～株式会社 リウボウホールディングス 糸数 剛一～」, 2016. 12. 22. 〈https://www.jobantenna.jp/picks/catalyst1001/〉

- HUBLOG, 社長の粋き方, 「[社長の粋き方case1]リウボウホールディングス 糸数会長」, 2017. 4. 26. 〈http://huvrid.co.jp/blog/iki-case01/〉

- 株式会社タナベ経営, 「vol.17 地域密着の"グローカルモデル戦略"で 沖縄の流通ビジネスを牽引 - 常識にとらわれない発想で新たな価値を創る - リウボウホールディングス 糸数 剛一氏 × タナベ経営 若松 孝彦」, 2017. 5. 〈http://www.tanabekeiei.co.jp/wp/detail/100fcc/7977/〉

- RESORT DEPARTMENT STORE, 「変化し続ける「ここにしかない」リゾートデパート」, 2017. 9. 12. 〈http://www.resort-dept.okinawa/blog/people/21/〉

## 27 전통을 남기고 싶기에 새로운 것을 한다 | 우루시사카모토

: 우루시사카모토 홈페이지 〈http://www.urushi-sakamoto.jp/〉

- PRESIDENT Online, 発掘！中小企業の星 · 完全版, 「会津の漆塗りが欧州で受け入れられた理由～会津若松市 · 坂本乙造商店」, 2016. 9. 12. 〈https://president.jp/articles/-/20421〉
- 毎日新聞, 「ものづくり '坂本乙造商店' 福島県会津若松市 漆塗り、最新素材に スプレー技術で一貫生産」, 2018. 9. 8. 〈https://mainichi.jp/articles/20180908/ddl/k04/040/353000c〉
- 第1回「ものづくり日本大賞」 (株) 坂本乙造商店 · 日本機械工業連合会. 〈http://www.jmf.or.jp/monodzukuri/tradition/08.html〉
- 建材マンスリー, 「漆塗りを現代の工業製品に生かした伝統承継と新ニーズ対応への革新」, 2017. 11. 15.

## 28 3대에 걸쳐 달궈진 칼날 | 카이

: 카이 홈페이지 〈https://www.kai-group.com/〉

- Hitachi, 「研ぎ続ける百年企業 [前編] 刃物の老舗が打ち出した '世界初'」, 2018. 2. 14. 〈https://www.foresight.ext.hitachi.co.jp/_ct/17144618〉
- 東洋経済 ONLINE, 100年企業 生き残りのお作法, 「貝印が使い捨てカミソリで首位を守れる秘密」, 2018. 5. 7. 〈https://toyokeizai.net/articles/-/218764〉
- 産経新聞社, 「ダ・ヴィンチ賞受賞の貝印社長・遠藤宏治」, 2015. 1. 30. 〈https://www.sankei.com/column/news/150130/clm1501300006-n1.html〉
- zakzak, 「日本の刃物を世界へ！ 貝印・遠藤宏治社長、身だしなみというコンセプトでカミソリの可能性を広げる」, 2017. 10. 24. 〈https://www.zakzak.co.jp/eco/news/171024/eco1710240007-n1.html〉
- 日刊ゲンダイDIGITAL, 「貝印・遠藤宏治社長〈4〉岐阜県関市が刃物の町になった理由」, 2018. 10. 19. 〈https://www.nikkan-gendai.com/articles/view/news/239771〉
- 社長名鑑, 「Vol.1 貝印の歴史と海外留学の経緯」, 2015. 10. 〈https://shachomeikan.jp/presidents/detail/10062543〉

## 29 이길 수 없는 게임에서 살아남는 법 | 세이코마트

⋮ 세이코마트 홈페이지 〈https://www.seicomart.co.jp/〉 ⋮

- Yorimichi AIRDO, 「北海道のコンビニが全国1位！大手コンビニが勝てない'セイコーマート'の秘密に迫る」, 2016. 12. 8. 〈http://yorimichi.airdo.jp/seicomart_saeri〉
- livedoor NEWS, 「停電中も道民の胃袋を支えた、セイコーマートの「ホットシェフ」って何？」, 2018. 9. 7. 〈http://news.livedoor.com/article/detail/15272754/〉
- 日経ビジネス, 「なコンビニ異端児セコマの「コンビニ限界論」」, 2016. 7. 25. 〈https://business.nikkei.com/atcl/report/15/110879/072200395/〉
- PRESIDENT Online, 企業経営, 「セブンが勝てない「最強コンビニ」の秘密」, 2018. 5. 18. 〈https://president.jp/articles/-/25128〉
- zakzak, 「コンビニ業界の顧客調査でトップ独走！北海道内外へ満足拡充する「セイコーマート」のセコマ・丸谷智保社長」, 2017. 9. 12. 〈https://www.zakzak.co.jp/eco/news/170912/eco1709120003-n1.html〉
- 東洋経済 ONLINE, コンビニ, 「あのセブンの上を行く「最強コンビニ」とは？」, 2015. 5. 4. 〈https://toyokeizai.net/articles/-/68523〉
- 東洋経済 ONLINE, 企業戦略, 「北海道コンビニ首位守るセイコーマートの独自性」, 2011. 9. 5. 〈https://toyokeizai.net/articles/-/7550〉
- ch FILES, 「顧客満足度3年連続1位！北海道のコンビニ「セイコーマート」丸谷社長に高校生がインタビュー」, 2018. 9. 20. 〈https://www.ch-files.net/seicomart〉
- Real Economy, 「セイコーマート丸谷智保社長'ドラッグ、食品スーパーなど業態を越えた小商圏マーケットのせめぎ合いが加速する'」, 2012. 4. 5. 〈https://hre-net.com/keizai/ryutu/4403/〉

## 30 교과서에는 없는 성공 | 핫랜드

⋮ 핫랜드 홈페이지 〈http://www.hotland.co.jp/〉 ⋮

- 企業家倶楽部, 「川上から川下まで一気通貫 / ホットランド代表取締役 佐瀬守男」, 2015. 3. 17. 〈http://kigyoka.com/news/magazine/magazine_20150317.html〉
- 企業家倶楽部, 「銀だこで世界中の人を笑顔にしたい / ホットランド 代表取締役 佐瀬守男 Morio Sase」, 2018. 4. 2. 〈http://kigyoka.com/news/magazine/magazine_20180402_2.html〉

- ぐるなびPRO,「株式会社ホットランド 代表取締役 佐瀬守男氏」2011. 7. 5. 〈https://pro.gnavi.co.jp/magazine/t_res/cat_2/a_26/〉

- 日経ビジネス,「なぜ「築地銀だこ」は人気チェーンになったのか」2017. 2. 24. 〈https://business.nikkeibp.co.jp/atcl/interview/15/269473/022200071/〉

- 東洋経済 ONLINE, テレビ,「「銀だこ」のたこ焼きは、ここまで徹底する！」2015. 7. 30. 〈https://toyokeizai.net/articles/-/78867〉

- 日経ビジネス,「築地銀だこ、日本1000店でなく世界1000店目指す」2016. 5. 16. 〈https://business.nikkei.com/atcl/report/16/051300039/051300001/〉

- DIAMONE online,「タコ価格高騰で続々値上げ！ 'たこ焼き'が庶民の味でなくなる日」2008. 6. 26. 〈https://diamond.jp/articles/-/3710〉